"十三五"国家重点图书出版规划项目
交通运输科技丛书 · 公路基础设施建设与养护

基于性能的公路支挡结构抗震设计方法研究

马洪生　欧阳芳　张建经　编著

人民交通出版社股份有限公司
北　京

内 容 提 要

本书主要介绍了公路路基支挡结构基于性能的抗震设计方法。全书共计7章，主要内容包括：公路支挡结构发展回顾与展望，支挡结构抗震性能设计研究现状及发展，汶川地震支挡结构震害调查及分析，支挡结构的振动台模型试验研究，支挡结构的性能设计和分析方法，支挡结构抗震性能设计，挡墙基于性能的抗震设计实例等。

本书可供从事公路抗震减灾相关研究人员使用。

图书在版编目(CIP)数据

基于性能的公路支挡结构抗震设计方法研究 / 马洪生，欧阳芳，张建经编著. — 北京：人民交通出版社股份有限公司，2021.12

ISBN 978-7-114-16446-0

Ⅰ.①基… Ⅱ.①马… ②欧… ③张… Ⅲ.①公路路基—挡土墙—支撑—结构设计—抗震设计—研究 Ⅳ.①U417.1

中国版本图书馆 CIP 数据核字(2021)第256053号

"十三五"国家重点图书出版规划项目
交通运输科技丛书·公路基础设施建设与养护
Jiyu Xingneng de Gonglu Zhidang Jiegou Kangzhen Sheji Fangfa Yanjiu

书　　名：基于性能的公路支挡结构抗震设计方法研究
著 作 者：马洪生　欧阳芳　张建经
责任编辑：牛家鸣
文字编辑：李学会
责任校对：孙国靖　龙　雪
责任印制：张　凯
出版发行：人民交通出版社股份有限公司
地　　址：(100011)北京市朝阳区安定门外外馆斜街3号
网　　址：http://www.ccpcl.com.cn
销售电话：(010)59757973
总 经 销：人民交通出版社股份有限公司发行部
经　　销：各地新华书店
印　　刷：北京交通印务有限公司
开　　本：787×1092　1/16
印　　张：10
字　　数：230千
版　　次：2021年12月　第1版
印　　次：2021年12月　第1次印刷
书　　号：ISBN 978-7-114-16446-0
定　　价：90.00元
(有印刷、装订质量问题的图书由本公司负责调换)

本书编写组

主　　编：马洪生　欧阳芳　张建经

成　　员：付　晓　庄卫林　范　刚　邬　凯　刘自强

廖蔚茗　李　兵　向　波　王道雄　李　勇

黄志毅　张建永　徐鸿彪　罗康军

编写单位：四川省公路规划勘察设计研究院有限公司

西南交通大学

总　　序

科技是国家强盛之基,创新是民族进步之魂。中华民族正处在全面建成小康社会的决胜阶段,比以往任何时候都更加需要强大的科技创新力量。党的十八大以来,以习近平同志为核心的党中央做出了实施创新驱动发展战略的重大部署。党的十八届五中全会提出必须牢固树立并切实贯彻创新、协调、绿色、开放、共享的发展理念,进一步发挥科技创新在全面创新中的引领作用。在最近召开的全国科技创新大会上,习近平总书记指出要在我国发展新的历史起点上,把科技创新摆在更加重要的位置,吹响了建设世界科技强国的号角。大会强调,实现"两个一百年"奋斗目标,实现中华民族伟大复兴的中国梦,必须坚持走中国特色自主创新道路,面向世界科技前沿、面向经济主战场、面向国家重大需求。这是党中央综合分析国内外大势、立足我国发展全局提出的重大战略目标和战略部署,为加快推进我国科技创新指明了战略方向。

科技创新为我国交通运输事业发展提供了不竭的动力。交通运输部党组坚决贯彻落实中央战略部署,将科技创新摆在交通运输现代化建设全局的突出位置,坚持面向需求、面向世界、面向未来,把智慧交通建设作为主战场,深入实施创新驱动发展战略,以科技创新引领交通运输的全面创新。通过全行业广大科研工作者长期不懈的努力,交通运输科技创新取得了重大进展与突出成效,在黄金水道能力提升、跨海集群工程建设、沥青路面新材料、智能化水面溢油处置、饱和潜水成套技术等方面取得了一系列具有国际领先水平的重大成果,培养了一批高素质的科技创新人才,支撑了行业持续快速发展。同时,通过科技示范工程、科技成果推广计划、专项行动计划、科技成果推广目录等,推广应用了千余项科研成果,有力促进了科研向现实生产力转化。组织出版"交通运输建设科技丛书",是推进科技成果公开、加强科技成果推广应用的一项重要举措。"十二五"期间,该丛书共出版72册,全部列入"十二五"国家重点图书出版规划项目,其中12册获得国家出版基金支持,6册获中华优秀出版物奖图书提名奖,行业影响力和社会知名度不断扩大,逐渐成为交通运输高端学术交流和科技成果公开的重要平台。

"十三五"时期,交通运输改革发展任务更加艰巨繁重,政策制定、基础设施建设、运输管理等领域更加迫切需要科技创新提供有力支撑。为适应形势变化的需要,在以往工作的基础上,我们将组织出版"交通运输科技丛书",其覆盖内容由建设技术扩展到交通运输科学技术各领域，汇集交通运输行业高水平的学术专著，及时集中展示交通运输重大科技成果，将对提升交通运输决策管理水平、促进高层次学术交流、技术传播和专业人才培养发挥积极作用。

当前，全党全国各族人民正在为全面建成小康社会、实现中华民族伟大复兴的中国梦而团结奋斗。交通运输肩负着经济社会发展先行官的政治使命和重大任务，并力争在第二个百年目标实现之前建成世界交通强国，我们迫切需要以科技创新推动转型升级。创新的事业呼唤创新的人才。希望广大科技工作者牢牢抓住科技创新的重要历史机遇，紧密结合交通运输发展的中心任务，锐意进取、锐意创新，以科技创新的丰硕成果为建设综合交通、智慧交通、绿色交通、平安交通贡献新的更大的力量！

杨传堂

2016 年 6 月 24 日

前　言

抗震设计理论的发展历史,就是人类与地震灾害做斗争并不断从中总结经验的历史。近年来,先后在美国、日本、土耳其、中国等发生的破坏性地震,均对生命财产造成巨大损失,这不仅引起了各国政府和社会各方面的广泛关注,也引起各国地震工程学者的高度重视。

严重的地震灾害不仅暴露了我们对地震危害性认识的不足,还表明现有的抗震设计思想与方法存在问题,这促使地震工程学者们开始反思既有抗震设计体系,也使传统的抗震设计理念及方法面临各种新的挑战。在这种背景下,基于性能的抗震设计思想受到各国地震工程领域专家和学者的广泛关注,并在20世纪90年代由美国科学家和工程师首先提出,一度掀起了21世纪各国抗震设计理念更新与变革的潮流。基于性能的抗震设计理念可简要概括为:构造物在不同地震设防水准下,满足相应的抗震目标要求。其具体内涵包括:抗震设防水准与性能目标对应、分级设防及性能目标定量化。

性能设计理念一经提出,就遭受传统抗震设计理念的冲击与众多地震工程领域学者的质疑,但随着经济水平和城市化程度的不断提高,构造物抗震的性能要求越来越受到人们的关注,这使得基于性能的抗震设计理念在房屋建筑、桥梁、核电站及大坝抗震等领域取得了发展。

在我国,基于性能的设计理念在岩土工程抗震领域尚处起步阶段,而与具体岩土构造物相对应的性能设计准则也属空白。2008年"5·12"汶川地震则大大强化了我们在这一领域探索研究的责任感和紧迫感,地震灾害不仅使四川、陕西、甘肃三省道路、桥梁及隧道损坏严重,其间大量岩土工程构造物不同程度的损毁也制约了抢险保通的进程,增大了抢险救灾的难度。没有哪一次巨大的历史灾难不是以历史的进步作为补偿的,科学技术的发展总是依赖于对客观世界基本现象的认识和规律性的把握。开展岩土工程抗震领域基于性能抗震设计的研究除了有其不容忽视的工程意义,更重要的是,它使我们深刻体会到,作为国家经济社会发展、国防安全的交通基础设施,在今后的建设发展中,不仅要考虑成本、效益等经济指标,更要重视这些基础设施在特大自然灾害中能否抵御重大冲击和破坏,能否最大程度地降低破坏性损失,维持其基本的功能和作用。

由此可见,基于性能的抗震设计理念在建筑结构、桥梁、核电站及大坝等抗震领域的应用与发展,显示了研究基于性能的抗震设计理念与方法对于提高构造物的安全度、满足人们对构造物多层次需求的重要性。尽管基于性能的抗震设计在岩土工程抗震领域的应用甚少,但随着岩土工程抗震技术的发展及人们对设防目标性能需求的不断提高,基于性能的抗震设计必然成为未来岩土工程抗震发展的趋势。

本书依托交通运输部交通建设科技项目“四川藏区高海拔高烈度条件下公路建设减灾关键技术研究”(2013 318 800 020)、“汶川地震公路震害评估、机理分析及设防标准评价”(2008 318 000 98)、四川省交通运输科技项目“板裂千枚岩岩体结构特征及边坡灾害控制技术研究”(2015A1-3)的研究成果,构建了公路支挡结构基于性能的抗震设计框架,并整理成书。

本书初稿由马洪生、欧阳芳、张建经执笔完成,其他成员参与了初稿的修改、补充及完善工作,全书由马洪生统稿。

限于编者水平,加之时间紧迫,书中不足之处在所难免,恳请广大读者批评指正。

作　者

2020 年 4 月

目　录

第1章　公路支挡结构发展回顾与展望

1.1　公路支挡结构的发展回顾

支挡结构包括重力式挡墙、抗滑桩、桩板式挡墙、加筋土挡墙等支撑和锚固结构，是用来支撑、加固填土或山坡土体、防止坍滑以保持其稳定的一种结构物。在铁路、公路路基工程中，支挡结构主要用于支撑土体，承受土体侧向土压力，稳定路堤、路堑、隧道洞口等路基边坡工程。

重力式挡墙是最早发展应用的支挡结构，已有几千年的历史，其结构形式如图1-1所示。重力式挡墙一般考虑就地取材，常用浆砌片（块）石砌筑，在缺乏石料的地区也可用混凝土预制块作为砌体，或直接用混凝土浇筑，一般情况下不配置钢筋，偶尔在局部配置少量钢筋。由于我国山区石料充足，可就地取材，且重力式挡墙施工方法简单，因此，在过去很长一段时间内，它是我国最常用的一种挡墙形式。

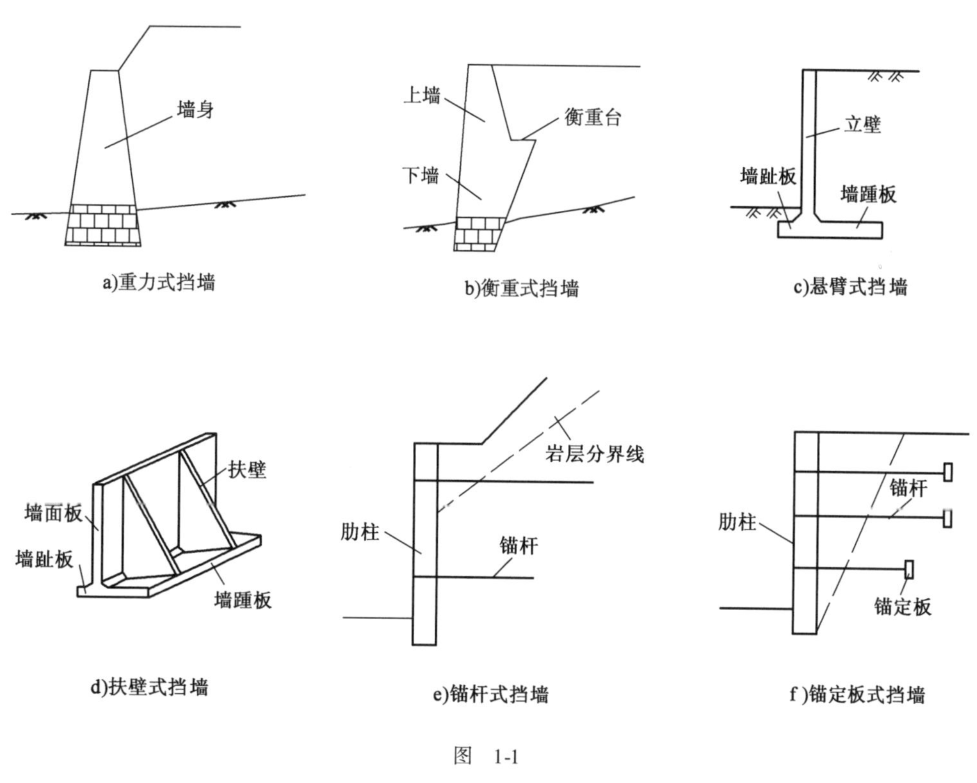

图　1-1

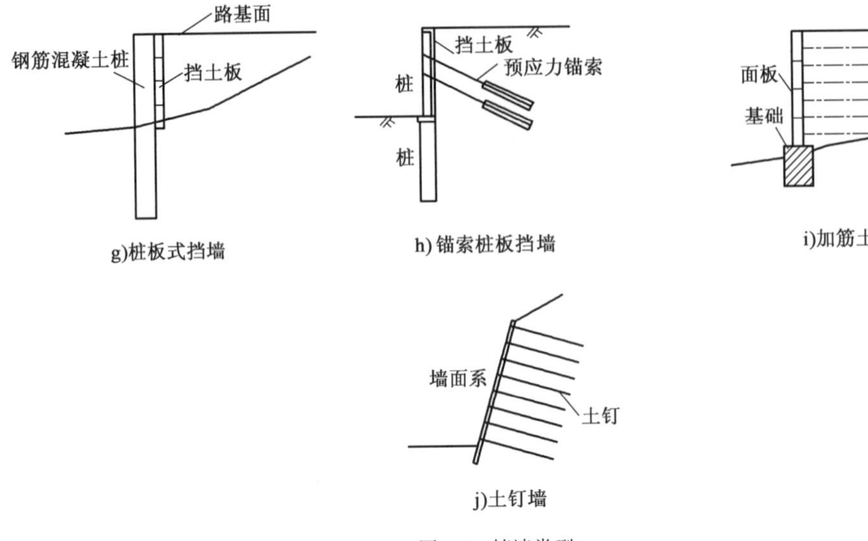

图 1-1　挡墙类型

但由于重力式挡墙截面大、圬工量多、施工进度慢、支护高度小，以及在地形困难、石料缺乏的地区应用不便，使得它的应用受到一定的限制。近百年来，我国铁路、公路支挡技术发展很快，已由过去单纯靠支撑来平衡路基土压力或山体滑动的片（块）石挡墙，发展为采用支撑、土筋复合结构以及锚固等多种支挡新技术，如悬臂式挡墙、扶壁式挡墙、锚杆式挡墙、锚定板式挡墙、桩板式挡墙、锚索桩板挡墙、加筋土挡墙和土钉墙，如图 1-1 所示。这些新型支挡结构与石砌重力式挡墙相比，具有结构轻、施工快、便于预制和机械化施工、节省材料与劳动力、造价低等优点。

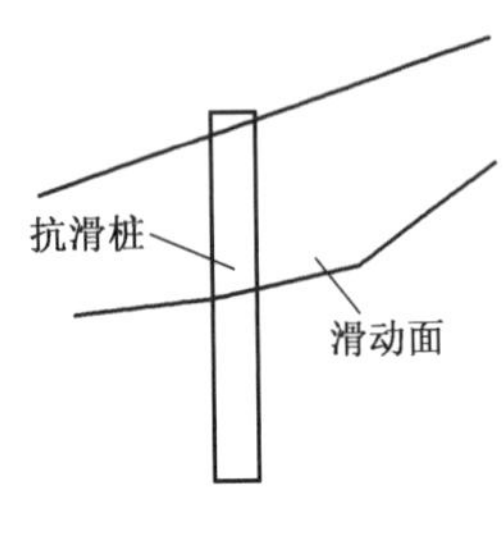

图 1-2　抗滑桩

20 世纪 50 年代以前，支挡结构主要是挡墙。20 世纪 60—70 年代，对边坡的治理以应用排水工程和抗滑挡墙为主，大力开发应用抗滑桩（图 1-2）工程以解决抗滑挡墙施工中的困难。欧美国家和苏联多采用钻孔钢筋混凝土灌注桩，直径为 1.0 ~ 1.5m，深 20 ~ 30m。日本则多采用钻孔钢管桩，钻孔直径为 400 ~ 550mm，深 20 ~ 30m，孔中放入直径为 318.5 ~ 457.2mm、壁厚10 ~ 40mm 的钢管，钢管内注入混凝土或水泥砂浆；为了增加桩的抗剪能力，有时在钢管中再放入 H 型钢。桩间距为 1.5 ~ 4.0m，而以 2.0 ~ 2.5m 者居多。为了增加桩的抗剪能力和改善群桩受力，国外常将两排或三排桩顶连接，形成钢架受力，也有少数采用打入桩。20 世纪 70 年代后期，在日本开始应用直径为 1.5 ~ 3.5m 的挖孔抗滑桩。

20 世纪 50 年代，抗滑桩开始被用于工程中。在修建宝成、成昆、川黔、襄渝、湘黔等铁路的过程中，曾大量使用抗滑桩稳定滑坡。近年来，公路、水电、建筑、冶金和煤炭等部门也修建了不少抗滑桩，并在设计、计算和施工方面积累了相当丰富的经验，从而把抗滑桩的技术水平又向前推进了一大步。

20 世纪 80 年代以来，在小直径抗滑桩应用的同时，为治理大型滑坡，大直径挖孔抗滑桩开始使用。如日本在大阪府的龟之濑滑坡上采用直径为 5m、深 50 ~ 60m 的大型抗滑桩。在它的周围均匀布筋，只在滑动面附近用型钢加强桩的抗剪强度。

桩板式挡墙为钢筋混凝土结构，由桩及桩间的挡土板两部分组成，如图 1-3 所示，利用桩深埋部分的锚固段的锚固作用和被动土抗力，维护挡墙的稳定。桩板式挡墙适宜于土压力大、墙高超过一般挡墙限制的情况，地基强度的不足可由桩的埋深得到补偿。桩板式挡墙可作为路堑、路肩和路堤挡墙使用，也可用于处置中小型滑坡，多用于岩石地基，基岩饱水无侧限抗压强度须大于 10MPa。由于土的弹性抗力较小，设置桩板式挡墙后，桩顶处可能产生较大的水平位移或转动，因而一般不宜用于土质地基。若需用于土质地基，则应在桩的上部(一般可在桩顶上 0.29H 处，H 为桩的高度)设置锚杆，以减小桩的位移和转动，提高挡墙的稳定性。

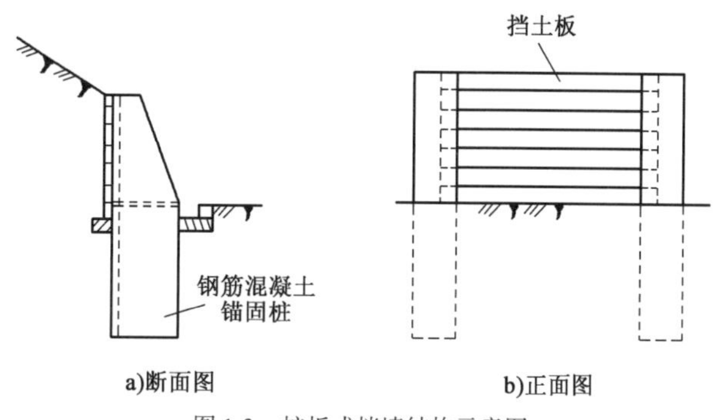

图 1-3 桩板式挡墙结构示意图

加筋土工程源于 1963 年法国工程师 Henri Vidal 提出的加筋土结构的概念。1965 年法国普拉聂尔斯首次修建了一座公路加筋土挡墙，这一具有许多独特优势的加筋土结构引起世界各国的重视，加筋土技术也从最初用作公路挡墙而扩展到桥台、护岸、堤坝、沉淀池、建筑物基础、核电站反应堆等复杂工作条件下的结构中。我国从 20 世纪 70 年代开始对加筋土挡墙这种新型支挡结构进行试验研究和应用，目前该技术已经广泛应用于铁路、公路边坡处理。1979 年云南省煤矿设计院在云南田坝矿区建成了我国第一座加筋土挡墙储煤仓，该挡墙长 80cm，高 2.3 ~ 8.3m，采用钢筋混凝土墙面板，素混凝土块穿钢筋作为拉筋。20 世纪 80 年代，我国先后在公路、铁路、水运、水利和市政等部门运用该项技术，加筋土工程的设计计算理论和施工技术也日臻成熟。加筋土技术的广泛应用，与其优势密不可分，归纳起来加筋土主要具有如下优势：

(1)施工简便。加筋土的组成构件，如面板、拉筋、路缘石、栏杆、条形基础，均可预先制作，除需压实机械外，施工时一般不需配备其他机械，施工方便。

(2)良好的抗震性能。加筋土结构为柔性结构，能适应地基较大的变形，可吸收地震能量，具有良好的抗震性能。

(3)可做成很高的垂直填土，从而减少占地面积。这对填土放坡困难的地区、城市郊区的道路以及土地珍贵的地区，有极大的经济价值。

(4)价格较低廉。加筋土挡墙面板薄，基础尺寸小，造价比石砌重力式挡墙和钢筋混凝土挡墙减少 20% ~60% 以上。

实际工程应用中通常依据摩擦原理设计加筋土挡墙。在此原理中，墙后填土的土压力和其他荷载引起的作用分布在墙面板上，通过拉筋和填土之间的摩擦力来平衡。

加筋土挡墙主要由墙面板、拉筋和墙后填土构成，可采用包裹式、挂板式等结构形式。若以土工材料作为筋材，可采用图 1-4 ~ 图 1-7 所示的结构形式。当墙高大于 6.0m 时，宜采用图 1-6所示的结构形式。

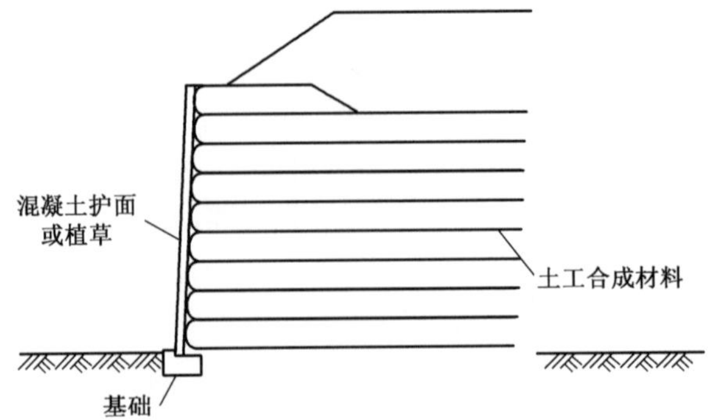

图 1-4　加筋土挡墙结构形式之一(包裹式)

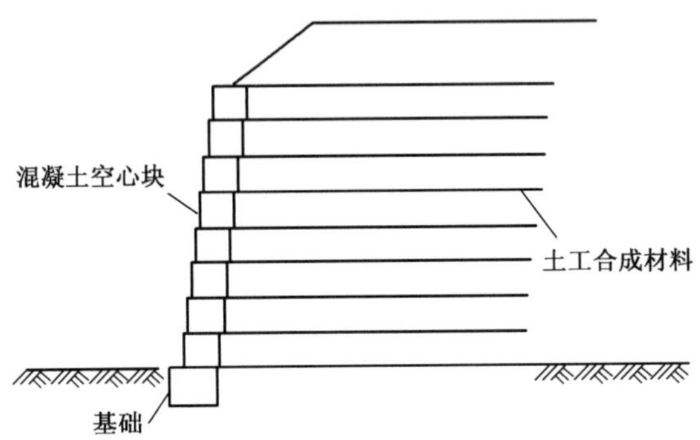

图 1-5　加筋土挡墙结构形式之二(挂板式)

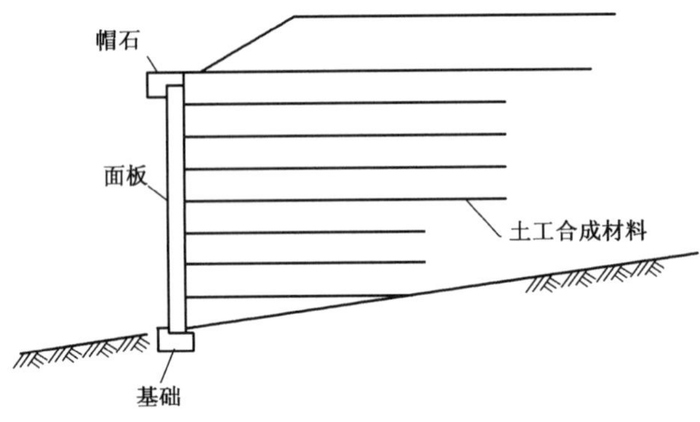

图 1-6　加筋土挡墙结构形式之三(挂板式,拉筋材不等长布置)

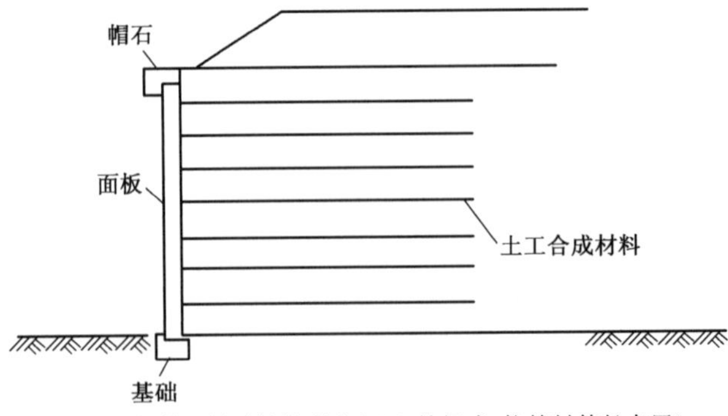

图 1-7　加筋土挡墙结构形式之四(挂板式,拉筋材等长布置)

1.2　支挡结构的进一步发展与创新

支挡结构随着不同岩土工程的需要而不断发展与创新。在支挡形式上，各种新技术、新工艺的应用使得支护结构并不拘泥于一种固定的形式，新技术与新工艺的运用大大推动了结构形式的发展。新型支挡结构的发展也说明各种支挡结构往往是为适应不同工程条件而出现的，目前还没有一种支挡结构可以解决或适用所有工程条件，因此支挡结构技术仍有较大的发展空间。而对拉式挡墙、带洞路基墙、檐式挡墙、竖向预应力挡墙、倒Y形挡墙、槽形挡墙、钢筋混凝土预制块拼装式挡墙等新型支挡结构的出现，也带动了对支挡结构设计理论的研究。

第 2 章　支挡结构抗震性能设计研究现状及发展

2.1　概　　述

我国地处世界上最为活跃的太平洋地震带和喜马拉雅山—地中海地震带之间，板块构造决定了我国是一个地震频发国家。20 世纪以来全球陆域发生的 7 级以上强震，我国约占 35%，其中包括 11 次特大地震：宁夏海源 8.5 级地震、甘肃鼓浪 8 级地震、甘肃马堡 7.6 级地震、四川茂县叠溪 7.5 级地震、西藏察隅县 7.5 级地震、河北邢台 7.2 级地震、云南通海县 7.7 级地震、辽宁海城 7.3 级地震、河北唐山 7.6 级地震、云南澜沧—耿马 7.6 级地震、四川汶川 8 级地震。数据显示，我国陆域发生的地震不仅有增多的趋势，还具有活动频度高、强度大、震源浅、分布广等特点，且主要集中于我国中西部地区。虽然地震的发生频率不高，但其一旦发生，所造成的破坏却是灾难性的，其损失也是难以弥补的。据统计，汶川地震中严重受灾地区达 10 万 km^2，69225 人遇难，374640 人受伤，18624 人失踪，紧急转移安置 1500.6341 万人，累计受灾人数 4624 万人。对于公路及铁路等基础设施而言，地震往往造成路基支挡结构的损毁，导致交通中断，例如汶川地震中约 9 条铁路严重受损，公路受损总里程多达 3 万 km，这不仅给人民的生活带来极大不便，也使国家财产遭受巨大的损失。故研究支挡结构的抗震设计方法，保证支挡结构在地震作用下的稳定性十分必要。为了更合理地确定支挡结构的抗震设计方法，认识支挡结构的抗震性能，本章将根据文献资料，介绍支挡结构抗震响应特性，以及抗震设计方法的已有研究及其发展。

2.2　重力式挡墙的抗震性能设计研究

Nandakumaran 对高度为 1m 的柔性和刚性挡墙、高度为 2m 的刚性挡墙做了 3 组振动台模型试验，墙后填料为含有少量细粒土的砂土，基底及墙后填料的内摩擦角均为 40°。试验结果表明：地震土压力合力作用点，柔性挡墙为距基底 $0.48H \sim 0.55H$（H 为墙高，后同），刚性挡墙为距基底 $0.36H \sim 0.44H$。因此，在进行挡墙抗震设计时，Nandakumaran 建议土压力作用点的选取应考虑不同的墙体类型，柔性挡墙及刚性挡墙土压力作用点分别距基底 $0.55H$ 和 $0.45H$。

Sherif 和 Yung-Show Fang 通过美国华盛顿大学的振动台试验，研究了重力式挡墙绕墙顶转动时墙背土压力的分布，刚性模型箱尺寸为 2.4m × 1.8m × 1.2m（长 × 宽 × 高），模型墙高 1m，墙后填料为干砂，墙背布置 6 个土压力传感器，模型全貌及传感器布置如图 2-1 ~ 图 2-3 所示。试验结果显示：墙背土压力为非线性分布，墙底处的土压力接近 0。在 1/3 墙高以上，墙体上部的土拱效应增大了动土压力幅值。在地震作用下，墙后填料顶部的动土压力不为 0，并且随着加速度幅值的增加这种表面压力增大。动土压力的合力作用点距墙底 0.55H 处,而且与输入地震动幅值无关。

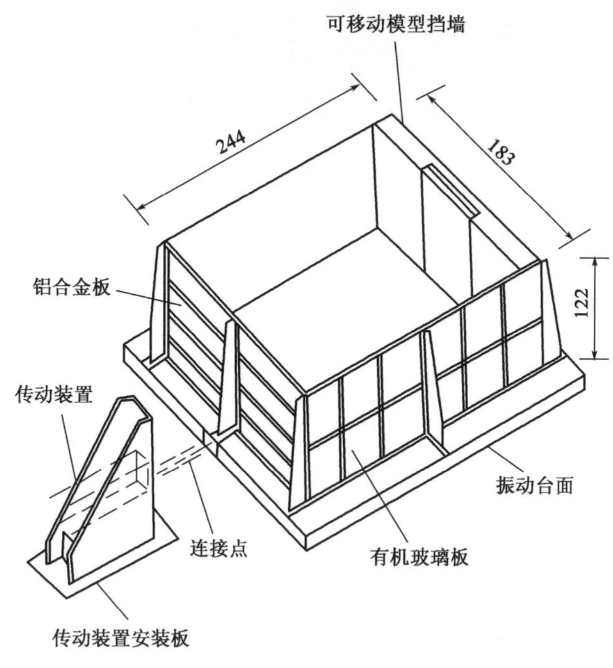

图 2-1 模型箱全貌(尺寸单位:cm)

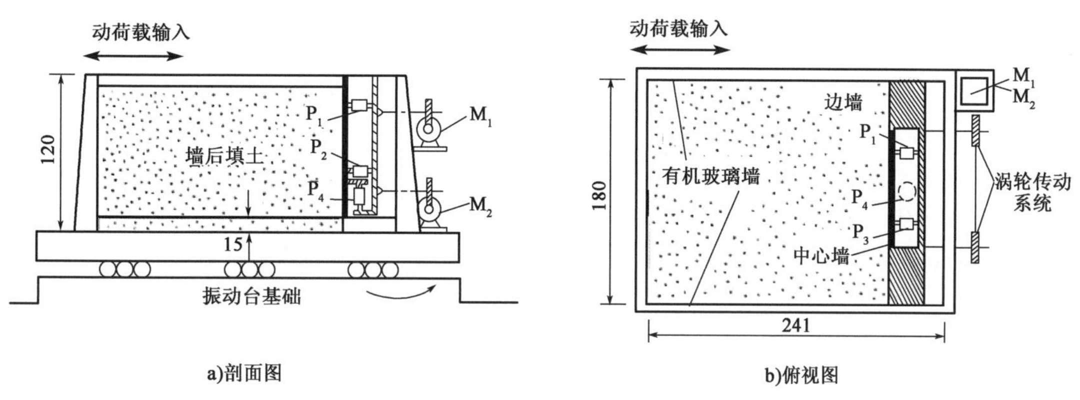

图 2-2 模型示意图(尺寸单位:cm)

P_1、P_2、P_3-水平荷载传感器;P_4-垂直荷载传感器;M_1、M_2-变速电动机

Isao Ishibashi 和 Yung-Show Fang 仍以美国华盛顿大学的振动台模型试验为依托(模型设计同前文所述),研究了地震作用下挡墙不同的位移模式对土压力分布的影响,包括墙体绕基底转动(RB)、墙体绕墙顶转动(RT)、墙体平移(T)及各种位移模式的耦合。试验结果显示:在加速度较低的情况下,动土压力的分布受墙体位移模式的影响较大;在加速度较高的情况下,惯性力成为影响动土压力分布的主导因素。对于 RT 位移模式,墙体上部会产生土拱效应;对于 RB 位移模式,墙体下部会产生较高的残余土压力区。以上两种现象均会对土压力的分布及合力大小产生较大影响。

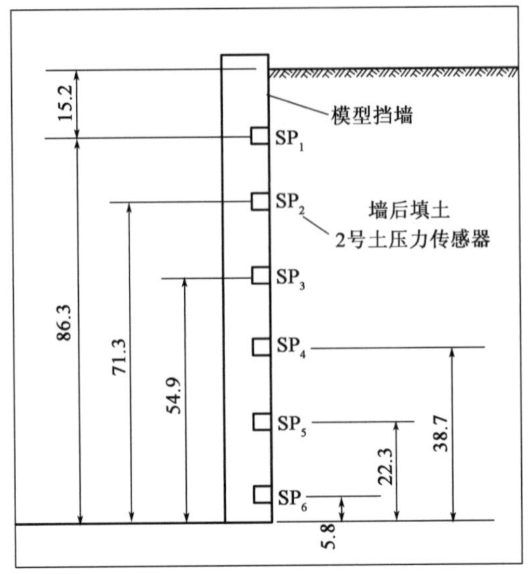

图 2-3　土压力传感器布置图(尺寸单位:cm)

极限平衡理论是基于古典塑性理论和拟静力概念发展起来的方法,此方法最早提出,迄今仍然广泛使用。在日本东京、横滨大地震以后,日本学者 Mononobe、Matuo 及 Okabe 首先提出了基于库仑土压力理论的拟静力方法——物部—冈部(M-O)公式。大量试验表明,地震土压力合力大小与物部—冈部公式计算的结果非常接近,但是对合力作用点目前只有一些试验成果,尚无理论解答。近半个多世纪以来,国内外很多学者就地震土压力的合力作用点开展了一系列的理论研究和试验工作,并取得了丰硕的成果。经试验及 Wood 开展的理论研究证实,在静态时,土压力合力作用点为 $0.33H$,但随着地震影响程度的加深,合力作用点有上升的趋势,Wood 假设土体在地震作用下为弹性体,并得出动土压力作用点为 $0.5H$。Seed 和 Whiteman 建议在计算地震土压力合力作用点时,将地震土压力分解为静态土压力与动土压力增量,静态土压力作用点为 $0.33H$,动土压力增量作用点为 $0.6H$。

Al-Homoud 和 Whitman 使用二维有限元软件 FLEX 分析了重力式挡墙在地震作用下的动力反应特性,该模型采用 4 节点四边形等参元,土体本构模型采用黏性帽子模型,墙土界面采用允许滑移、开裂及关闭的接触面单元。分析结果表明:振动过程中,当墙体向填土方向的相对位移达到最大值时,土压力最大,当墙体背离填土的相对位移达到最大值时,土压力最小。

以剑桥大学离心机试验为依托,Zeng 研究了墙后填料分别为松散干砂、饱和砂、饱和松砂下重力式港口挡墙的地震反应特征。试验结果表明:在地震作用下,随着墙后填土破裂角及侧向土压力的增加,墙后填土产生的高孔隙水压力将增大传统设计方法的计算误差;对于墙后填料为干砂的挡墙,墙体滑移位移可以用纽马克(Newmark)方法进行估算;基础底部地震动引起的超孔隙水压力及循环应力将导致土体强度和刚度的降低。

Huang 等以振动台模型试验及 Newmark 滑块理论为基础,通过考虑土体强度沿破裂面的变化,研究了仰斜式重力式挡墙及悬臂式挡墙的地震反应特性,试验布置图如图 2-4 和图 2-5 所示。模型长度缩尺比例为 10。墙后填料为干砂,内摩擦角为 45°或 50°。输入地震波采用修正的日本 JMA-Kobe 地震加速度波,测试内容包括墙背土压力、墙体位移、地基及填料加速度。

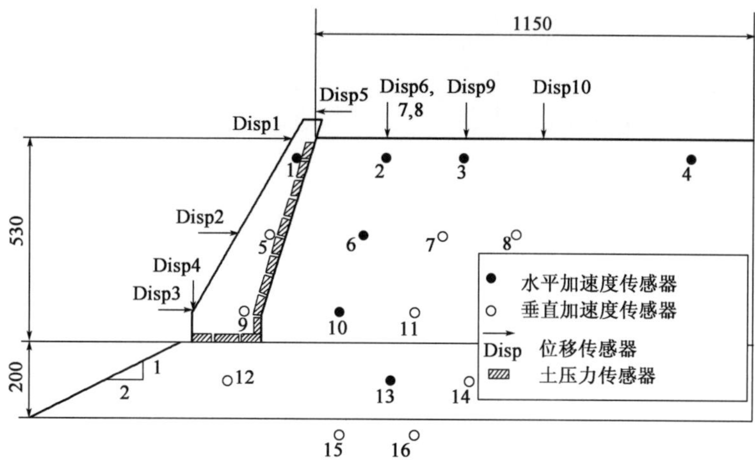

图 2-4　仰斜式重力式挡墙模型(尺寸单位:mm)

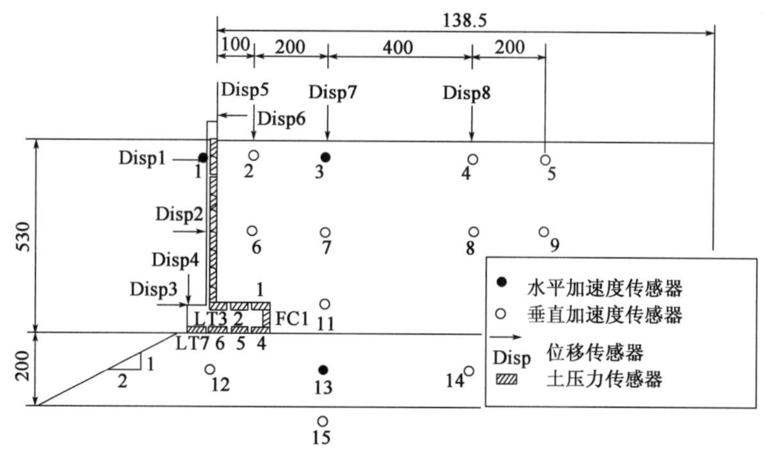

图 2-5　悬臂式挡墙模型(尺寸单位:mm)

基于振动台试验结果,以及 Newmark 滑块定理(考虑滑面抗剪强度的发挥程度),Huang 等最终制定了传统挡墙在地震作用下的位移控制准则:位移—墙高比(地震下墙体位移与墙高的比值)=2% 为允许位移,破裂面上的土体内摩擦角保持峰值;从这个位移点开始,内摩擦角开始发挥。随着位移—墙高比的增大,剪切带土体应力开始出现峰值递减,当位移—墙高比达到 5% 时,破裂面上的土体内摩擦角达到最小值,且在无黏性土滑面的土体强度全破坏,此时挡墙将出现显著破坏。

另外,其他机构或学者通过试验、震害调查等手段得到了刚性挡墙基于位移的抗震设计标准,见表 2-1。

Todoroski 通过开展一系列重力式挡墙的离心机试验,对墙体在地震下的位移特性进行了研究。结果显示:墙体转动位移在总位移中占的比例不可忽略,并且该比例受墙体几何形状、地基土力学性质影响显著,墙底宽度越小,地基土越软,转动位移就越大。

刚性挡墙基于位移的抗震设计标准　　表 2-1

标准	欧盟协会（1994 年）	Wu & Prakash（1996 年）	JRTRI（1996 年）	AASHTO（2002 年）
允许水平位移	$300a_{max}$(mm) [a_{max} = 地面最大设计位移(g)]	2% 墙高	—	$250a_{max}$(mm)① [a_{max} = 地面最大设计位移(g)]
挡墙破坏水平位移	—	10% 墙高	—	—
允许差异位移	—	—	0.1 ~ 0.2m②	—
破坏差异位移	—	—	>0.2m③	—

注：①预测地震引起的桥墩水平位移。当期望桥墩出现最小破坏时，确定对应的容许位移标准。

②破坏水准 3，桥台小的测量改进需求。

③破坏水准 4，桥台的长期改进测量需求。

Elms 和 Richards 针对重力式挡墙、锚定板式挡墙及加筋土挡墙 3 种墙型分别进行了振动台试验，试验观测到当墙体背离墙后填土滑移时，墙后填土形成楔形剪切区，滑动面近似为平面，这一点与 M-O 模型的假定条件近似一致。Koseki 和 Kenji 针对加筋土挡墙、重力式挡墙、倾斜式挡墙及悬臂式挡墙开展了一系列的振动台模型试验，分析了不同类型挡墙的抗震稳定性，观察了墙背填料的破坏面，并对加筋土挡墙与传统形式挡墙的抗震性能进行了比较。

2.3　桩板墙的抗震性能设计研究

实际地震具有较大的时空不确定性和复杂性，加之现场观测耗资巨大，增加了获取实测原位测试资料的难度，因此有关挡墙在该领域的抗震研究较少，但原位测试是研究地震作用下挡墙—土体系变形和破坏机制最为真实的手段，这对提高挡墙抗震性能的研究水平无疑是最重要的，因此应加强在这方面的研究。以刚性和柔性挡墙位移为研究对象，Iai 论述了二者在 1995 年神户（Kobe）地震期间的原位测试情况：将墙背填料为干砂、采用 M-O 方法设计的挡墙与原位观测的实际挡墙的破坏情况进行了比较，同时对刚性挡墙、板桩式挡墙由于液化导致的墙体的位移特性和力学破坏机制也进行了研究。研究结果表明：①对墙背为干性填料的挡墙，在使用拟静力方法对其整体稳定性进行分析时，设计地震动加速度建议采用峰值地面加速度的 60%；②对于浸水挡墙，地震下基底土体易产生液化，超孔隙水压力也将大幅度增加，墙体易发生较大的位移，因此，应当重视对浸水挡墙位移特性和力学破坏机制的研究；③浸水挡墙的位移与墙高比大致在 5% ~ 50% 之间，位移大小与挡墙类型、地震动幅值和液化的程度等密切相关。

李浩利用离心模型试验对贵广高速铁路一路肩桩板墙工点进行了研究。该贵广高速铁路工点（D1K396 + 268 ~ D1K396 + 278 段）地基覆盖层为粉质黏土，层厚约 10m，下伏基岩为页岩，桩体嵌固段长度为 16m，埋入基岩内约 6m，悬臂段设计长度为 8m，锚固桩截面为矩形，截面尺寸为 2m × 3m，采用 C35 钢筋混凝土砌筑，换算截面惯性矩 I_0 为 5.22m^4，桩中心间距为

5m;挡土板尺寸为4m×5m,厚度为0.35m,采用C35钢筋混凝土预制,搭接于桩体上,每边搭接长度为0.5m;地基采用无桩帽的水泥粉煤灰碎石桩(CFG桩)处理,桩径$\phi=0.5$m,桩间距为1.6m;路堤填土采用A、B组填料,基床表层采用级配碎石填料。原型桩板墙断面如图2-6所示。

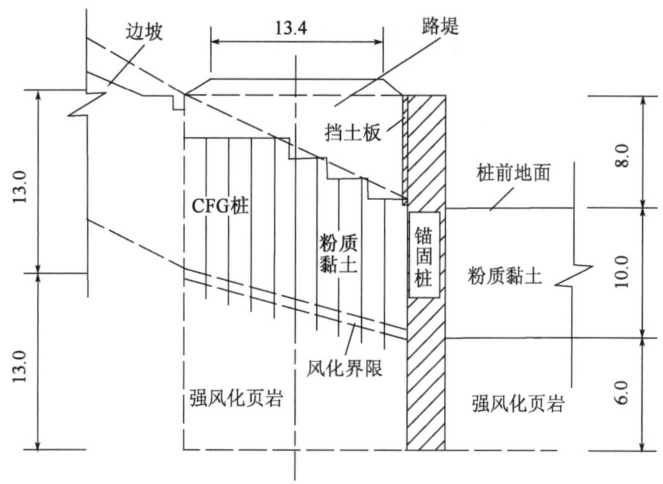

图2-6　原型桩板墙断面示意图(尺寸单位:m)

试验模型箱尺寸为0.80mm×0.60mm×0.60mm(长×宽×高),模型率取为$n=50$,模型试验布置如图2-7所示。

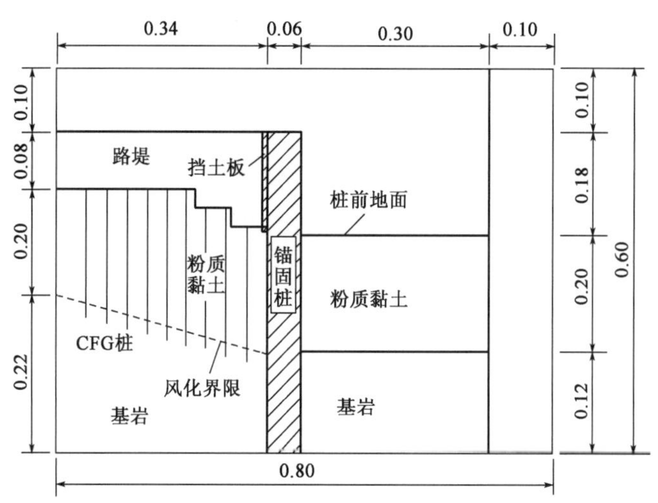

图2-7　桩板墙模型初步尺寸(尺寸单位:mm)

墙后填土中的应力应变比尺取为1:1,根据量纲法计算得到其他物理、力学参数的相似比尺。

改变桩前地基的压实系数、坡度以及桩悬臂段高度,得到不同工况下墙背土压力状态随桩顶位移的变化过程,经分析可将墙后土体从静止土压力状态至主动土压力状态的过程分为两个阶段,第一阶段阈值为墙—土摩擦作用达到极限,相应的锚固桩顶位移为 0.08 ~ 0.13mm,相应的锚固桩转角为(2 ~ 3) $\times 10^{-4}$rad;第二阶段阈值为墙后土体内摩擦角达到极限,即墙后土体进入主动土压力状态,相应的桩顶位移为 0.2 ~ 0.75mm,为锚固桩悬臂段高度的 1‰ ~ 4‰,相应的锚固桩转角为(5 ~ 20) $\times 10^{-4}$rad。

2.4 加筋土挡墙的抗震性能设计研究

Richardson 和 Lee 最先提出了金属条加筋土挡墙的抗震设计方法,该方法基于 M-O 理论。假定平面破坏面,在静力的基础上增加动土压力分量,以确定所需的筋条拉力。考虑拔出破坏,确定总的拉筋长度。但该方法没有考虑挡墙的外部稳定性。同时,还开展了一系列的小的振动台模型试验,对该方法进行验证。

Christopher 等扩展了该方法,考虑了平面加筋的情况。

Bonaparte 等提出了加筋土边坡设计的拟静力极限平衡法。利用双滑块理论评估挡墙内部稳定性(Jewell 等),利用直接滑动分析法校核挡墙的外部稳定性,得出了抵抗挡墙外部和内部破坏所需的筋条长度和强度。然而,该方法也未能考虑永久位移。

Ling 等提出了基于拟静力平衡法的抗震设计方法,计算加筋土挡墙的永久位移。另外,研究了一些相对重要的设计参数(如土体强度,土—拉筋接触系数,地震系数)对挡墙抗震性能的影响,并利用实际挡墙校核了该设计方法。通过分析发现,随着地震加速度的增加,抵抗坡体直接滑动所需的筋条长度迅速增大。在中等强度的设计地震作用下,所需拉筋长度过长,这种情况下,提出了另外一种基于允许位移应对直接滑动的设计方法。

基于 Ling 等提出的拟静力平衡法,Ling 和 Leshchinsky 研究了水平和竖向地震加速度作用下加筋土挡墙的永久位移和稳定性。通过考虑可能的破坏模式,包括锚固破坏、复合破坏、直接滑动破坏、拉筋拔出破坏,确定土工格栅拉筋的长度和强度。指出陡坡情况下,相比缓坡,竖向加速度对用以稳定坡体所需的土工格栅拉力有着更为重要的影响。当水平地震系数超过 0.2 时,竖向加速度对所需土工格栅长度的影响更大,建议在设计中予以考虑。

另外,Ling 等给出了加筋土挡墙结构在台湾应用的综述,基于 1999 年的集集地震检查了加筋土挡墙的性能,研究了断层附近几个模块式加筋土挡墙的性能。研究结果表明,加筋土挡墙结构的性能优于未加筋土挡墙结构,并由震害调查给出了加筋土挡墙的破坏情况,确定了破坏的主要原因,即缺乏抗震设计方面的考虑。因此,复合破坏模式、模块的惯性力、较大动土压力时的连接刚度和强度是设计研究在今后需考虑的因素和方向。

干砌混凝土模块加筋土挡墙存在三种可能的滑移模式:①挡墙结构作为整体的基底滑动;②沿着加筋层,通过模块面的内部滑动;③模块接触面的剪切滑动。Cai 和 Bathurst 根据加筋土挡墙的三种潜在剪切滑移模式,利用 M-O 土压力理论确定临界加速度,总结 Newmarks 滑块理论和一系列经验方法,建立了每一种剪切滑移模式下的位移计算方法。

通过对加筋土挡墙的滑移位移进行计算和分析,发现:

(1)由干砌混凝土模块堆叠而成是加筋土挡墙的突出特点,挡墙接触面中土工格栅可能会减小挡墙接触面的剪切强度,使其剪切强度小于模块或模块接触面。故对于加筋土挡墙,尤其是通过摩擦获得主要剪切力的挡墙,需重点考虑接触面的剪切强度,以及面板的稳定。

(2)挡墙顶部未加筋部分是结构最不稳定的部分,为此,可增加接近挡墙顶部的加筋层数目,以确保地震作用下抵抗挡墙的水平运动和坍塌的安全额度。

(3)对于加筋土挡墙,随着土体抗剪强度的增大,挡墙内部滑动引起的永久位移迅速减小。

Bathurst 和 Cai 以及 Bathurst 等也提出了地震设计方法,该方法是基于 M-O 分析法的扩展。随后,该方法被北美国家混凝土圬工协会用于挂板式加筋土挡墙的设计(NCMA)。

Bathurst 等对 10 座加筋土挡墙进行了长期研究,并对其中已完成的四座全尺寸挡墙试验结果进行了介绍,挡墙如图 2-8 所示。根据试验结果发现墙背填土材料的摩擦角选择偏于保守,为此对于坚硬面板的加筋土挡墙,可采用峰值平面应变摩擦角来优化设计。其次,由于土体的下滑力作用于面板背面,故墙趾上的竖向法向力大于模块重量的总和,该发现可为模块接触面上法向力计算方法的修正提供依据。

a)加筋土挡墙1试验图(前视图)

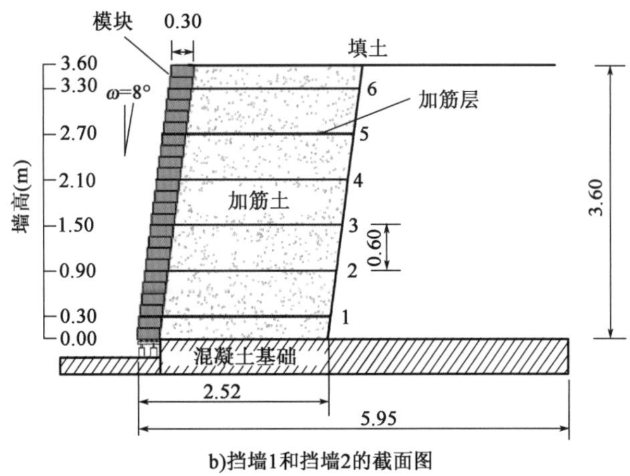

b)挡墙1和挡墙2的截面图

图　2-8

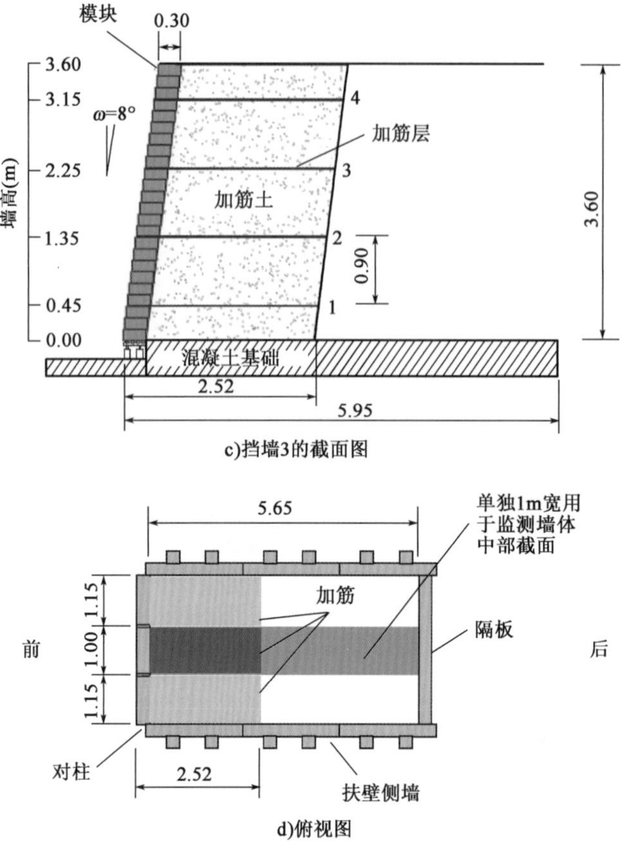

c)挡墙3的截面图

d)俯视图

图 2-8 加筋土挡墙试验布置图(尺寸单位:m)

2009 年,Bathurst 等利用试验还分析了挡墙筋条刚度和施工压实效果对挡墙位移、墙趾水平力等的影响。选用的四座加筋土挡墙的高度均为 3.6m,采用不同刚度的筋条和两种不同的聚丙烯土工格栅的加筋材料,筋条间距均为 0.6m,每一座挡墙的面板一致。

另外,Hatami 和 Bathurst 利用 FLAC 程序,对上述加筋土挡墙进行了计算分析。采用非线性弹塑性模型模拟筋条和墙背土体,计算得到的墙趾力、面板位移、筋条应变等结果均与试验监测值较为一致。当采用线性弹塑性模型时,筋条应变结果不理想。

2.5 挡墙结构抗震研究展望

挡墙和土体在地震作用下构成了非线性动力相互作用体系,这使得挡墙地震响应机理研究成为一个十分复杂的岩土地震工程课题,以往的理论及试验研究虽取得了重要的阶段性成果,但仍存在诸多尚未解决的问题。例如,土体动力非线性本构模型及参数取值(考虑剪切带动态残余应变或应力效应);接触面单元形态及墙背填土动态潜在薄弱区处理及参数取值;黏性土地震被动土压力的试验研究及数值分析;挡墙—土体动位移破坏机制及永久位移的研究与预测;估算震后残余内摩擦角的降低量以及预测大震下墙背土压力的可行性及可信度;土压力和水压力的耦合作用等。因此,挡墙抗震的研究任重而道远。结合现场观测收集到的震害数据,开展大比例振动台模型试验是当前挡墙地震响应研究的发展趋势,这不仅可以弥补实地观测场地附近未发生地震而难以开展研究所带来的限制,而且可全面而深入地揭示挡墙在地震作用下的破坏机理和规律,为抗震设计理论和计算方法的完善及拓展提供依据。

2.6　本章小结

挡墙和土体在地震作用下构成了非线性动力相互作用体系,这使得挡墙地震响应机理研究成为一个非常复杂的岩土地震工程课题。本章根据已有试验、理论和数值计算资料,简要介绍了重力式挡墙、桩板墙和加筋土挡墙的地震响应特性研究,以及挡墙结构的抗震设计方法研究。另外,结合已有研究分析了研究的缺陷,以及挡墙结构抗震研究发展趋势。

第3章　汶川地震支挡结构震害调查及分析

3.1　汶川地震支挡结构震害调查

2008年5月12日14时28分,四川汶川发生了里氏8.0级特大地震。这是新中国成立以来破坏性最强、波及范围最广、救灾难度最大、恢复重建任务最重的一次特大自然灾害。公路、铁路基础设施破坏极为严重,桥梁垮塌、路基损毁、隧道受损,抢险救灾面临极大的困难。科学技术的发展总是依赖于对客观世界基本现象的认识和规律性的把握,我国路基工程抗震研究已经有了一定的基础,也取得了相应成果,汶川地震则又一次强化了我们在这一领域深化研究与探索的责任感和紧迫感。支挡结构抗震设计一直是岩土工程界的重要研究内容,汶川地震中支挡结构的破坏是最重要的震害之一。汶川地震后,本书作者等针对支挡结构的震害开展了大规模的调查及分析,不仅深化了对路基工程抗震特点和规律的认识,完善了路基工程抗震技术标准规范,提高了路基工程抗震技术水平和能力,更为促进国家经济社会发展、适应应急抢险需要提供了有力保障。

本章介绍了支挡结构震害调查概况,根据烈度、结构形式、破坏类型、场地条件、砌筑方式、线路与断裂带的关系对四川省境内支挡结构的震害调查数据进行了归类分析,研究了震害分布与上述因素的关系,为本书工作的进一步开展提供了支撑。

3.1.1　震害调查概况

为了从宏观角度了解支挡结构的震害现象,首先根据汶川地震烈度区划图把震害区域划分为极重灾区、重灾区、一般灾害区和轻度灾害区(本书主要介绍前三种震害区),极重灾区一般位于地震烈度为9度及以上烈度区,重灾区位于8度区,一般灾害区位于7度及以下区域。在调查中把调查线路按等级划分为国道、省道及乡县公路,整个调查工作集中在四川省境内,调查线路涵盖了地震灾区主要的公路网,调查结果显示支挡结构的震害分布与断裂带分布基本一致,且主要集中在断裂带周围,震中映秀附近公路的破坏数量更为明显。

调查显示,遭受地震破坏的挡墙总共有347处,在挡墙受损线路中,国道4条,分别为G108、G212、G213、G317;省道6条,分别为S105、S205、S210、S301、S302、S303。其他公路包括县道2条,县乡公路1条,XH10线,XN16龙池旅游公路,广青路,彭龙路+彭白路。表3-1列出了调查线路内各等级公路的震害分布。

各等级公路震害分布　　表 3-1

公路等级	挡墙破坏数量(处)	百分比(%)
国道	117	33.7
省道	106	30.5
其他县乡公路	124	35.8

3.1.2 震害分类研究

1)按烈度划分震害

从历次大地震的震害调查可知,在强震中结构的破坏程度随地震烈度的增大而增加。为了检验汶川地震中支挡结构震害分布与地震烈度的关系,采用的方法是将各个调查线路中支挡结构破坏数量及工点绘制在汶川地震的烈度图上,各工点的地理位置由调查中实测的各个支挡结构破坏工点的经度和纬度来确定。根据调查结果,汶川地震挡墙震害分布与地震烈度区的关系见表 3-2。

各烈度区震害分布　　表 3-2

烈度区	挡墙破坏数量(处)	占总破坏的百分比(%)
9 度及以上	264	78
8 度	53	16
7 度	21	6

由表 3-2 可知,绝大部分挡墙震害位于 9 度及以上烈度区域,8 度区出现了一定数量的挡墙破坏,7 度区挡墙的破坏数量较少。上述规律与许强等对汶川地震滑坡的调查结果基本一致,根据滑坡的数量,许强等把距断层 10km 的范围定义为极重灾害区,10 ~ 20km 范围定义为重灾害区,大于 20km 的范围定义为一般灾害区,而围绕断层 10km 范围一般是 9 度及以上区域。

2)按结构形式划分震害

在调查的地震灾区中,支挡结构包括重力式挡墙、加筋土挡墙、桩板式挡墙、桩锚式挡墙等,表 3-3 显示了各类挡墙的损坏数量及其占总损坏数量的百分比。

不同结构形式挡墙的震害分布　　表 3-3

挡墙类型	破坏数量(处)	占总破坏数量的百分比(%)
重力式挡墙	338	97.0
加筋土挡墙	3	0.9
桩板式挡墙	2	0.6
桩锚式挡墙	2	0.6
其他	3	0.9

从表 3-3 可知重力式挡墙(一般称为刚性支挡结构)的破坏数量占挡墙破坏总数的绝大部分,而加筋土挡墙、桩板式挡墙、锚索框架(一般称为柔性支挡结构)的破坏数量占总挡墙破坏数量的极少部分。调查结果表明,柔性支挡结构抗震性能优于刚性支挡结构,其原因是在地震

引起的地面运动作用下,柔性支挡结构能够与土体一致运动,两者之间能保持较好的变形协调,因此柔性支挡结构的破坏数量较少;而重力式挡墙等刚性支挡结构在地震作用下墙体与土体的变形不一致,导致墙体发生较大的不可恢复性位移,使挡墙失去了它应有的功能。例如,路肩墙的变形必然引起一定范围内的路面开裂和下沉,导致路面的破坏。

总体来说,汶川地震中加筋土挡墙表现出较好的抗震性能,表3-3列出的3处破坏的加筋土挡墙,有2处位于国道213都江堰—映秀段。在这两处破坏的加筋土挡墙中,一处位于映秀镇,破坏的原因是断层穿过了加筋土挡墙,由于断层产生较大的位移,导致加筋土挡墙的破坏。另一处是两级加筋土挡墙,每级墙高10m,如图3-1所示,其破坏原因主要包括如下两个方面:①在地震作用下,随着墙高的增加地震波的放大效应增加,从而使地震力大幅度增加;②两级间的台阶宽度仅1m,两级连接处的面板变形过大,拉筋拉力超过其抗拉强度,从而导致了加筋土挡墙的破坏,该现象已被有限元分析证实。

图3-1　22m加筋土挡墙的破坏

3)按破坏类型划分震害

震害调查中,根据破坏类型对323处重力式挡墙震害工点进行了分类统计,见表3-4及图3-2。破坏类型大致分为垮塌、墙身变形开裂、倾覆及滑移、边坡垮塌掩埋、落石砸坏、剪断、随路基下沉以及其他破坏,震害示意图如图3-3~图3-12所示。

不同挡墙破坏类型的震害比例　　表3-4

破坏类型	破坏数量(处)	百分比(%)
垮塌	142	40.3
变形开裂	72	25.6
倾覆/滑移	48	16.7
掩埋	27	7.0
落石砸坏	16	4.3
剪断	9	3.5
随路基下沉	6	1.8
其他破坏	3	0.8

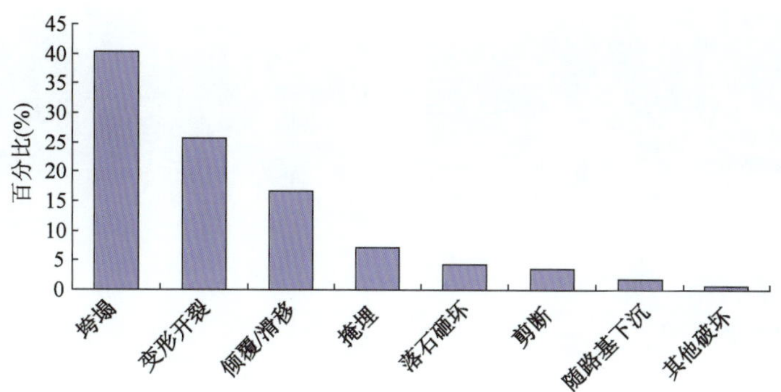

图 3-2 震害类型及其占比

图 3-3 路堑挡墙垮塌破坏

图 3-4 路肩挡墙垮塌破坏

图 3-5 挡墙变形开裂

图 3-6 挡墙倾覆破坏

图 3-7　挡墙滑移破坏

图 3-8　边坡垮塌掩埋挡墙

图 3-9　落石砸坏挡墙

图 3-10　挡墙剪断破坏

图 3-11　路基下沉引起的挡墙破坏

图 3-12　其他破坏(施工台错缝)

4)按场地条件划分震害

构筑物遭受地震破坏的原因较为复杂,它与结构类型、选用的材料、地基土、地形地貌、地震强度等有密切的关系。目前对这些影响因素尚缺乏研究,暂不能提出定量的指标,铁路抗震规范用水平地震作用修正系数对上述影响因素加以概括，以弥补理论计算与宏观震害之间的差异。汶川地震震害调查显示，不同地基土上的挡墙震害差异很大，为了确定地基条件对挡墙的影响，此次震害调查中对地基条件进行了特别的关注。表3-5显示了挡墙建筑在土质地基、岩质地基、上层为较薄土层而下层为岩石的地基情况下，挡墙破坏的比例。

不同地基条件下挡墙的破坏百分比

表3-5

地基条件	破坏数量(处)	破坏百分比(%)
土质	128	58.4
岩质	49	22.4
上土、下岩	42	19.2

表3-5显示，挡墙在土质地基上的破坏数量远大于岩质地基上的破坏数量，这说明在考虑地震动对构造物的影响时，对不同的地基条件应给予不同的修正系数。上土、下岩地基上挡墙破坏的百分比与岩石地基上挡墙的破坏百分比非常接近，因此可以认为上土(薄层)、下岩地基可归类到岩质地基，这样地基条件就可分为岩质和土质两种情况。然而，如何基于汶川地震的挡墙震害开展对土质地基的分类工作及在土压力计算中考虑土质地基分类的影响仍然在研究之中。

5)按砌筑方式划分震害

震害调查中，按挡墙砌筑方式对313处破坏工点进行了统计归类，图3-13显示了浆砌砌筑、混凝土砌筑和干砌砌筑三种主要砌筑方式的挡墙震害比例，浆砌砌筑的挡墙破坏最多，占总破坏数的74%，说明应通过提高水泥砂浆标号等方式加强浆砌砌筑挡墙的质量，提高其在高烈度区的抗震性能。

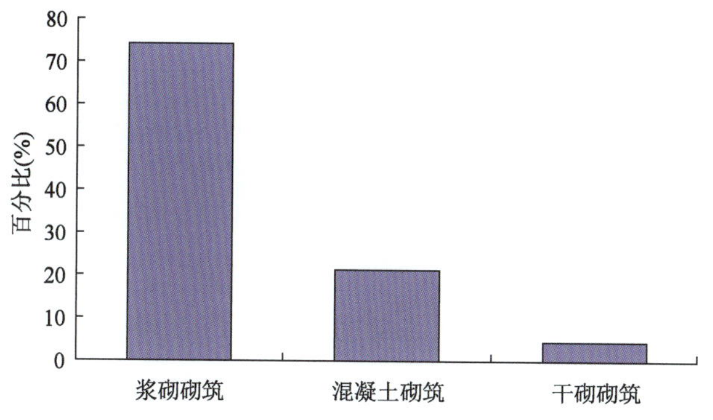

图3-13 按砌筑方式划分的震害分布图

6)按线路走向与断裂带夹角划分震害

如图3-14所示，龙门山断裂带是四川盆地向青藏高原的过渡区域，全长500km，宽40～50km，呈NE-SW向展布，总体走向NE40°～50°，龙门山断裂带共有3条主要断裂：都江堰—江油断裂(龙门山前山断裂)、映秀—北川—青川断裂(龙门山中央断裂)、茂县—汶川断裂(龙门山后山断裂)。这次地震主震就发生在映秀—北川—青川断裂上，地表破裂则发生在中央断裂和前山断裂。

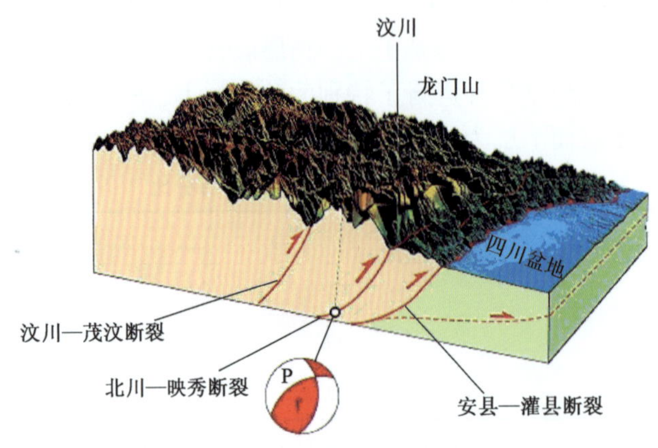

图 3-14　龙门山地貌及断裂示意图

为研究震害分布与断裂带的关系，将挡墙破坏工点处的线路走向与断裂带走向进行比较，得出了工点处线路走向与断裂带走向的夹角 θ 与震害分布的关系，如图 3-15 所示。由图 3-15 可知：震害分布比例大致与夹角 θ 成反比，线路走向与断裂带走向的夹角越小，该线路上挡墙的破坏越严重。

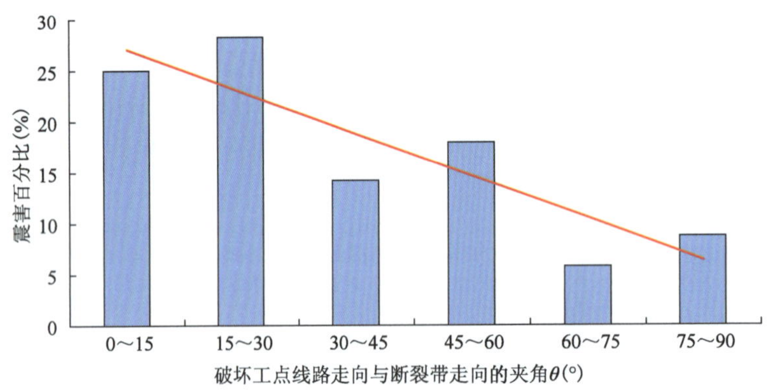

图 3-15　按线路走向与断裂带夹角划分的震害分布图

3.2　加筋土挡墙的震害调查

汶川地震中加筋土挡墙的震害仅出现了 3 例，故此处补充世界上主要地震中加筋土挡墙的震害实例。因为缺乏土体参数和地震信息，大部分加筋土挡墙实例无法进行定量校核，为此，本书介绍主要地震中资料较为翔实的几个加筋土挡墙实例，对其进行性能比较。本书所介绍的加筋土挡墙为：1995 年 Kobe（M = 7.5）地震中的 Amagasaki 加筋土挡墙；1994 年 Northridge（M = 6.7）地震中的 Gould 加筋土挡墙、Valencia 加筋土挡墙和 Valencia-top 加筋土挡墙；1993 年 Kushiro-Oki（M = 7.8）地震中的 Kushiro 加筋土挡墙；1987 年 Chiba-ken Toho-Oki（M = 6.7）地震中的 Seiken 加筋土挡墙；1999 年集集地震作用下中国台湾的加筋土挡墙。加筋土挡墙的结构特性见表 3-6。

主要地震作用下加筋土挡墙的性能比较 表3-6

性能	Amagasaki挡墙	Gould挡墙	Valencia挡墙	Valencia-top挡墙	Kushiro挡墙	Seiken挡墙	Seiken挡墙
主要参考文献	Tatsuoka等;Kanazawa等	Sandri;Bathurst和Cai	Sandri;Bathurst和Cai	Sandri;Bathurst和Cai	Nishikawa	Tatsuoka等;Ling等	Tatsuoka等;Ling等
边坡高度H(m)	4.7	4.6	6.4	2.2	4.5	5.5	5.5
坡度(°)	90	86.4	86.4	86.4	73.3	78.7	78.7
面板类型	刚性预制混凝土	分块	分块	分块	钢丝笼	混凝土面板,喷浆混凝土	混凝土面板,喷浆混凝土
墙后填土类型	级配良好砂	黏质粉土,粉砂	粉砂	粉砂	粉质黏土	粉质黏土	粉质黏土
摩擦角(°)	35	33	33	33	35	37	37
土体重度(kN/m^3)	20	20	20	20	18	18	18
土工格栅类型	经编涤纶土工格栅,涂有聚氯乙烯(PVC)	经编涤纶土工格栅	经编涤纶土工格栅	经编涤纶土工格栅	HDPE土工格栅	无纺布聚丙烯土工布	无纺布聚丙烯土工布
极限强度T_{max}(kN/m)	38	36	36	36	50	20	20
底层筋带长度l(m)	2.5	3.6	5.5	1.8	5.6	5	5
地震(级别)	Kobe(7.3)	Northridge(6.7)	Northridge(6.7)	Northridge(6.7)	Kushiro-Oki(7.8)	Chiba-ken Toho-Oki(6.7)	Chiba-ken Toho-Oki(6.7)
时间	1995年1月17日	1994年1月17日	1994年1月17日	1994年1月17日	1993年1月15日	1987年12月17日	1987年12月17日
震中距(km)	35	35	23	23	33	40	40
最大加速度计算值(g)	0.27	0.3	0.5	0.5	0.3	0.326(NS)	0.216(EW)
Tieback破坏总需求强度(kN/m)	100	102	317	36	88	102	78
总需求层(层)	3	3	9	1	3	6	4
总可用层(层)	12	11	7	2	9	10	10
总可用层的复合破坏数量(处)	4	6	1	1	4	4	4

续上表

性　　能	Amagasaki 挡墙	Gould 挡墙	Valencia 挡墙	Valencia-top 挡墙	Kushiro 挡墙	Seiken 挡墙	Seiken 挡墙
总可用强度 (kN/m)	152	216	36	36	200	80	80
计算的永久位移 C_{sy}①	0.31	0.312	0.324	0.318	0.357	0.427	0.427
裂缝宽度(cm)	—	0.6	0.6	6	—	—	—
位移计算值 (cm)	—	临近破坏	16	6	—	—	—

注:①C_{sy}表示直接剪切滑动下的屈服地震系数。

如图 3-16 ~ 图 3-20 所示为挡墙的横截面,图中给出了筋条破坏面、复合破坏面和滑块。表 3-6 列出了屈服加速度和抵抗锚杆破坏的土工格栅拉筋强度。通过考虑穿过破坏面的总加筋层,确定抵抗锚杆破坏和复合破坏的可用土工格栅的拉筋强度。加筋土挡墙的滑动接触系数假设为 0.8。

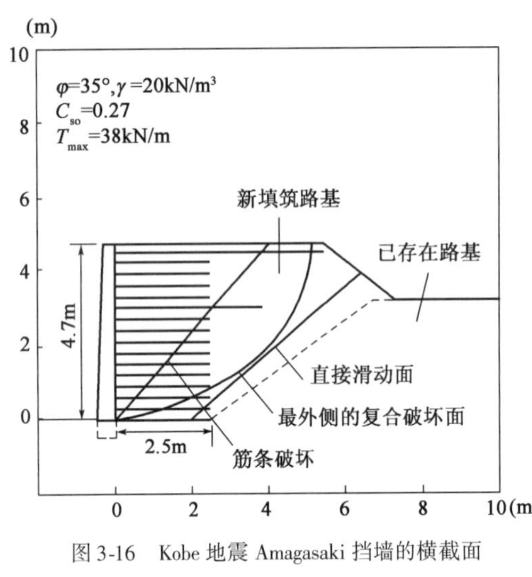

图 3-16　Kobe 地震 Amagasaki 挡墙的横截面和结果分析

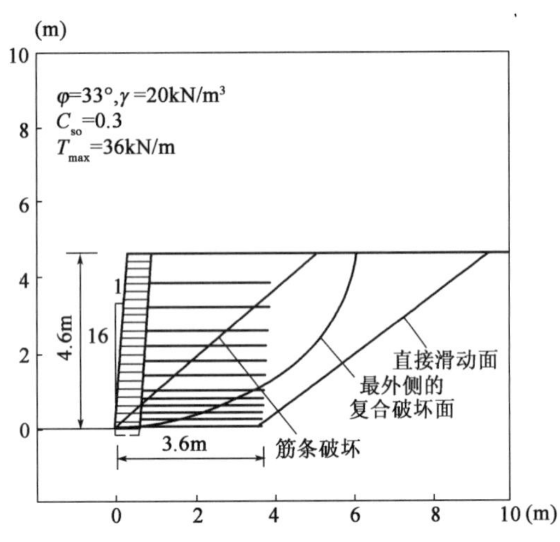

图 3-17　Northridge 地震 Gould 挡墙的横截面和结果分析

下面对表 3-6 中加筋土挡墙的抗震性能进行介绍。

(1) Amagasaki 挡墙。Tatsuoka 等调查了 Kobe 地震影响范围内几个加筋土挡墙的性能,除了 Tanata 挡墙以外,所有挡墙均基本保存完好。本书列出了 Amagasaki 挡墙,该挡墙用于拓宽铁路路基。图 3-16 所示为该挡墙的横截面和分析结果,比较中不考虑刚性混凝土面板的影响。正如表 3-6 所列,所计算的抵抗滑动的屈服加速度(C_{sy} = 0.31)大于估计的最大加速度(0.27g),因此无残余位移产生。考虑已有条件和所有潜在破坏面,可用的土工格栅强度大于需要抵抗复合破坏和拉筋破坏的强度,故挡墙保持稳定。

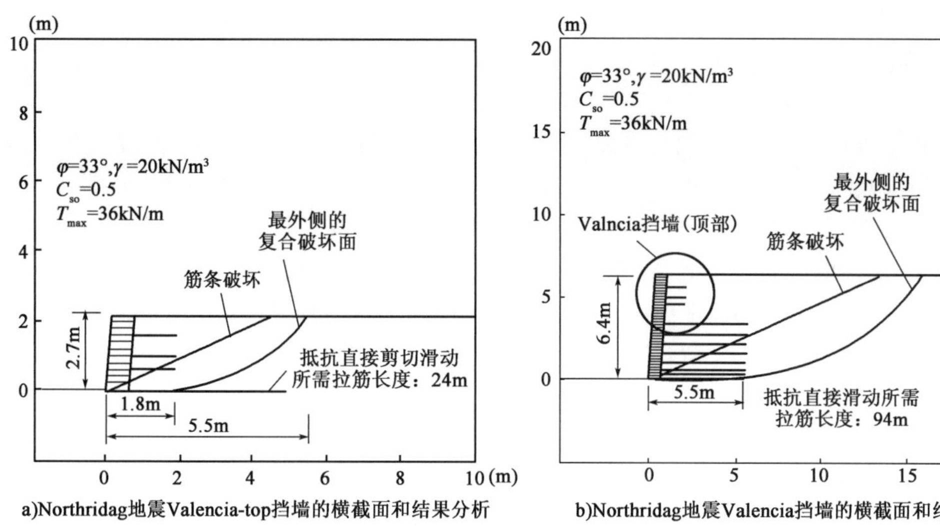

a)Northridag地震Valencia-top挡墙的横截面和结果分析

b)Northridag地震Valencia挡墙的横截面和结果分析

图 3-18　Valencia-top 挡墙的横截面和结果分析

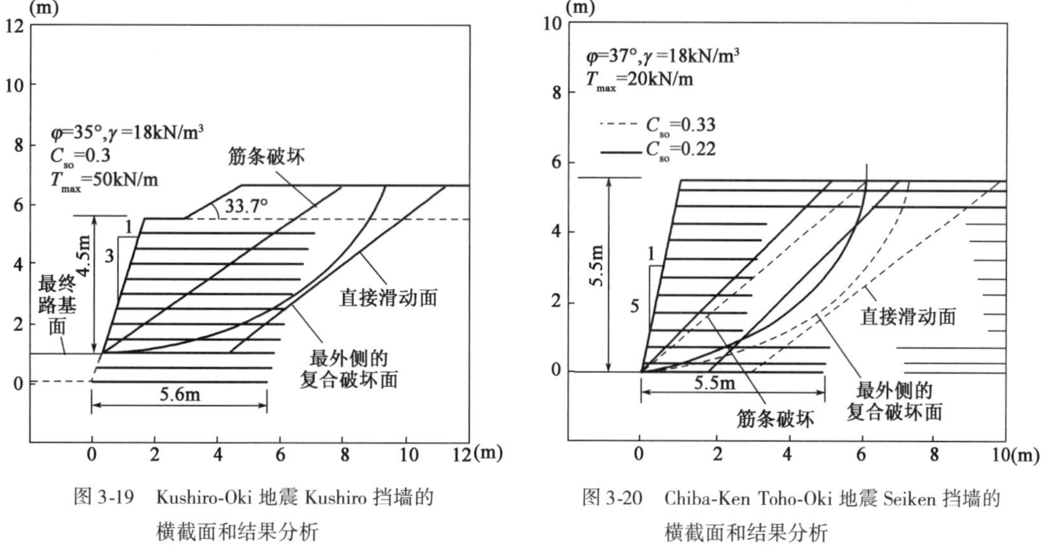

图 3-19　Kushiro-Oki 地震 Kushiro 挡墙的横截面和结果分析

图 3-20　Chiba-Ken Toho-Oki 地震 Seiken 挡墙的横截面和结果分析

(2)Northridge 地震中的 Gould 挡墙、Valencia-top 挡墙和 Valencia 挡墙。挡墙结构如图3-17和图3-18 所示。加筋土挡墙底部土工格栅层均置于地表面。Valencia 挡墙分 Valencia-top 挡墙[图3-18a)]和 Valencia 挡墙[图3-18b)]两个方面分析。分析结果表明 Gould 挡墙处于滑动的临界点,稍微减小土体强度和增大地震加速度峰值,就会导致挡墙失稳。加筋模块之后的山顶可见 0.6cm 的裂缝。因为屈服加速度小于最大地震加速度,故 Valencia 挡墙和 Valencia-top挡墙均发生了滑动失稳。通过计算分析发现需更长的筋带以抵抗滑动破坏,如 24m 和94m,如图3-18a)和图3-18b)所示。在 Valencia 挡土墙和 Valencia-top 挡墙中可见0.6cm 和5cm 的裂缝,这也表明筋条长度对于 Valencia 挡墙的稳定性很关键。

(3)Kushiro 挡墙。Kushiro 挡墙作为路基的一部分,用来支撑公路。挡墙高 5.5m,顶部覆盖1m 厚的土体,故挡墙实际高度为4.4m,如图3-19 所示。Kushiro 挡墙受到1993 年 Kushiro-

Oki 地震的影响,场地估计地震加速度峰值为 0.3g,几年后又发生了 Hokkaido Toho-Oki 地震,地震加速度峰值小于 0.3g。调查显示,在两次地震中挡墙均无永久位移,也未出现筋条破坏或复合破坏。

(4)Seiken 挡墙(图 3-20)。Tatsuoka 对三座挡墙进行了试验模拟,试验在东京大学 Seiken 技术研究所的 Chiba 试验台上开展。深入研究了挡墙的长期性能,这在文献[42](Tatsuoka 等)中进行了介绍。有资料报道了 1987 年 Chiba-ken Toho-Oki 地震后挡墙的性能,包括土工布的应变和墙体的变形(如 Tatsuoka 等,Ling 等)。挡墙在地震中保持稳定,1993 年被拆除。

1995 年 Hyogo-ken Nambu 地震中全墙高刚性面板的 Tanata 加筋土挡墙,高 6m,位于 Kobe 城市中心,基底最大滑动位移(位移/墙高)为 1.67%。Huang 和 Wang 通过基于多滑块破坏机理的拟静力法计算得到 Tanata 加筋土挡墙的位移,计算值见表 3-7,挡墙水平位移的计算值与测量值相当。计算分析发现场地竖向加速度系数对挡墙位移影响较小。面板的嵌入深度对 Tanata 挡墙的地震稳定性和位移均影响较大。

不同情况下 Tanata 挡墙水平位移计算值比较 表 3-7

地震波	Ling 和 Leshchinsky 计算的水平位移值(位移/墙高)		Huang 和 Wang 计算的水平位移值(位移/墙高)				
	Ling 和 Leshchinsky 计算水平位移	$\lambda=0.9$,$k_{hc}=0.33$	模拟 Ling 的破坏面,$\lambda=0.9$,$k_{hc}=0.341$	迭代法得出破坏面			
				$\lambda=0.9$,$k_{hc}=0.33$	$\lambda=0.058$,$k_{hc}=0.45$	$\lambda=-0.062$,$k_{hc}=0.48$	λ 随时间变化
Higashi Nada (PHGA = 0.42g)	97%	5%	3%	5%	0	0	—
JMA-Kobe (PHGA = 0.82g)	—	383%	357%	378%	142%	108%	107%

注:1. PHGA 表示地面水平加速度响应峰值。

2. λ 表示正的、向上和向外的惯性力,$\lambda=-a_v/a_h$,a_v 和 a_h 分别为竖向和水平向地面加速度。

3. k_{hc} 表示临界地震系数。

3.3 本章小结

本章依据烈度、结构形式、破坏类型、场地条件、砌筑方式、破坏工点处线路走向与断裂带夹角对四川省境内支挡结构的震害调查数据进行了统计分析,并补充了其他地震中加筋土挡墙的震害调查,总结了震害分布随上述影响因素的变化规律,并从震害调查的角度为地震区挡墙抗震设防标准的编制及抗震性能评价的进一步开展提供了支撑。基于研究,得出以下结论:

(1)9 度及以上区域受损挡墙占破坏总数的 78%;8 度区受损挡墙占破坏总数的 16%;7 度区受损挡墙占破坏总数的 6%。这表明现行规范对挡墙的设计规定还不足以满足高烈度区的抗震要求,应进一步加强高烈度区挡墙的抗震设计方法研究,提高挡墙在高烈度区的抗震性能。

(2)地震下,轻型柔性支挡结构与刚性支挡结构相比,具有良好的抗震优势,而作为最常见的支挡结构,重力式挡墙仍广泛应用于工程实践中,加之柔性支挡结构的设计及施工相对烦琐、抗震设计理论不完善,使其一时难以替代传统的重力式挡墙而被广泛地推广使用,但高烈度区采用柔性支挡结构进行抗震设防仍是今后的发展趋势。因此,完善重力式挡墙抗震技术框架、开展柔性支挡结构抗震设计理论及方法研究是岩土工程抗震领域两个重要的课题。

(3)重力式挡墙的破坏主要表现为垮塌,变形开裂以及倾覆/滑移,由滑坡、崩塌体次生灾害导致的墙体掩埋或砸坏也在破坏类型中占较大比例。

(4)相比混凝土挡墙而言,浆砌砌筑的挡墙抗震性能较差,应提高水泥砂浆的标号,加强其在高烈度区的砌筑质量。

(5)土质地基上修筑的挡墙破坏数量远高于岩质地基,说明对建于土质地基上的挡墙的设计方法要进行进一步的研究。比较挡墙的破坏百分比可知,上土、下岩的地基可以归类到岩质地基,这样可以合理地简化地基类型。

(6)挡墙的破坏数量与工点处线路走向和断裂带夹角成反比,说明挡墙抗震设计应考虑工点处线路走向与断裂带夹角的不同而采取不同等级的抗震设防措施。

第4章　支挡结构的振动台模型试验研究

工程抗震研究的首要任务是明确地震动对工程的震害作用和工程结构在地震作用下的破坏模式,振动台模型试验在满足相似规律的条件下,能够重演结构物的地震破坏现象,尽管在相似关系和边界条件模拟等方面振动台试验还存在一些不足,但其仍以试验规模大、可重复性和可操作性强等优点为广大研究人员所采用,对研究地震作用下结构—土体系的破坏机理、破坏模式及整体抗震能力的评价都起着十分重要的作用。为此,本书采用振动台试验对重力式挡墙、桩板墙和加筋土挡墙进行研究,分析地震作用下结构的位移、变形响应变化规律,为其性能设计提供依据。

4.1　大型重力式挡墙振动台模型试验

大型振动台模型试验是研究构造物在地震作用下动力特性的重要手段,也是开展震害机理分析及整体抗震性能评价的重要方法,已被广泛应用于地震工程的理论研究和工程实际中。为进一步揭示挡墙的地震破坏机理,本章在前文已完成工作的基础上,结合既有的理论及试验研究成果,开展了以重力式挡墙为研究对象的大型振动台模型试验。试验包括两个台次:硬土地基挡墙和软土地基挡墙(地基承载力均满足设计要求)。首先对试验设计、实施进行了详细的阐述,然后总结了试验过程中的墙体位移及土压力的变化规律,对比了各国(地区)抗震规范土压力计算结果与实测结果,重点研究了不同地基条件下挡墙抗震性能的差异性。从墙体稳定性角度出发,对规范值与实测值在不同地震烈度及不同地基条件下的挡墙抗震性能进行了系统的分析和评估,最终对我国现行抗震规范的相关设计标准进行了评价,为抗震设计规范的修订提出了合理的建议。

4.1.1　模型试验设计

试验在中国核动力研究设计院的大型高性能地震模拟试验台上进行。该试验台拥有国际上先进的数控系统、数据采集系统及测试分析系统,总体技术性能指标处于国际领先水平。试验设备具有6个自由度(沿3轴平动和绕3轴转动),台面尺寸为6m×6m,台面最大负载为600kN,水平向最大位移为±150mm,垂直向最大位移为±100mm,满载时水平向最大加速度为1g、垂直向最大加速度为0.8g,空载时水平向最大加速度为3g、垂直向最大加速度为2.6g,频率范围为0.1~80Hz。

试验模型是位于8度烈度区的9.6m高的重力式挡墙,根据表4-1中的模型相似关系,挡墙模型尺寸为1.6m(高)×1.5m(宽),墙顶宽0.33m,墙底宽0.55m,墙趾高0.204m,墙趾宽0.102m;挡墙模型材料为微粒混凝土,以保证墙体具有足够的刚性。试验采用刚性模型箱,其制作材料采用钢板、型钢及有机玻璃，内空尺寸为 3.7m × 1.5m × 2.1m(长 × 宽 × 高)。试验模型全貌如图 4-1 所示，墙后填土水平，墙后填料为干砂，内摩擦角为 33°，重度为 17kN/m³；基底填料为按一定配合比调制且满足重度、抗剪强度、剪切波速等相似比关系的模型土，内摩擦角为 37.52°，黏聚力为 6.9kPa，重度为 20.26kN/m³，含水率为 3.6%，模拟中硬土地基。试验中采集的数据包括位移、加速度、土压力，具体的测试仪器布置如图 4-2 和图 4-3 所示，位移传感器的安装图如图 4-4 所示。

重力式挡墙模型试验相似常数　　表 4-1

物 理 量	量 纲	相 似 关 系	相 似 常 数	备 注
长度 L	L	λ	6	控制量
密度	ML^{-3}	λ_ρ	1	控制量
加速度 $\ddot{u}$	LT^{-2}	$\lambda_{\ddot{u}}$	1	控制量
速度 $\dot{u}$	LT^{-1}	$\lambda^{1/2}$	2.45	
位移 u	L	λ	6	
时间 t	T	$\lambda^{1/2}$	2.45	
频率 ω	T^{-1}	$\lambda^{-1/2}$	0.408	

图 4-1　重力式挡墙模型全貌

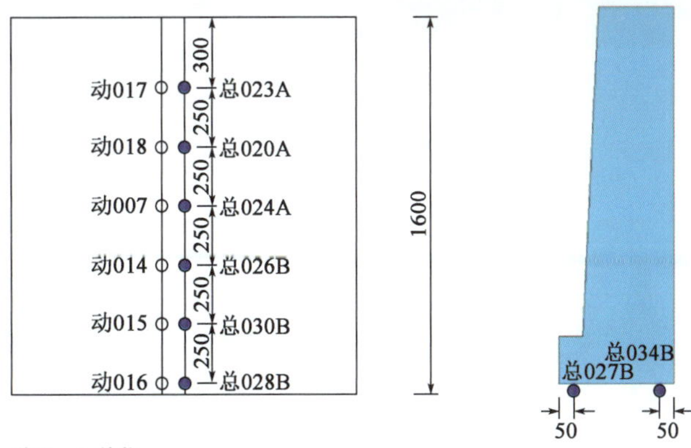

说明：1.单位：mm。
2.左侧为墙前正视图，右侧为侧视图。
3. ● 应变式土压力计；
○ 应电式土压力计。

图 4-2　重力式软基挡墙土压力计布置图

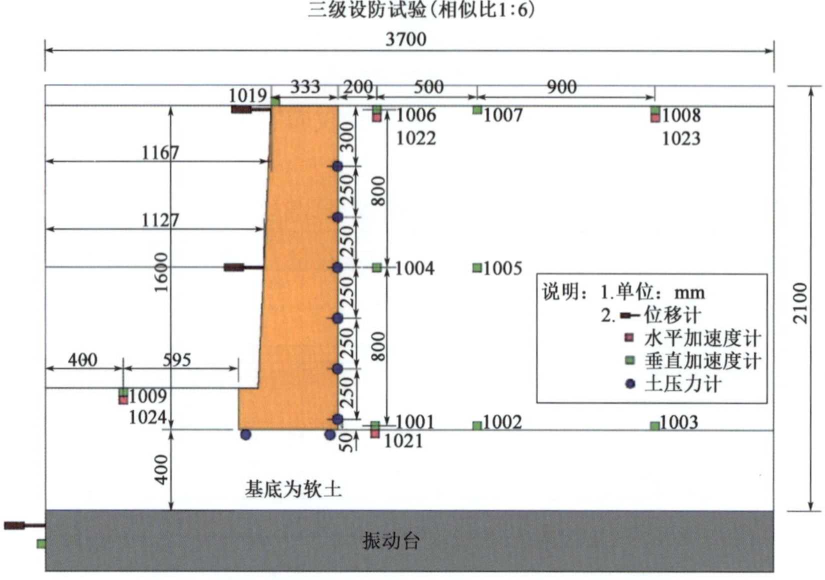

图4-3　加速度传感器及位移计布置图

图4-4　位移传感器安装图

地震波输入及加载制度:根据现场勘查及地震危险性评估结果,选择与模型所在场地具有类似条件的已有数字化汶川强地震记录,并按相似律进行压缩处理,处理后的地震波时程曲线如图4-5所示,持续时间为65.3s。考虑从X向(横向垂直线路走向)、Y向(竖向垂直线路走向)输入地震加速度,依次对挡墙进行小震地震模拟试验、中震地震模拟试验及大震地震模拟试验,直至挡墙发生明显破坏,试验加载制度为白噪声(动力特性测试)→0.1g→0.2g→0.4g→0.7g→0.9g。

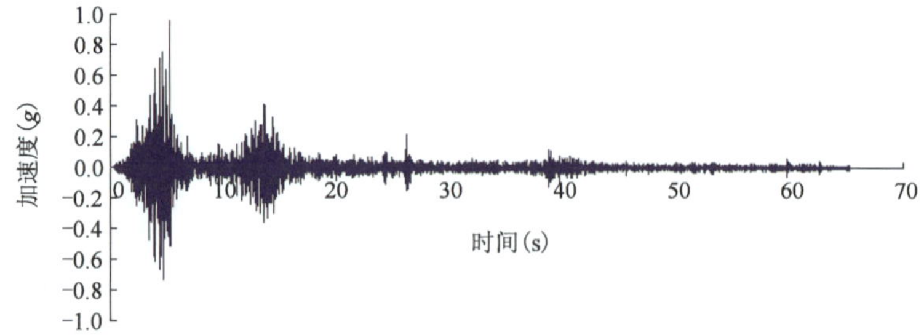

图4-5　按相似比压缩后的汶川地震波时程曲线

4.1.2　试验数据分析

1)墙体位移

(1)挡墙位移研究的必要性

表3-4显示,在调查的323处重力式挡墙震害中,垮塌、变形开裂、倾覆/滑移3种破坏类型占破坏总数的82.6%,而从砌筑方式对震害的划分来看,绝大部分垮塌破坏以浆砌挡墙为主,对于混凝土重力式挡墙,地震作用下主要产生倾斜破坏或滑移破坏。随着交通安全基础设施抗震技术的发展及人们对抗震设防目标性能需求的不断提高,高等级公路及铁路愈加重视重力式挡墙的抗震性能,这也提高了对墙身材料规格的要求,在这种背景下,与浆砌挡墙相比,混凝土重力式挡墙在地震区的应用更为广泛,这使混凝土重力式挡墙震害机理的研究更具工程意义,也显示了开展模型试验的重要性。

地震下,墙体位移破坏模式主要分为滑动、绕墙趾转动、绕墙顶转动、滑动与转动耦合4类。由于现行规范在设计挡墙时均要求其有一定埋深,因此汶川地震中挡墙以绕墙顶转动为破坏模式的案例很少,绝大部分挡墙以滑动、绕墙趾转动及二者的耦合运动的破坏模式为主,而对于发生这三类破坏模式的挡墙,震后墙体均产生较明显的不可恢复性位移,并以墙顶处的残余位移最为显著。这表明,就重力式挡墙而言,墙顶震后残余位移可作为衡量挡墙抗震性能的重要指标之一。鉴于此,张建经等依据汶川地震支挡结构震害调查首次提出了一个衡量挡墙抗震性能的量化指标——位移指数(用符号δ表示),定义为震后墙顶位移与墙高的比值。图4-6显示了G213都江堰—映秀段两个挡墙震害工点,墙顶均产生了显著位移。

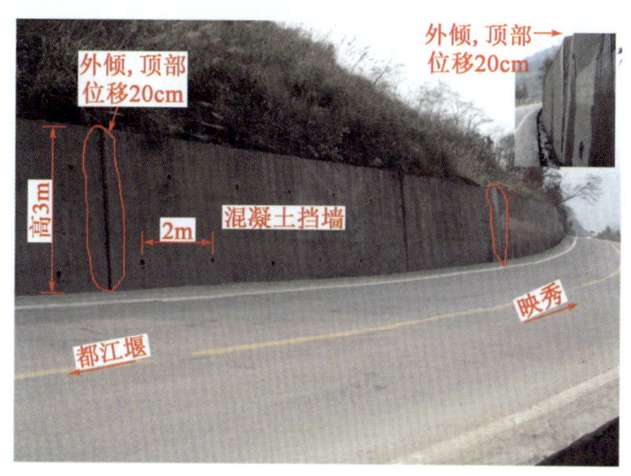

a)案例一(δ=6.67%)

b)案例二(δ=6.67%)

图4-6　G213都江堰—映秀段案例

此外,性能设计一直在岩土工程抗震领域中备受关注,而位移作为衡量重力式挡墙地震破坏最直观的参数,它有效反映了挡墙的抗震性能,这使重力式挡墙基于位移的抗震设计成为当下性能设计中最值得研究和探讨的课题。因此,以大型振动台模型试验为依托,探求重力式挡墙在地震作用下的位移变化规律,总结墙体位移特性与挡墙抗震性能的关系,不仅具有不可忽视的工程意义,更重要的是,它也为提高支挡结构抗震水平,开拓全新的抗震设计理念提供了支撑。

(2)挡墙位移研究方法

开展大型振动台模型试验的主要目的是,通过再现重力式挡墙在地震作用下的破坏机制和破坏特征对其震害机理展开分析。经试验观测,模型挡墙在输入地震动作用下能有效模拟现场挡墙的破坏机制和特征,墙体在地震下的位移模式为:墙体平动与绕墙趾转动的耦合,即RBT 运动模式,如图 4-7 所示。

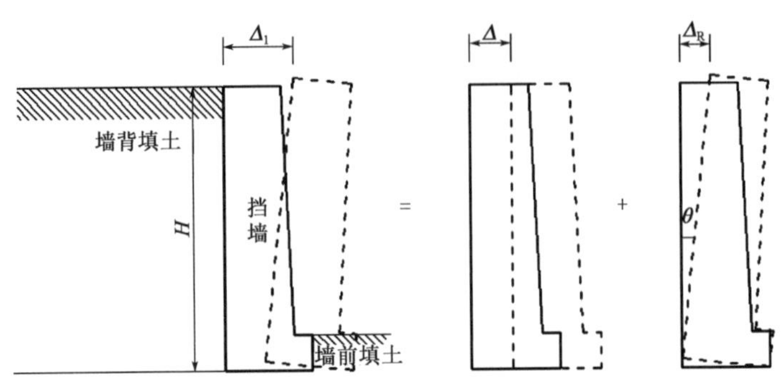

图 4-7　挡墙位移模式

图 4-7 中,墙顶总位移为 Δ_1,平动位移为 Δ,转动位移为 Δ_R,$\Delta_1=\Delta+\Delta_R$,墙体转角为 θ。为便于研究,本书引入平动位移百分比 Δ/Δ_1、转动位移百分比 Δ_R/Δ_1、位移指数 $\delta(\Delta_1/H)$ 3 个指标对重力式挡墙抗震性能进行综合评价。位移百分比反映了地震中墙体的位移模式,Δ/Δ_1 与挡墙滑动位移成正比;Δ_R/Δ_1 与挡墙倾覆位移成正比;δ 反映了墙体震后位移幅度,以量化方式衡量了挡墙的抗震性能。若无特殊说明,本节涉及的墙体位移均为震后残余位移。

(3)墙体位移数据分析

振动试验中,输入震级、地震波特性、墙体几何形状、地基条件是影响墙体位移的主要因素。为深入研究墙体位移特性,试验对不同加载工况下的墙体位移进行了观测记录,并针对地震动加速度、地基条件对墙体位移特性的影响及其变化规律进行了分析与总结。具体分析数据见表 4-2 ~ 表 4-5 及图 4-8 ~ 图 4-14。

墙体位移指数 δ　　表 4-2

地震系数 k_h	硬土路肩	软土路肩
0.1	0	0
0.2	0.01%	0.01%
0.4	0.27%	0.57%
0.7	1.99%	4.28%
0.9	4.53%	—

墙体转角 θ(单位:°)　　表 4-3

地震系数 k_h	硬土路肩	软土路肩
0.1	0	0
0.2	0.006	0.005

续上表

地震系数 k_h	硬土路肩	软土路肩
0.4	0.132	0.253
0.7	0.972	2.012
0.9	1.927	—

平动位移百分比 Δ/Δ_1 表 4-4

地震系数 k_h	硬土路肩	软土路肩
0.1	—	—
0.2	1.69%	17.65%
0.4	14.64%	22.50%
0.7	14.62%	18.06%
0.9	25.80%	—

转动位移百分比 Δ_R/Δ_1 表 4-5

地震系数 k_h	硬土路肩	软土路肩
0.1	—	—
0.2	98.31%	82.35%
0.4	85.36%	77.50%
0.7	85.38%	81.94%
0.9	74.20%	—

注:当地震动加速度为 0.9g 时,软土基底路肩挡墙位移过大,已超过位移传感器最大量程,因此用"—"表示。由于模型挡墙按设防烈度为 8 度进行设计,当地震动加速度为 0.1g 时,未超过设防烈度,挡墙几乎未产生位移,因此用"—"表示。

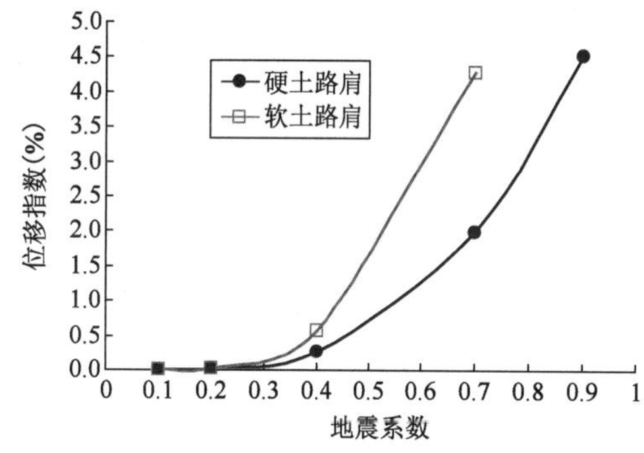

图 4-8 不同地基条件下位移指数变化图

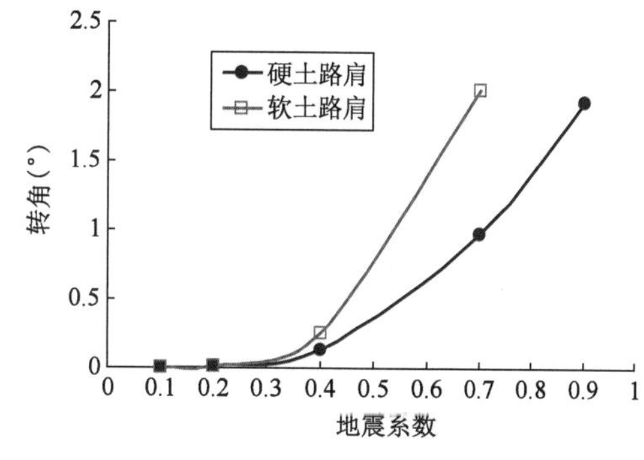

图 4-9 不同地基条件下墙体转角变化图

观察图 4-8 和图 4-9 可知:

①墙体位移与地震动加速度成正比,不同的地震烈度下墙体位移增大的幅度不同。

当地震动加速度小于 0.2g 时,墙体几乎未产生位移,位移指数小于 0.01%;当地震动加速度达到 0.3g 时,墙体产生微小位移,位移指数最大值接近 0.15%;当地震动加速度大于 0.3g时,墙体产生显著位移,从位移指数曲线切线斜率的变化可知,墙顶位移增长的幅度随地震动加速度的增加而增大。

②墙体位移受地基条件影响，在相同条件下，软土地基上挡墙的位移比硬土地基上挡墙的位移大，其影响程度随地震动加速度的增大而增加。

当地震动加速度小于0.3g时，地基条件对墙体总位移的影响不显著，当地震动加速度为0.2g时，位移指数均为0.01%，当地震动加速度为0.3g时，软土基底上挡墙的位移指数均接近0.15%，略高于硬土基底上挡墙的位移指数。这说明对设防烈度为8度及以下的区域进行挡墙抗震设计时，地基条件对墙体总位移的影响可以忽略。当地震动加速度大于0.3g时，地基条件对墙体位移的影响程度随地震动加速度的增大而显著增加，当地震动加速度为0.4g时，软土基底挡墙位移指数约为硬土基底的2.1倍，这说明对设防烈度为8度及以上区域的挡墙进行抗震设计时，应重视地基条件对墙体位移的影响，对于软硬程度不同的地基应分别考虑。

观察图4-10、图4-11可知：

对于硬土基底挡墙，当地震加速度达到0.2g时，转动分量占98.31%，平动分量仅占1.69%，转动分量约为平动分量的58.17倍；当地震动加速度大于0.2g时，转动分量逐渐减小，平动分量逐渐增加；当地震动加速度为0.4g~0.7g时，转动分量、平动分量几乎不随地震系数的变化而变化，转动分量约是平动分量的5.84倍。

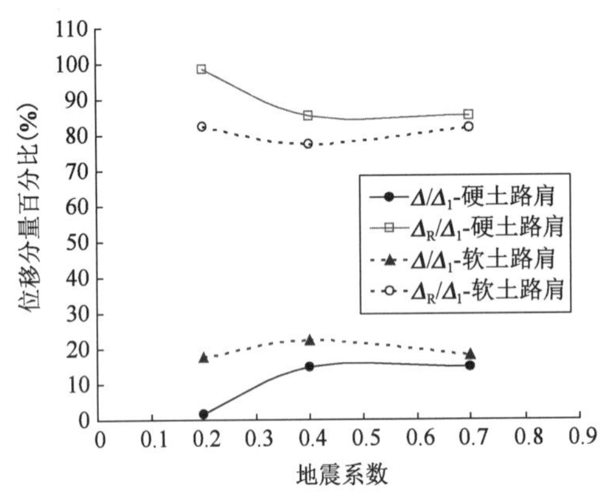

图4-10　位移分量百分比变化图

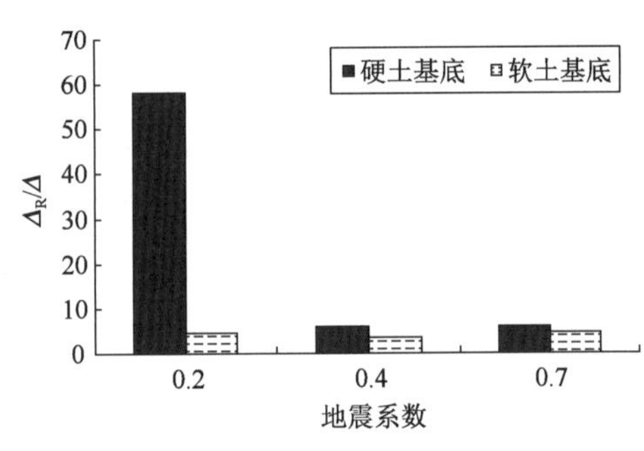

图4-11　转动分量/滑移分量(Δ_R/Δ)变化图

对于软土基底挡墙，当地震加速度达到0.2g时，转动分量占82.35%，平动分量占17.65%，转动分量约是平动分量的4.67倍；当地震动加速度为0.2g~0.4g时，平动分量略呈增加趋势，地震加速度为0.4g时，转动分量约是平动分量的3.44倍；当地震动加速度为0.4g~0.7g时，平动分量又开始小幅度降低，地震加速度为0.7g时转动分量约为平动分量百分比的5.53倍。

通过上述分析，可得到如下结论：

①从位移分量百分比的总体变化趋势来看，转动分量在墙顶总位移中占较大比例，这表明，墙体倾覆是墙体产生大位移破坏的主要形式。

②地震作用下，挡墙位移模式受地基条件影响显著。

随着地震系数的增大，硬土基底挡墙逐渐由转动的位移模式向转动与滑动耦合的位移模式转变。当地震烈度小于8度时，墙体位移几乎全部由转动产生，位移模式为转动；当地震烈度在8~9度之间时，平动分量逐渐增加，转动分量逐渐降低，位移模式为转动与平动的耦合；

当地震烈度大于9度时,平动分量的变化几乎保持定值,位移模式仍为转动与平动的耦合。

软土基底挡墙的位移模式受地震烈度的变化影响不大,与硬土基底挡墙相比,软土基底挡墙的位移模式更倾向于转动与滑动的耦合,地基土越软,墙体滑移位移对总位移的贡献量越大。

2)墙背土压力

在地震作用下,地震土压力的计算一直是挡墙抗震设计的核心内容,关于这一课题虽然已经开展了大量的研究工作,但仍未取得令人满意的研究成果。挡墙—土体在地震作用下构成一个开放的非线性动力相互作用体系,目前开展的理论和试验研究大多对实际墙土体系进行了简化,很多重要的影响因素还有待进一步研究,如土体非线性、土体的永久变形、土体地震放大效应、土压力和水压力的耦合作用、土体残余强度等。故目前的土压力理论还很难准确、全面地描述挡墙的破坏机理和地震土压力分布的实际情况。因此,地震土压力的研究任重而道远,本节以振动台模型试验为基础,重点讨论了不同加载工况下墙背土压力的分布、合力及合力作用点随地震烈度的变化规律,针对不同地基条件下地震土压力的特性进行了对比研究,并结合汶川地震挡墙破坏数据及各国(地区)抗震规范对试验结论进行了论证及分析,进一步揭示了挡墙在地震作用下的破坏机理,为地震土压力研究理论和方法的发展提供了坚实基础。

(1)土压力分布

表4-6~表4-9、图4-12及图4-13显示了在不同地震动加速度下的土压力强度实测值及土压力分布规律。

硬土基底挡墙墙背总土压力强度(单位:kPa)　　表4-6

测点距墙顶的距离(m)	加载工况				
	0.1g	0.2g	0.4g	0.7g	0.9g
0.30	1.34	1.98	1.81	2.25	1.93
0.55	3.18	3.43	3.50	2.92	2.85
0.80	3.12	3.82	6.72	6.72	11.21
1.05	2.71	2.98	4.51	6.41	9.44
1.30	7.54	6.65	7.34	12.21	19.45
1.55	6.74	6.01	5.00	8.59	10.04

注:g为重力加速度,后同。

软土基底挡墙墙背总土压力强度(单位:kPa)　　表4-7

测点距墙顶的距离(m)	加载工况				
	0.1g	0.2g	0.4g	0.7g	0.9g
0.30	0.05	0.04	0.03	0.03	0.03
0.55	4.99	4.90	3.86	5.25	4.56
0.80	6.46	6.87	7.64	9.72	12.48
1.05	4.64	5.01	9.13	11.12	13.88
1.30	3.94	4.18	7.84	18.63	36.31
1.55	5.34	6.29	6.76	16.79	36.87

硬土基底挡墙墙背动土压力强度(单位:kPa) 表 4-8

测点距墙顶的距离(m)	加载工况				
	0.1g	0.2g	0.4g	0.7g	0.9g
0.30	0.54	0.91	1.56	1.76	2.44
0.55	1.06	1.81	2.39	2.12	2.98
0.80	1.44	1.90	1.97	3.33	5.59
1.05	0.92	1.21	2.31	4.01	7.17
1.30	1.04	0.96	1.82	2.87	5.03
1.55	0.38	0.56	0.95	4.24	12.57

软土基底挡墙墙背动土压力强度(单位:kPa) 表 4-9

测点距墙顶的距离(m)	加载工况				
	0.1g	0.2g	0.4g	0.7g	0.9g
0.30	0.86	1.36	1.43	1.88	2.73
0.55	0.67	1.58	1.77	2.19	3.23
0.80	0.70	2.02	2.92	4.40	5.54
1.05	0.67	1.66	3.85	5.15	8.63
1.30	1.25	2.27	5.49	7.67	13.83
1.55	0.00	0.00	0.00	18.79	23.42

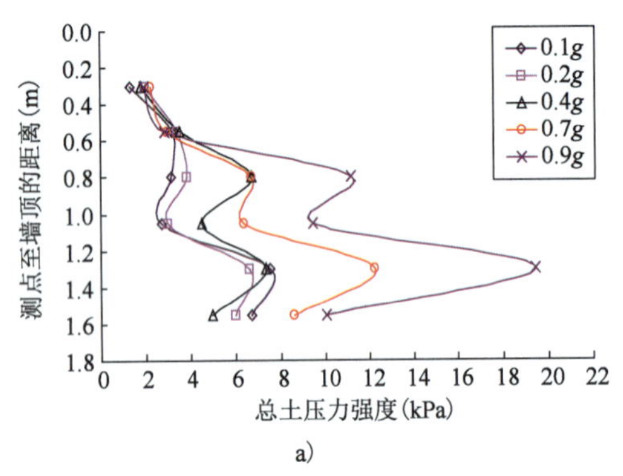

a)

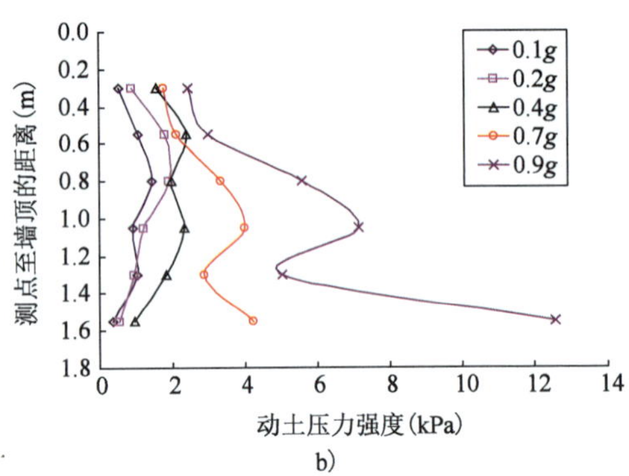

b)

图 4-12 硬土基底挡墙墙背土压力强度分布

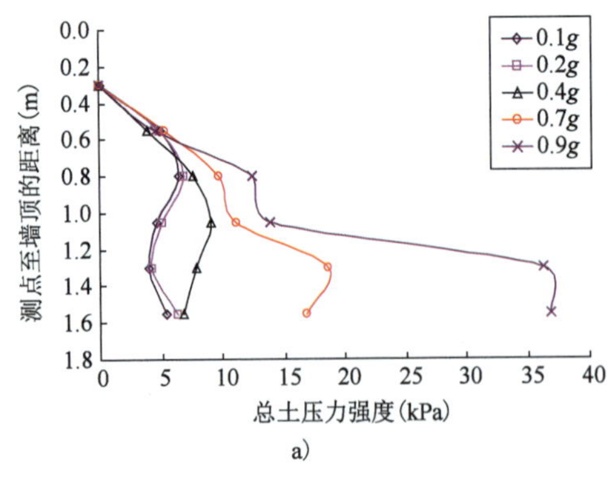

a)

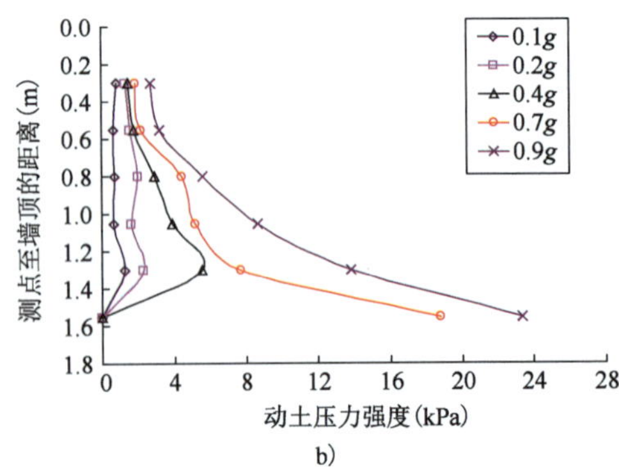

b)

图 4-13 软土基底挡墙墙背动土压力强度分布

通过观察图 4-12、图 4-13 可知：

①地震作用下，墙背土压力强度沿墙高为非线性分布，土压力强度大体上与地震动加速度成正比，从整个土压力的分布规律来看，加速度越大越接近三角形分布。

②各测点总土压力强度随地震动加速度的变化速率受挡墙位移影响显著，在挡墙的上部由于变位迅速增长，使其土压力变化较慢，在挡墙的下部由于变位较小，土压力增长较快，使墙体 1/3 以下存在较高的残余应力区，越接近墙底残余应力区的增长幅度越明显。

③土压力强度与地基条件有关，在相同的地震动加速度下，与硬土地基挡墙相比，软土地基上挡墙土压力分布面积大，在高烈度区，地基条件对残余应力区的影响程度显著。当地震动加速度小于 0.4g 时，残余应力区随地震动加速度的增大程度不明显；当地震动加速度超过 0.4g 时，残余应力区随地震动加速度的增大而急剧扩展，地基土越软残余应力区越大。

(2)土压力合力

为方便对土压力数据展开分析，本节定义如下符号：F 为总土压力，f 为动土压力，H 为墙高，γ 为墙后土体重度，$K_{总}=F/\gamma H^2$ 及 $K_{动}=f/\gamma H^2$ 分别定义为总土压力系数及动土压力系数；η 为地基影响系数，$\eta_{总}=(F_{软土}-F_{硬土})/F_{硬土}$，$\eta_{动}=(f_{软土}-f_{硬土})/f_{硬土}$，表征了不同地基条件对土压力的影响程度。表 4-10 ~ 表 4-12 及图 4-14 ~ 图 4-16 显示了 $K_{总}$、$K_{动}$ 及 η 随地震系数的变化规律，图 4-17 显示了总土压力系数 $K_{总}$ 随位移指数 δ 的变化规律。

$K_{总}=F/\gamma H^2$ 表 4-10

地震系数	0.1	0.2	0.4	0.7	0.9
硬土基底	0.126	0.130	0.155	0.206	0.293
软土基底	0.134	0.142	0.187	0.315	0.514

$K_{动}=f/\gamma H^2$ 表 4-11

地震系数	0.1	0.2	0.4	0.7	0.9
硬土基底	0.030	0.042	0.062	0.097	0.178
软土基底	0.024	0.051	0.090	0.188	0.277

地基影响系数 η 表 4-12

地震系数	0.1	0.2	0.4	0.7	0.9
$\eta_{总}$	1.06	1.09	1.21	1.53	1.75
$\eta_{动}$	0.81	1.24	1.45	1.95	1.56

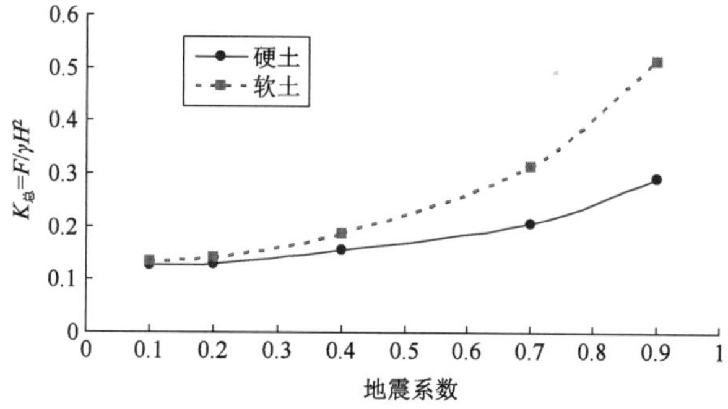

图 4-14 $K_{总}$ 随地震系数的变化规律

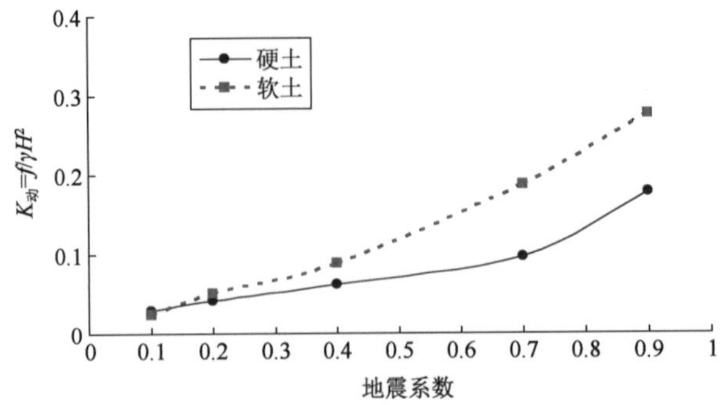

图 4-15　$K_{动}$ 随地震系数的变化规律

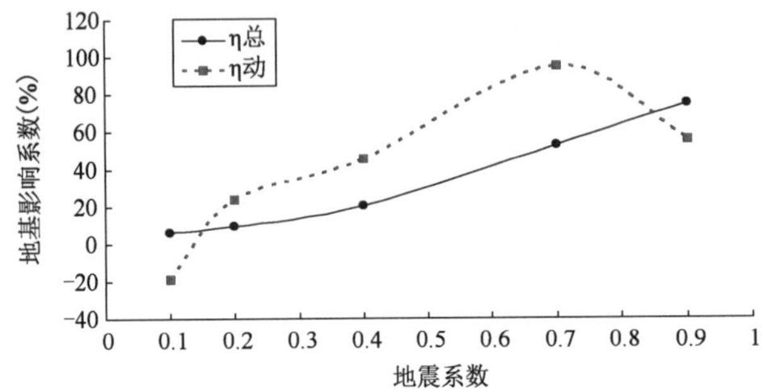

图 4-16　地基影响系数 η 随地震系数的变化规律

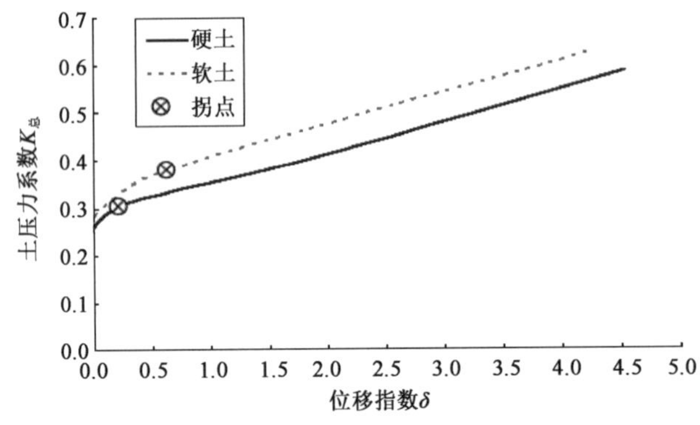

图 4-17　土压力系数 $K_{总}$ 与位移指数 δ 的关系

观察以上曲线变化规律，可得到如下结论：

①总土压力、动土压力与地震动加速度成正比，土压力增长的幅度随地震系数的增大而增加，如图 4-14、图 4-15 所示。

②总土压力、动土压力受地基条件影响，软土基底挡墙的总土压力、动土压力均比硬土基底挡墙大。地基条件对总土压力的影响程度与地震烈度有关，地震烈度较小时，地基条件对总土压力的影响不显著，随着地震烈度的增大，地基条件对总土压力的影响程度大大加深。

图 4-16 显示：当地震系数为 0.1、0.2、0.3 时，$\eta_{总}$ 分别为 6.01%、9.35%、15%，$\eta_{总}$ 平均值近似为 10%，这说明对设防烈度为 8 度及以下区域的挡墙进行抗震设计时，地基条件对土压

力的影响程度轻微,其差距仍在可接受的范围内,土压力计算时可忽略地基条件的影响。随着地震动加速度的增大,地基条件对土压力的影响程度逐渐加深,当地震系数大于0.4时,$\eta_{总}$随地震系数的增大呈线性增长,到地震系数为0.7、0.9时,$\eta_{总}$分别达到52.84%、75.02%,这说明对设防烈度为8度以上的区域,挡墙的土压力计算应考虑地基条件的影响。

③在相同的位移指数下,软土基底挡墙的土压力高于硬土地基挡墙的土压力,在位移增长初期土压力增长较快,当位移超过一定范围时,土压力随位移呈线性增长。

图4-17显示:对于硬土基底挡墙,$K_{总}$-δ曲线拐点处对应的位移指数近似为0.3%,当位移指数超过0.3%时,总土压力系数随位移指数呈现线性增长;对于软土基底挡墙,$K_{总}$-δ曲线拐点处对应的位移指数近似为0.4%,当位移指数超过0.4%时,总土压力系数随位移指数呈现线性增长。

(3)土压力作用点

表4-13、表4-14及图4-18、图4-19分别显示了各加载工况下土压力合力作用点h/H(h为土压力作用点至墙踵的距离,H为墙高)随地震系数的变化规律。

硬土基底挡墙土压力合力作用点 表4-13

地震系数	0.1	0.2	0.4	0.7	0.9
总土压力	0.34	0.38	0.39	0.34	0.33
动土压力	0.46	0.49	0.48	0.40	0.35

软土基底挡墙土压力合力作用点 表4-14

地震系数	0.1	0.2	0.4	0.7	0.9
总土压力	0.63	0.61	0.55	0.48	0.4
动土压力	0.77	0.76	0.64	0.46	0.46

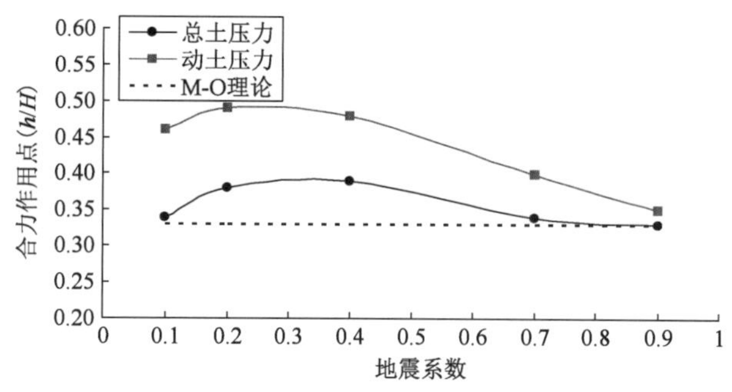

图4-18 硬土基底挡墙土压力合力作用点

结合图表显示的数据,可得到如下结论:

①总土压力、动土压力合力作用点均随地震系数的升高而降低,总土压力合力作用点低于动土压力合力作用点,地震系数越大,总土压力、动土压力合力作用点越接近。

②总体上看,地震系数较小时,实测的合力作用点高于M-O理论的0.33H,而合力作用点随地震系数的升高而降低,当地震系数较高时,实测的合力作用点接近0.33H。

③地震作用下,合力作用点受地基条件影响显著,地基土越软,土压力合力作用点越高。对硬土基底挡墙,总土压力合力作用点位于0.33H~0.39H之间,动土压力合力作用点位于

0.35H～0.49H之间；对软土基底路肩挡墙，总土压力合力作用点位于0.4H～0.63H之间，动土压力合力作用点位于0.46H～0.77H之间。

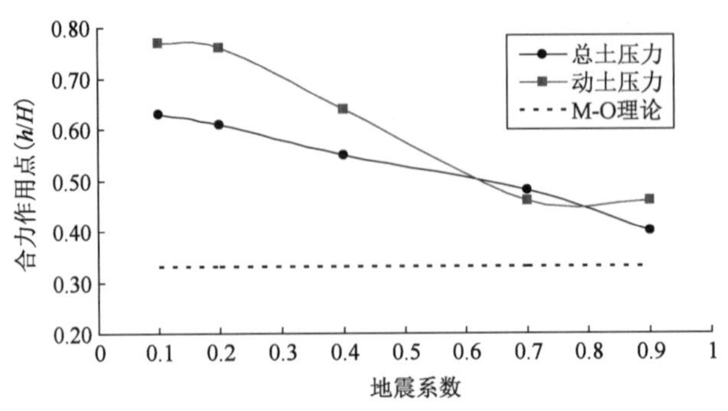

图4-19　软土基底挡墙土压力合力作用点

3）实测土压力与国内外抗震规范计算值的对比研究

结合大型振动台模型试验对现行抗震规范设计标准进行评价，除了有其不容忽视的工程意义和科研价值之外，更重要的是，它可以帮助我们深化对挡土结构在交通工程中抗震特点和规律性的认识，不断完善抗震技术标准规范，不断攻克抗震技术难题，最大限度地提高交通基础设施的抗震水平和能力。由于技术水准和设备的限制，国内针对高烈度区挡墙开展的大型振动台模型试验较少，加之缺乏近场区（9度及以上烈度区）挡墙实震资料，导致现行抗震规范存在一些空白领域，现行铁路和公路工程抗震规范均未考虑9度以上烈度区挡墙的抗震设计。地震土压力一直是各国（地区）抗震规范进行挡土结构抗震设计的核心，其计算方法的差异性不仅体现了各国（地区）的地震背景、区域划分、衰减规律等技术层面的差异，还与各国（地区）设防水准、设防目标有关。因此，本书在第3章的研究成果基础上，结合振动台模型试验结果对4种抗震规范在设防烈度为9度及以下区域挡墙土压力的计算结果进行了验证和比较，通过对比分析得到的结论，对我国现有抗震技术规范中地震土压力的计算方法进行了肯定和外延，为传统挡土结构地震土压力设计框架的改进提供了方向。

表4-15、图4-20显示了不同地震系数下各国（地区）规范总土压力系数与实测值的比较结果，表4-16、图4-21显示了不同设防烈度下实测值与我国规范土压力计算值的差距。

各国（地区）规范总土压力系数 $K_{总}$ 与实测值的比较　　表4-15

地震系数	0.1	0.2	0.4
中国	0.140	0.150	0.170
欧洲—硬土（$k_v\downarrow$）	0.190	0.220	0.280
欧洲—硬土（$k_v\uparrow$）	0.180	0.200	0.260
欧洲—软土（$k_v\downarrow$）	0.194	0.224	0.298
欧洲—软土（$k_v\uparrow$）	0.186	0.210	0.278
日本	0.151	0.172	0.222
新西兰	0.152	0.174	0.228
实测值—硬土	0.126	0.130	0.155
实测值—软土	0.134	0.142	0.187

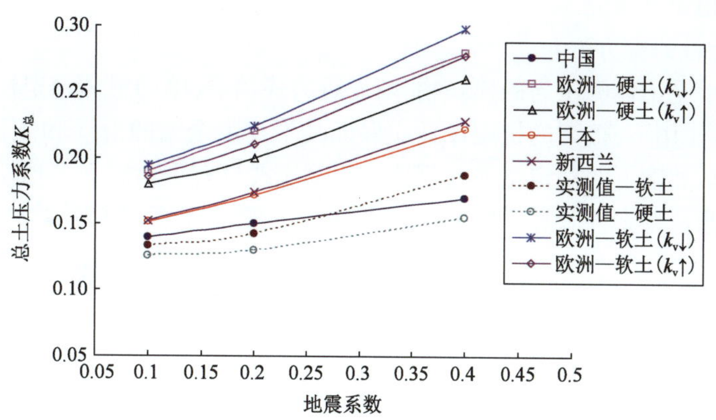

图 4-20　总土压力系数 $K_{总}$ 实测值及规范值的比较

土压力实测值与我国规范值的差距　　表 4-16

地震系数	7 度	8 度	9 度
硬土	10.98%	15.13%	9.44%
软土	4.69%	5.29%	-9.22%

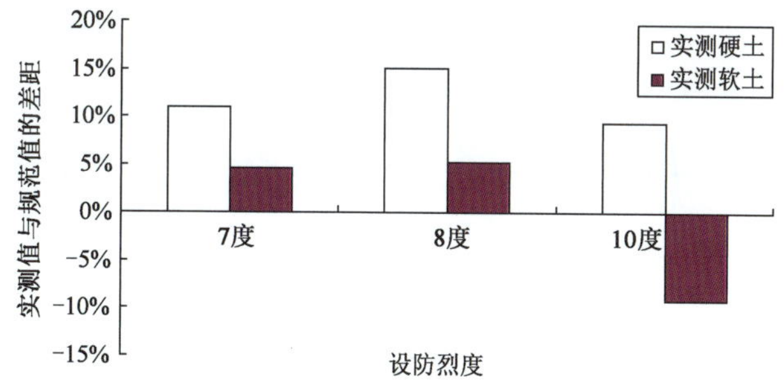

图 4-21　土压力实测值与中国规范土压力值的差距

观察图 4-20、图 4-21 可知：

总体上看，与其他国家（地区）规范相比，我国规范计算值与实测值比较接近。

对于硬土基底挡墙，我国规范地震土压力计算值略高于实测值，当设防烈度为 9 度及以下时，规范计算值与实测值差距在 9.44% ~ 15.13% 之间，差距平均值仅为 12%，仍在工程设计可接受的误差范围内，这表明我国抗震规范对于硬土场地上挡墙的抗震设计是合理的。

对于软土基底挡墙，对设防烈度为 8 度及以下的区域，规范地震土压力计算值略高于实测值，差距平均值为 5%；当设防烈度达到 9 度时，我国规范地震土压力计算值与实测值相比明显偏小，差距达到 9.22%。

这表明对设防烈度为 8 度及以下区域的挡墙进行抗震设计时，现行规范地震土压力计算方法是合理的；对设防烈度大于 8 度的区域，现行规范地震土压力计算方法应考虑土质地基软硬程度对土压力计算的影响。

4）挡墙抗震稳定性研究

（1）抗震稳定性研究方法

挡墙是用来承受土体侧压力的建筑物，对于重力式挡墙，墙的整体稳定性往往是设计中的控制因素，在地震作用下，挡墙的抗震设计应保证其不发生全墙的滑动和倾覆，因此研究重力式挡墙在不同设防烈度下的稳定性变化规律对工程实践具有重大意义。挡墙的稳定性验算包括滑动稳定性及倾覆稳定性验算，挡墙在地震作用下的受力示意图如图4-22所示。

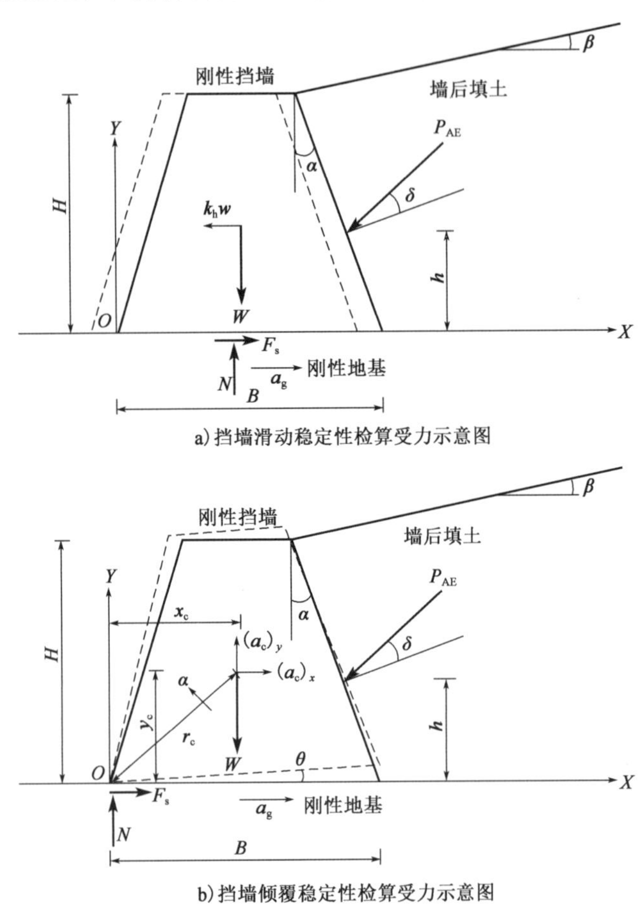

图4-22　挡墙稳定性检算受力示意图

图4-22中，H为墙高，B为墙基底宽度，N为基础反力，F_s为摩擦力，h为土压力作用点至墙踵的距离，P_{AE}为地震主动土压力，k_h为水平地震系数，δ为墙背摩擦角，β为墙后填土倾角，α为墙背与竖直面夹角，W为墙身自重。本书以铁路工程抗震规范为例，给出了滑动稳定性系数k_c和倾覆稳定性系数k_r的计算公式，见式(4-1)、式(4-2)，其中f为基底摩擦系数（硬土地基取0.5，软土地基取0.35），η为水平地震作用修正系数（岩石地基取0.2，非岩石基底取0.25），η_i为水平地震作用沿墙高增大系数，y_c为墙体形心纵坐标。

$$k_c = \frac{[W + P_{AE}\sin(\delta + \alpha)]f}{\eta\eta_i k_h W + P_{AE}\cos(\delta + \alpha)} \tag{4-1}$$

$$k_r = \frac{Wx_c + P_{AE}\sin(\delta + \alpha) \times (B - h\tan\alpha)}{\eta\eta_i k_h W y_c + P_{AE}\cos(\delta + \alpha) h} \tag{4-2}$$

地震土压力不仅是墙体产生破坏的主要因素之一，也是稳定性检算中的设计核心，目前各国（地区）抗震规范采用拟静力法对挡墙在地震作用下的稳定性进行计算，即将地震土压力考虑成外力作用在墙背上，并采用距墙底0.33倍墙高作为地震土压力的合力作用点。众所周知，影响墙体稳定性的因素是复杂的，诸如墙体几何特性、土体动力特性、墙土动力相互作用、地震动特性、地基条件、地震土压力及其合力作用点的时变性等。为真实反映地震土压力对挡墙的抗震性能的影响，本书采用两种方法对稳定性系数进行了研究。

方法1：考虑地震土压力合力作用点随地震系数的变化，参照表4-13及表4-14，将总土压力实测值P_{AE}代入式(4-1)及式(4-2)中得到各加载工况下的稳定性系数。

方法2：按现行抗震规范计算稳定性系数，合力作用点采用距墙踵0.33倍墙高，将规范计算土压力P_{AE}代入式(4-1)及式(4-2)中得到设防烈度为9度及以下区域挡墙的安全系数。

经对比研究方法1与方法2的挡墙稳定性系数值，对现行抗震规范的抗震稳定性系数进行了综合评价，并对其合理性及不足给予了验证和补充。该项工作的开展具有重大的科研价值和工程意义，它进一步揭示了墙体稳定性随地震动的变化规律，为挡墙地震破坏机理的研究提供了数据支撑，也为今后抗震设计标准的修订指明了方向。

(2)抗震稳定性研究

本书中，抗滑稳定性系数用k_c表示，抗倾覆稳定性系数用k_r表示，表4-17、表4-18分别列出了方法1及方法2的稳定性计算值，图4-23～图4-26显示了不同地基条件下实测值与按规范计算的稳定性系数的变化规律。

硬土地基挡墙稳定性系数　　表4-17

地震系数	0.1	0.2	0.4	0.7	0.9
$k_{c实测}$	1.52	1.41	1.12	0.84	0.63
$k_{r实测}$	2.02	1.82	1.43	1.06	0.83
$k_{c规范}$	1.40	1.26	1.05	—	—
$k_{r规范}$	1.86	1.65	1.35	—	—

软土地基挡墙稳定性系数　　表4-18

地震系数	0.1	0.2	0.4	0.7	0.9
$k_{c实测}$	1.00	0.90	0.66	0.43	0.31
$k_{r实测}$	1.89	1.65	1.21	0.81	0.62
$k_{c规范}$	0.97	0.86	0.71	—	—
$k_{r规范}$	1.83	1.60	1.28	—	—

观察图4-23、图4-24可知：

①地震作用下，墙体稳定系数受地震动加速度、地基条件影响显著，稳定系数随地震系数的增大而降低，在相同的地震动加速度下，硬土地基挡墙的稳定系数高于软土地基挡墙的稳定系数。

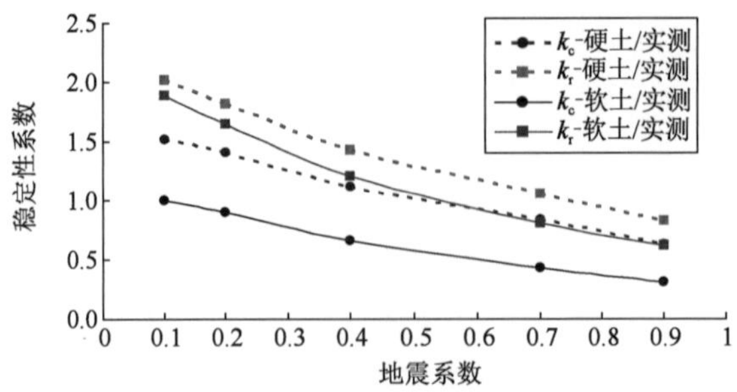

图 4-23　稳定性系数(实测)

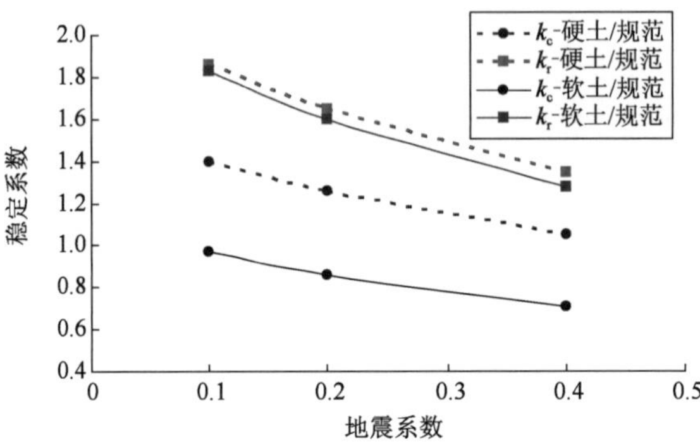

图 4-24　稳定性系数(规范)

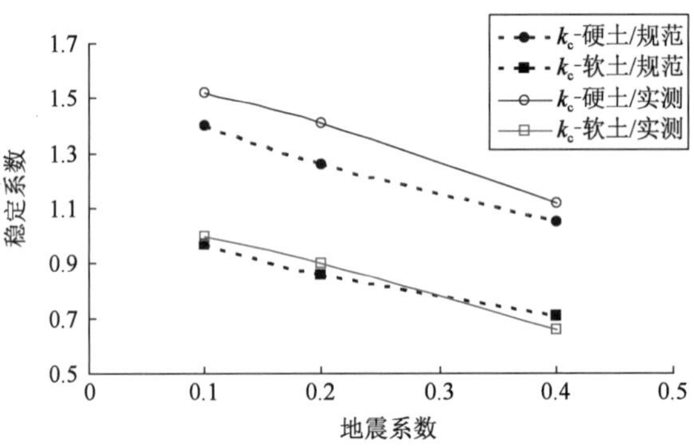

图 4-25　滑动稳定性系数 k_c 的对比

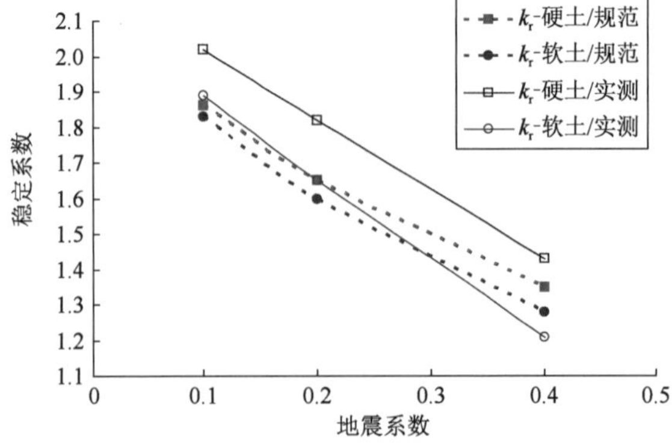

图 4-26　抗倾覆稳定性系数 k_r 的对比

②在相同的地震动加速度下,不同地基条件下挡墙抗倾覆安全系数差距较小,抗滑动稳定系数差距较大,这表明地基条件对抗滑动稳定系数的影响程度高于对抗倾覆稳定系数的影响程度。

③在相同的地震动加速度下,抗滑安全系数小于抗倾覆安全系数,这表明按现行规范对重力式挡墙进行抗震设计时,墙体整体稳定性易受滑动控制,但现实工程中挡墙产生倾覆破坏的可能性往往大于滑动破坏,汶川地震挡墙震害及振动台试验均显示挡墙的倾覆破坏为墙体破坏的最主要形式。经总结前文工作,产生该现象的主要原因包括如下两点:

a. 在设计挡墙时,铁路及公路路基设计规范均规定,路堤、路肩挡墙端部嵌入原地层的深度,土质不应小于1.5m,弱风化岩层不应小于1m,微风化岩层不应小于0.5m。这一构造要求导致墙前填土产生的被动土压力发挥了阻碍滑动的作用,提高了墙体的抗滑稳定性,实际上在设计挡墙时墙前填土的被动土压力往往被忽略不计,然而在地震作用下,墙前被动土压力被调动起来了,因此墙体产生了以转动为主的破坏模式,这个原因可能是造成汶川地震中大部分墙体的破坏是倾覆,而不是滑动的主要原因之一。

b. 另一个导致墙体在地震作用下发生倾覆破坏的原因是墙背地震土压力合力作用点。我国抗震规范中明确指出,地震土压力的合力作用点位于距墙踵0.33H处,但是张建经等对汶川地震中挡墙的破坏现象调查及分析表明,地震土压力作用点位于距墙踵0.42H ~ 0.63H处,也就是说地震土压力合力作用点高于设计时的土压力合力作用点,图4-18及图4-19显示的振动台试验得到的地震土压力合力作用点变化范围也同样验证了上述结论。这个不一致将有利于墙体倾覆,而不是滑动,这个原因也被认为是汶川地震中墙体发生倾覆破坏的重要原因之一。

图4-25及图4-26显示:在相同的地震动加速度下,硬土地基挡墙抗滑及抗倾覆稳定性系数实测值高于规范值,而对于软土基底挡墙,当地震系数小于0.3时,抗滑及抗倾覆稳定性系数规范值小于实测值,当地震系数高于0.3时,抗滑及抗倾覆稳定性系数规范值小于实测值。

这表明,从稳定性分析的角度,对于硬土基底挡墙,采用现行抗震规范设计是合理的;对于软土基底挡墙,当设防烈度为8度及以下时,采用现行抗震规范设计是合理的,而当设防烈度大于8度时,现行抗震规范的设计偏于危险,因此建议提高软土地区挡墙抗震稳定性安全系数。

4.2　桩板墙的振动台模型试验

4.2.1　桩板式抗滑挡墙振动台试验设计

1)模型箱设计制作

试验采用刚性土箱作为试验模型箱,底板及骨架材料主要由钢板、角钢、槽钢组成,内部尺寸为3.5m×1.5m×2.1m(长×宽×高)。模型箱两侧安装有机玻璃,厚12mm,有利于观测破

图 4-27　试验用刚性模型箱

坏现象，如图 4-27 所示。

为了尽量减小振动方向上刚性边界对结构动力反应的影响，试验时在箱壁上设置柔性材料。通常采用的柔性材料有聚苯乙烯泡沫塑料及海绵等。本试验在模型箱水平振动方向两侧内壁加衬一层 50mm 厚的高强度聚苯乙烯塑料泡沫板，以减小振动波的反射。

另外，在箱体的结构设计时，还需要考虑箱壁和箱底的摩擦效应。为消除箱侧壁的摩擦约束，试验模型箱两侧各均匀涂抹凡士林。箱底采用 50mm 厚的钢板，并铺设 4cm 厚的粗砂材料以增大摩擦。为减小箱底和土体的相对位移，将其处理成摩擦边界。

2）结构模型设计制作

（1）边坡模型

为使模型试验能够尽可能真实地反映原型的动力性状，必须考虑模型与原型之间的物理及几何相似性，但是，由于松散堆积层岩土材料的动态性质复杂，应变水平较低时即开始出现非线性，并且其性质随土体组分、应力状态、荷载水平和加载频率、历时及应力历史等的不同而变化，能全面考虑这些特点的模拟材料很难配置，目前还难以做到模型与原型全面相似。尽管如此，模型试验仍可针对所要解决的主要问题，重点选取其中某一项或某几项指标使其满足相似关系或进行试验，以达到试验目的和要求。而且，由于本试验的振动台台面及模型箱尺寸很大，因此，试验选择土体拌和标准砂作为模型材料，并根据实际情况，通过加入水、粉煤灰、甘油、橡胶屑等物质，使其特性参数满足相似要求，在重力作用下，采用此材料进行振动模型试验时，为满足原型与模型之间的相似条件，原型和模型土体的抗剪强度需满足相似条件。模拟材料各项指标见表 4-19。

模型材料参数　　　表 4-19

参　数	基　岩	滑　床
重度（kN/m^3）	20.3	18.5
含水率（%）	3.2	4
黏聚力（kPa）	6.92	3.46
内摩擦角（°）	38.26	32.17

滑体和基岩材料用配制土模拟，采用两种办法进行施工，中间部位大区域采用小型振动机械夯实，模型边界处采用人工夯实，如图 4-28 所示。在确保含水率和颗粒级配达到设计要求的前提下，通过控制每层土体的重度以满足设计要求，待每层夯实后利用自制容器取土进行重度测试，如图 4-29 所示。

滑床与滑体之间的滑面用两层塑料贴片模拟，贴片中间涂抹硅油并铺设一薄层细砂颗粒，直剪试验得到滑面材料的黏聚力 c 为 1.5kPa，内摩擦角 φ 为 20°。

图 4-28 边坡模型制作过

图 4-29 夯实层重度测试

(2)支挡结构模型

模型桩尺寸为 100cm×12cm×9cm，两侧安装 3mm 厚的钢板，主要承受弯矩的两面用 20mm 的 PVC 板制作，桩底封堵，桩顶出线，螺栓连接，便于拆卸安装，总土和动土压力计镶嵌在桩背和桩前 PVC 板预留孔洞里，预留孔洞深度与土压力计厚度一致，以确保土压力计测试平面与 PVC 板表面齐平，避免出现"土拱效应"影响土压力测试的准确度，如图 4-30 所示。

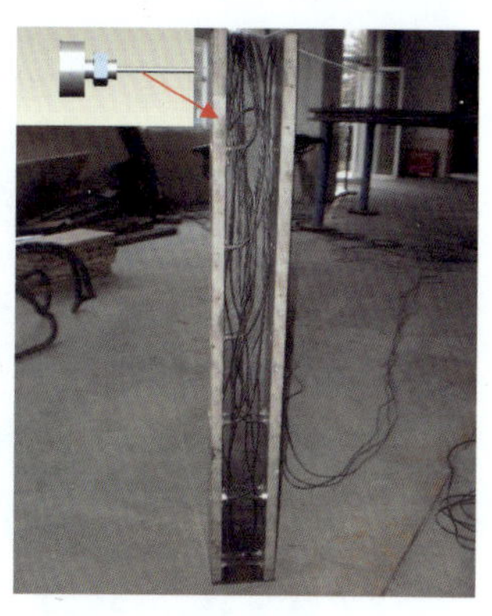
图 4-30 模型桩组装示意图

抗滑桩嵌固深度为 0.4m，每个结构模型包括 5 根抗滑桩和 4 块挡土板，挡土板高 0.6m，采用 25mm 厚的木板模拟，主要起挡土作用，挡土板与抗滑桩连接部位用玻璃胶勾缝，两侧桩与模型箱有机玻璃间安设海绵，以减少边界条件对变形产生的影响。

模型锚索尺寸为 164mm×15mm×1.5mm，采用 15mm 宽的 Q235 钢片模拟，钢片表面安装应变片，锚索总长 1.64m，锚固倾角为下倾 15°，锚固段长 400mm，与部分钢片预先浇筑在一起，直径为 80mm，表面凿出孔洞以增加锚固段的摩擦力。锚索自由段长 800mm，试验加载开始前，由称重传感器控制预应力，预应力锚索桩板墙结构布置图如图 4-31 所示。制作安装完成后的预应力锚索桩板墙结构模型全貌如图 4-32 所示。

图 4-31 预应力锚索桩板墙结构布置图

图 4-32 试验模型全貌

3)测试元件介绍

(1)位移计

在桩顶、桩中分别布置位移计,位移计采用差动式位移计(精确到0.001mm)及拉线式位移计(精确到0.01mm)两种形式。采用槽钢支架固定差动式和拉线式位移计,以精确测定桩板式挡墙在振动台试验过程中桩顶和桩中相对基岩的位移,其中,桩顶位移计安装示意图如图4-33所示。

(2)锚索应变片

应变片选用电阻应变片,栅长5mm,栅宽3mm,灵敏系数为2.08±1%,试验选取三根锚索作为测试锚索,在每根锚索钢片中间首先用细砂纸沿与钢片长方向成45°的方向打磨去除氧化层,并用丙酮将钢片擦拭干净,然后用502胶水涂抹在预想部位,用镊子固定应变片,并用硅胶密封,防水并防止应变片接头部位脱落,接线理顺沿钢片走向,并用紧口绳固定,以尽量减小接线对锚索动力响应的影响。每根锚索以80mm等间距均匀地布置应变片,共安装27片应变片,其安装示意图如图4-34所示。

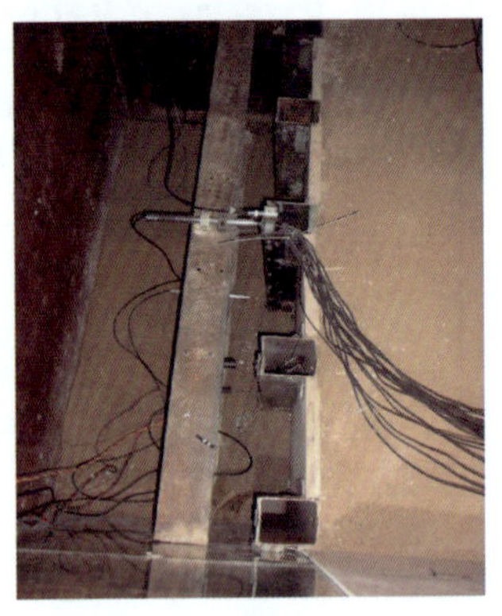

图4-33　桩顶位移计安装示意图

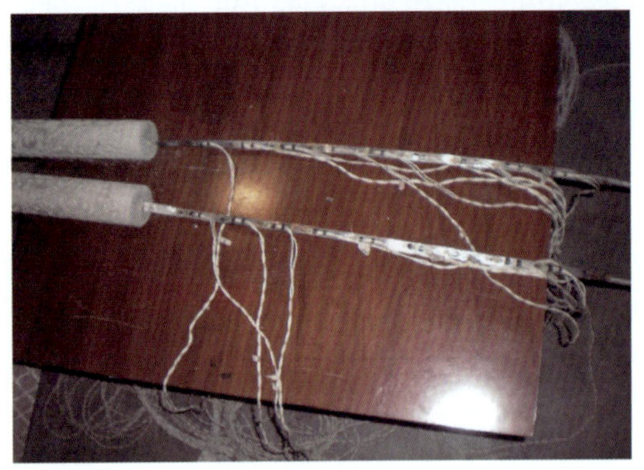

图4-34　锚索应变片安装示意图

4)测试元件布设及试验实施

试验采用的传感器包括加速度传感器、土压力计以及称重传感器和位移计等,数据采集实现了加速度、桩身土压力以及桩体变位的同步快速采集。数据采集记录中,位移计根据型号不同,分为差动式及拉线式;土压力计分为应变式和压电式,应变式土压力计主要测试桩背和桩前总土压力,压电式土压力计主要测试墙背动土压力;加速度计根据测点测试方向分为水平加速度计和竖直加速度计两种。桩板式挡墙和锚索桩板墙模型的测试元件布设分别如图4-35和图4-36所示。

5)试验加载方案

根据汶川地震现场震害勘查及危险性评估结果,选择与模型所在场地具有类似条件的卧龙台站已有数字化强地震记录,地震持续时间为160s,强震部分持续时间约为40s,东西向(E-W)分量、南北向(N-S)分量、垂向(U-D)分量峰值加速度分别为957.4cm/s^2、655.8cm/s^2、853.8cm/s^2。试验选用E-W分量和U-D分量作为X向(横向,垂直线路走向)、Z向(竖向,垂直线路走向)的输入荷载,原波如图4-37所示。

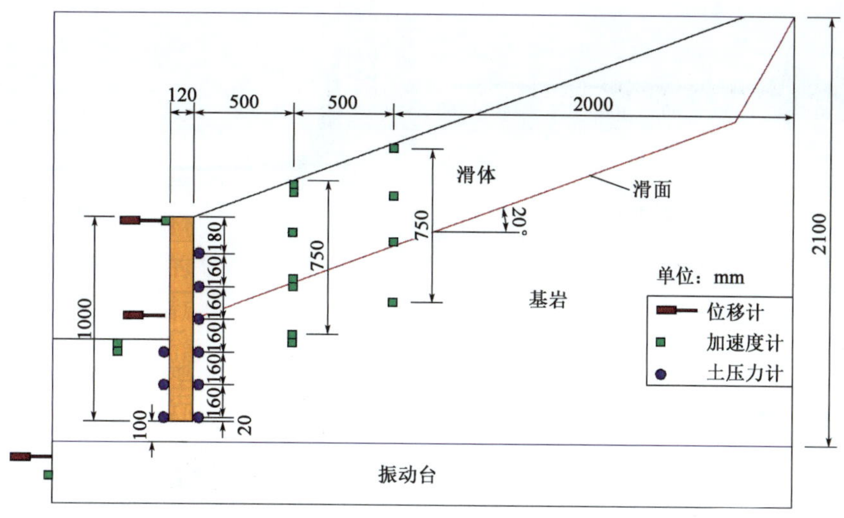

图 4-35 桩板式挡墙加速度计及位移计布置图

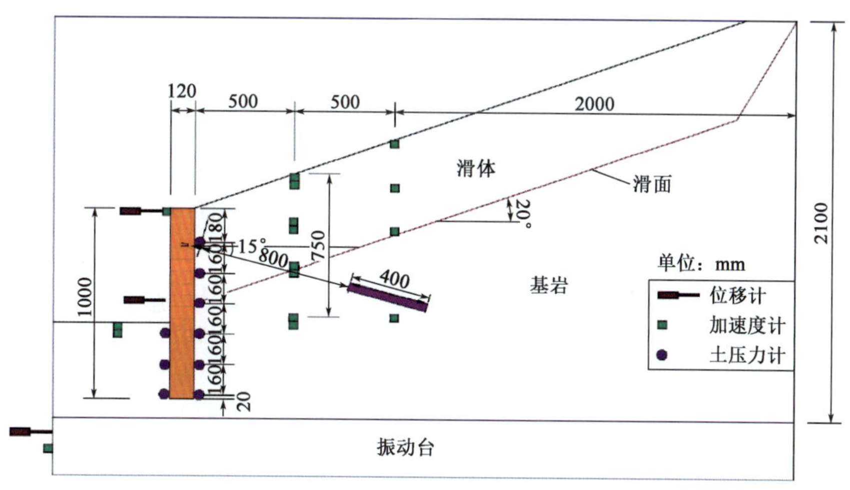

图 4-36 锚索桩板墙加速度计及位移计布置图

根据试验条件，按相似律进行压缩处理，并进行基线校正，处理后的地震波持续时间为50.63s。考虑从 X 向、Z 向输入地震动加速度，依次对桩板式抗滑挡墙进行地震基本烈度7度、8度和9度的地震模拟试验，分别输入峰值地震动加速度为0.1gX、0.1gXZ、0.2gX、0.2gXZ、0.3gXZ和0.4gXZ加速度时程，其中，0.1gX代表输入地震动时程的峰值归一化为0.1g，试验为水平单向激励；0.1gXZ代表输入水平向地震动时程的峰值归一化为0.1g，竖向加速度时程同比例缩小，试验为水平和竖直向双向激励，其他工况类推。实际输入的加速度以振动台台面记录的数据为准。

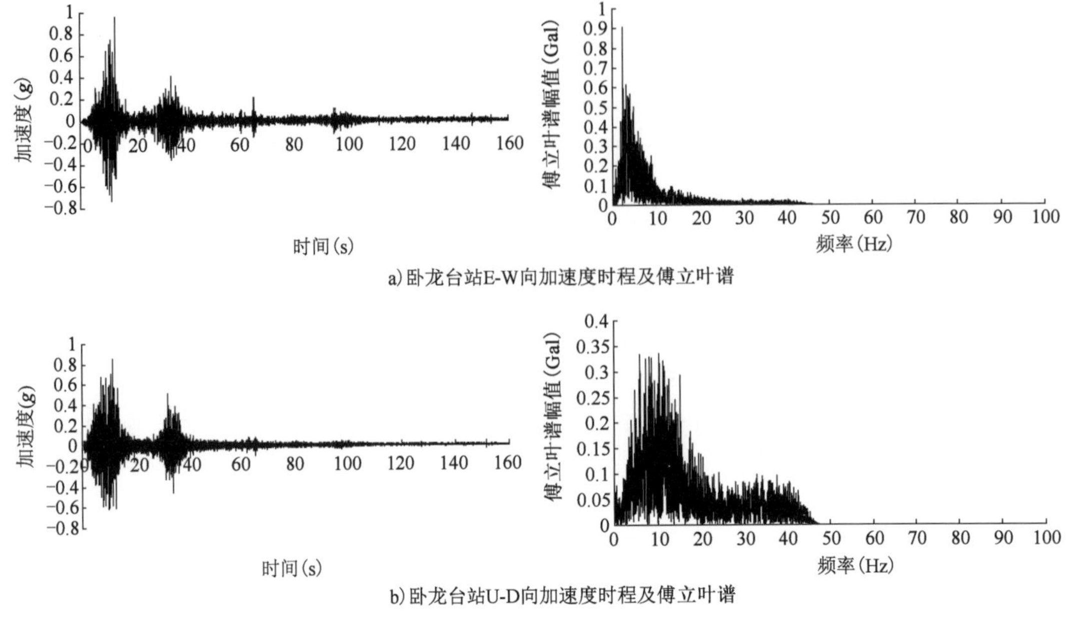

图4-37　汶川地震卧龙台站原波

4.2.2　桩板式抗滑挡墙地震响应的振动台试验结果分析

(1)桩板式抗滑挡墙位移响应时程分析

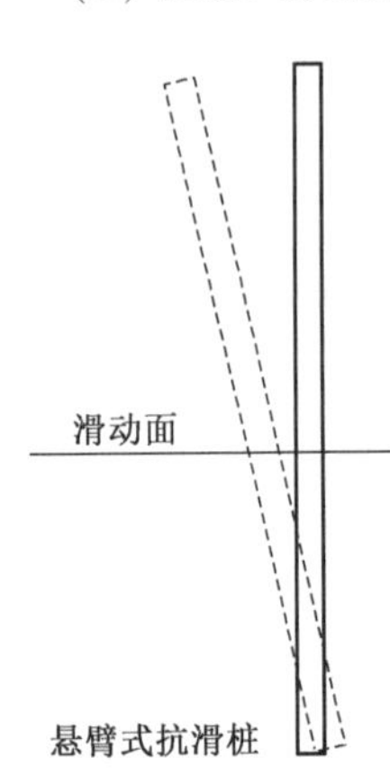

图4-38　悬臂式刚性抗滑桩运动模式

本次试验抗滑桩模型尺寸为1.0m(高)×0.09m(宽)×0.12m(厚),采用PVC板+钢片制作而成,属悬臂式刚性抗滑桩,根据挡墙几何形状及试验中观察到的现象可将墙体在地震下的运动模式假定为绕某点(桩转动中心)的转动,桩顶水平位移为Δ_1,桩中水平位移为Δ_2,悬臂段桩长为H_0,桩长为H,其运动模式如图4-38所示。

各加载工况下的桩顶与桩中实测时程如图4-39所示,数据的“+”方向表示挡墙向远离支护边坡的方向变形,安全起见,取时程的峰值进行整理,见表4-20。

由图4-39可见,在此加载工况下,桩身的永久变形主要由卧龙地震波的第一个波峰控制,在其作用时间内,塑性变形完成,第二个波峰到来时位移曲线出现小幅度波动,但未引起桩顶永久位移的增加。这种现象与Newmark滑块理论的研究结论一致,即未超过临界加速度阈值的地震加速度作用并不会导致结构产生永久位移。

(2)桩板式抗滑挡墙桩身变形规律分析

尽管工程应用中更关心结构的永久变形,但从结构使用的安全性考虑,在此取结构位移时程中的峰值进行研究,桩板式抗滑挡墙模型振动台试验的桩顶和桩中位移数据及桩顶位移指标和转点深度见表4-20。将实测数据整理,对比各工况下实测桩顶及桩中位移,如图4-40所示。

位移(mm)
时间(s)
桩顶位移
位移(mm)
时间(s)
桩中位移
a) 0.1gX
位移(mm)
时间(s)
桩顶位移
位移(mm)
时间(s)
桩中位移
b) 0.1gXZ
位移(mm)
时间(s)
桩顶位移
位移(mm)
时间(s)
桩中位移
c) 0.2gX
位移(mm)
时间(s)
桩顶位移
位移(mm)
时间(s)
桩中位移
d) 0.2gXZ

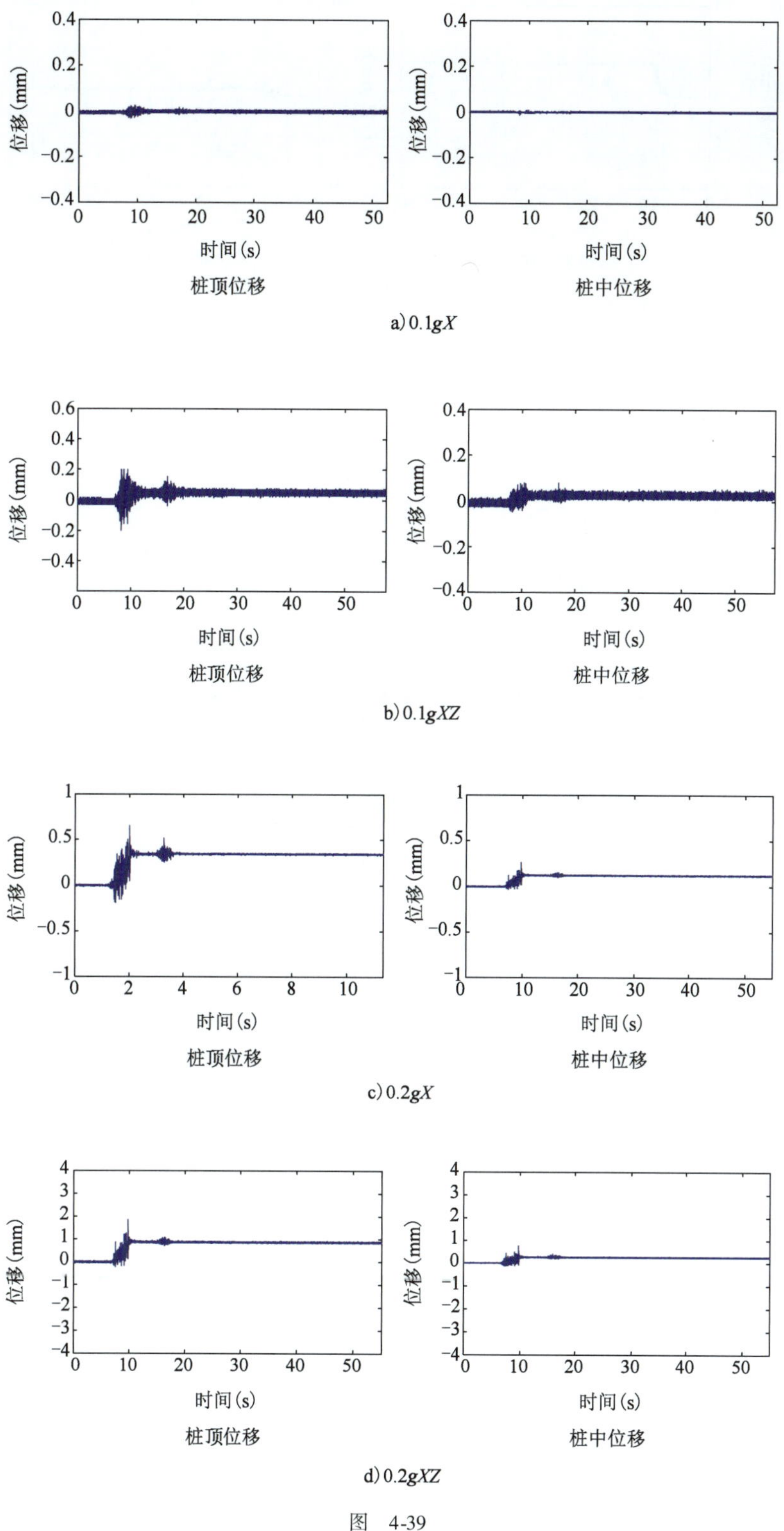

图 4-39

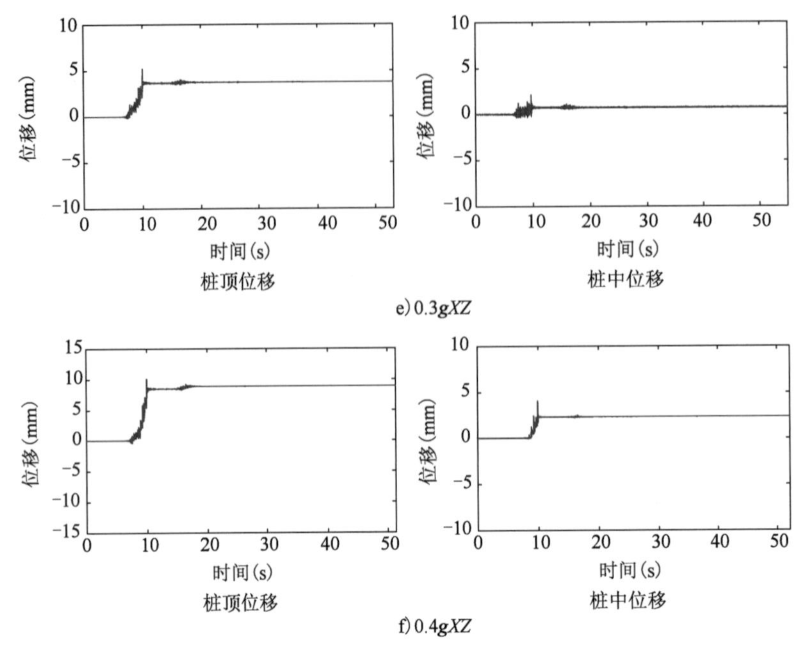

图 4-39　桩板式抗滑挡墙位移响应时程

桩板墙模型测试位移、位移指标、转角及转点深度百分比　　表 4-20

地震系数 a_g (g)	桩顶位移 Δ_1 (mm)	桩中位移 Δ_2 (mm)	桩体转角 θ (rad)	位移指标 Δ_1/H_0 (%)	转点深度百分比 h/H (%)
0.1X	0.03	0.012	0.00006	0.01	83.33
0.1XZ	0.2	0.08	0.00024	0.03	83.33
0.2X	0.65	0.26	0.00078	0.11	83.33
0.2XZ	1.85	0.75	0.0022	0.31	84.09
0.3XZ	5.2	2.1	0.0061999	0.87	83.87
0.4XZ	10.09	4.1	0.0119794	1.68	84.22

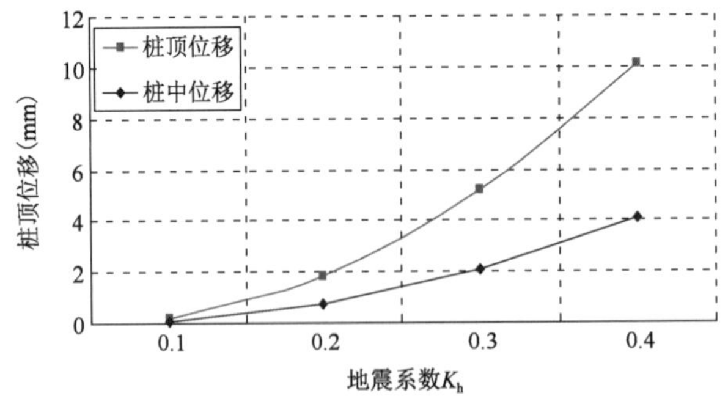

图 4-40　实测桩顶及桩中位移

可以看出，随着地震系数的增加，桩顶和桩中位移不断增大，且增加速率加快，这与滑动面材料剪切强度折减有关，文献[48]专项讨论了滑带土残余强度的估算问题，根据周平根等统计得出的滑坡残余强度参数 φ_r 关系式估算模型滑带土残余强度约为峰值强度的70%。由两个已知高度的实测位移,利用几何关系可计算得到桩刚性转动的转点深度距桩顶的距离大约占桩长的84%,即嵌固深度的1/2稍偏深的部位。在对模型进行0.4gXZ 的加载工况后,实测桩顶残余位移变形达到10cm以上,且桩背与墙后边坡土体由于不协调变形而出现条形裂缝,如图4-41所示。

图4-41　0.4gXZ 加载后的结构震害变形图

4.2.3　预应力锚索桩板式抗滑挡墙地震响应的振动台试验研究

(1)预应力锚索桩板式抗滑挡墙位移响应时程分析

结构在地震作用下的变形情况是评价结构抗震性能最直接的指标,本书在桩板式抗滑挡墙模型设计基础上,通过只添加一排锚索设计完成预应力锚索桩板式抗滑挡墙的结构模型,利用大型振动台对两个结构模型进行同台加载试验,得到的预应力锚索桩板式抗滑挡墙的位移响应时程如图4-42所示,各个加载工况下的位移峰值数据见表4-21。

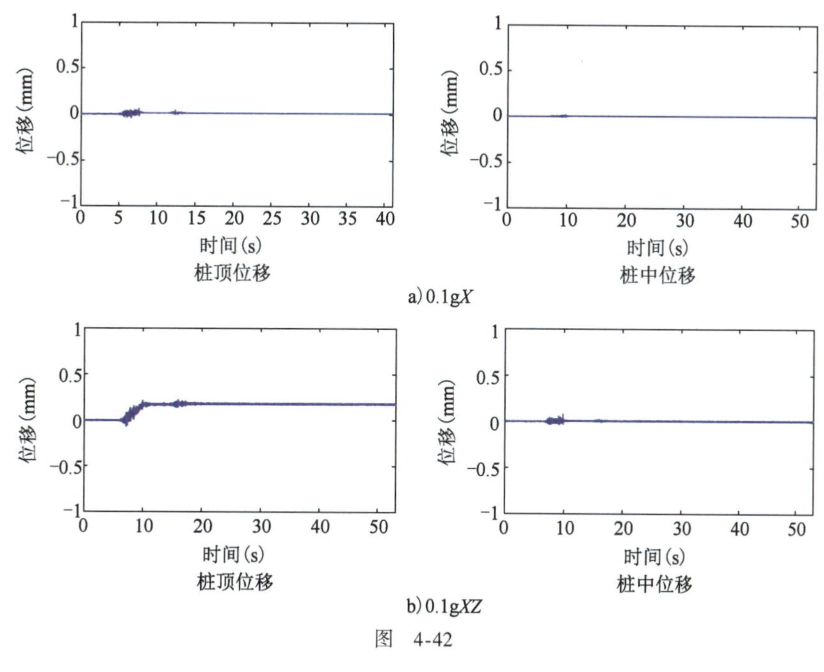

图　4-42

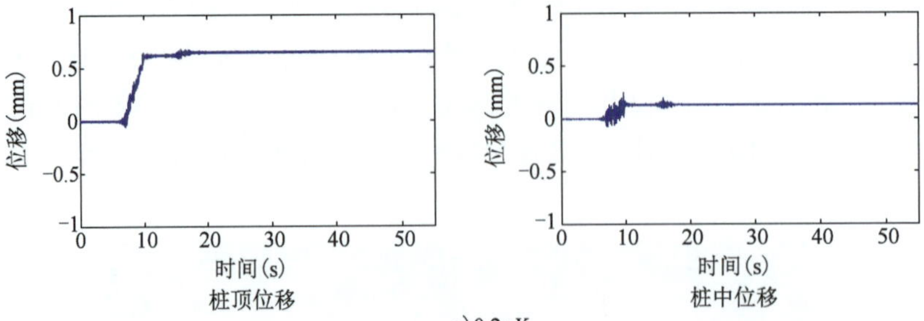

桩顶位移 桩中位移

c) 0.2gX

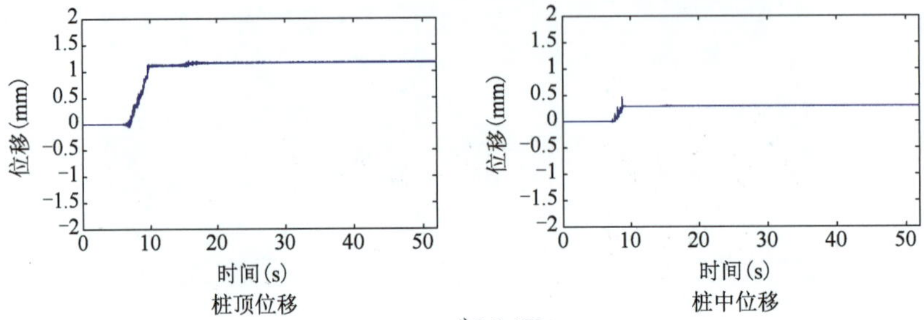

桩顶位移 桩中位移

d) 0.2gXZ

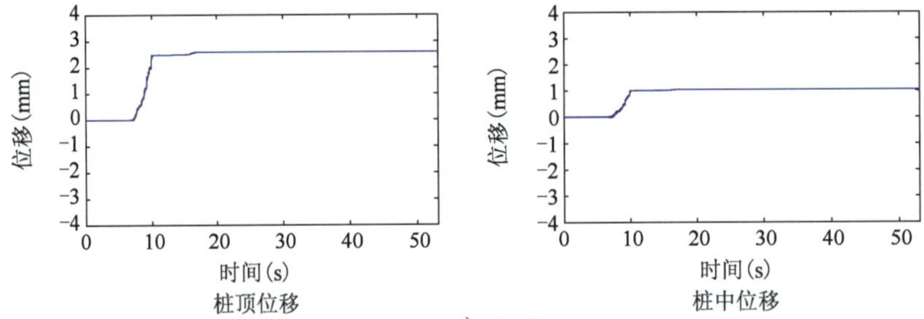

桩顶位移 桩中位移

e) 0.3gXZ

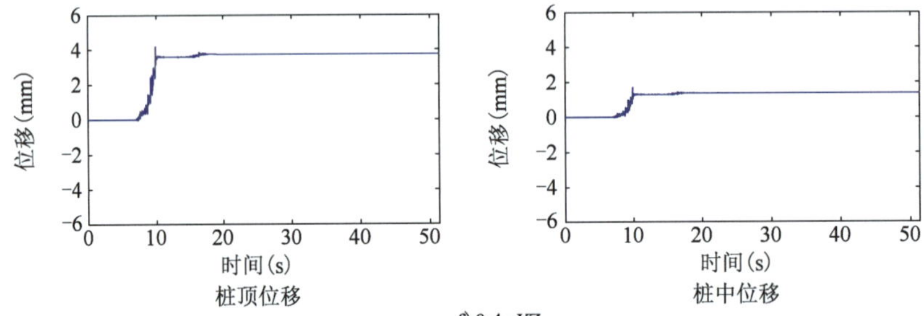

桩顶位移 桩中位移

f) 0.4gXZ

图 4-42 锚索桩板墙实测位移响应时程

各加载工况下的峰值位移 表 4-21

地震系数 a_g (g)	桩顶位移 Δ_1 (mm)	桩中位移 Δ_2 (mm)	桩体转角 θ (rad)	位移指标 Δ_1/H_0 (%)	转点深度百分比 h/H(%)
0.1X	0.06	0.02	0.00008	0.01	75.00
0.1XZ	0.22	0.08	0.00028	0.04	78.57
0.2X	0.68	0.25	0.00084	0.11	81.25

续上表

地震系数 A_g (g)	桩顶位移 Δ_1 (mm)	桩中位移 Δ_2 (mm)	桩体转角 θ (rad)	位移指标 Δ_1/H_0 (%)	转点深度百分比 h/H(%)
0.2XZ	1.2	0.47	0.001439999	0.20	82.19
0.3XZ	2.6	1.05	0.00307999	0.43	83.87
0.4XZ	4.2	1.7	0.004959959	0.70	84.00

通过图4-42与桩板式抗滑挡墙的位移时程图4-39的对比，可以发现，二者变形模式基本一致，即结构的永久变形主要由第一个波峰控制，未超过临界加速度阈值的地震加速度作用并不会导致滑块产生永久位移。表4-21表明，预应力锚索桩板墙在水平、竖直双向荷载作用下的位移和转点深度都大于单向水平荷载作用下的位移和转点深度。实测预应力锚索桩板墙模型的桩顶和桩中位移与输入地震动PGA成正比，且数值很小，甚至当PGA为0.4g时，位移指数仍然小于1%，如图4-43所示。

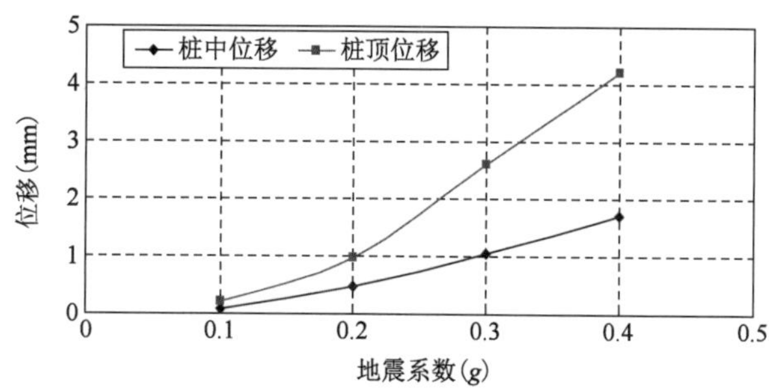

图4-43　实测桩身位移

另外，通过利用实测位移数据进行计算，表明此模型运动模式为绕嵌固段某点的转动。这也解释了产生如上所述土压力分布模式的原因，且证明锚索限制了墙体位移，因此，这种结构具有优良的抗震性能。

(2)预应力锚索桩板式抗滑挡墙桩身变形规律分析

为研究抗滑结构的位移与输入地震波峰值加速度大小和结构形式的关系，将双向加载情况下桩板墙和预应力锚索桩板墙模型的桩顶、桩中位移及转点距桩顶的深度与输入地震波的关系进行比对，得到桩顶和桩中位移对比关系，如图4-44和图4-45所示，转点深度的比较如图4-46所示。

从图4-44和图4-45可见，桩板墙及锚索桩板墙模型的桩顶及桩中位移随地震系数的增大而增加，在地震系数为0.1g时，二者差距很小，但随着地震系数的增大，普通桩板墙的桩顶及桩中位移迅速增大，锚索开始有效地限制桩身变形，即预应力锚索会产生减小桩身位移的效果，特别是当地震系数为0.4g时，普通桩板墙的桩顶位移达到预应力锚索桩板墙桩顶位移的2.4倍，桩中位移达到锚索桩板墙的2.41倍。由此说明，预应力锚索桩板墙在地震基本烈度为7度的区域抗震性能较普通桩板墙并未体现出很大的优越性，但在高地震烈度区，如地震烈度为9度的区域，其优势体现愈发明显。

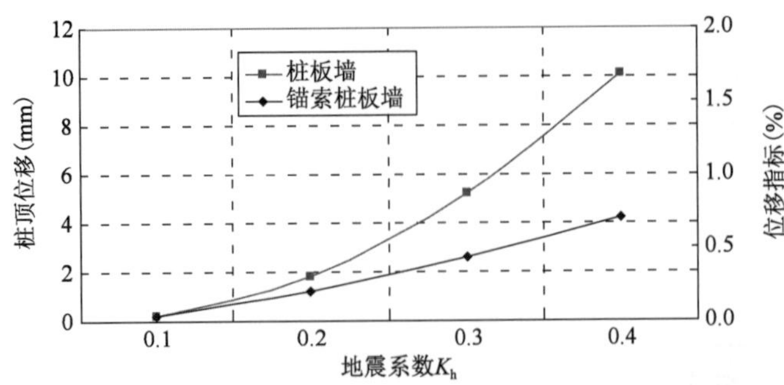

图 4-44 桩顶位移及位移指标与地震系数关系

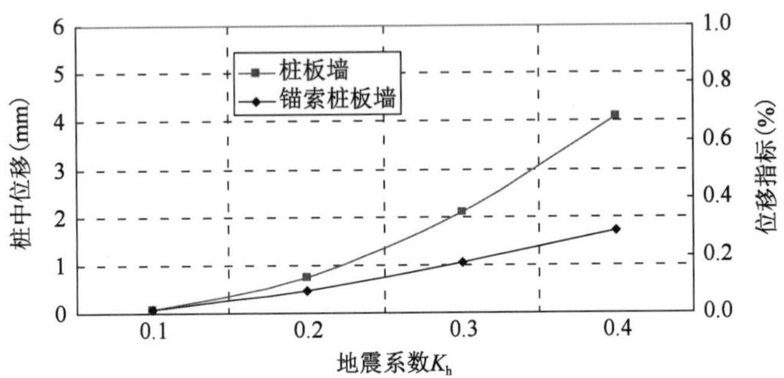

图 4-45 桩中位移及位移指标与地震系数关系

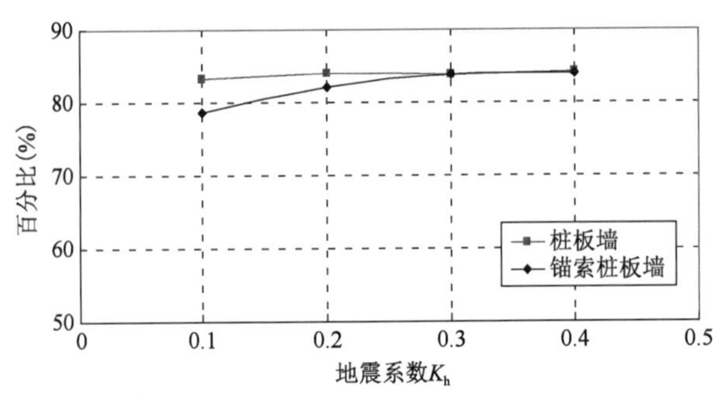

图 4-46 转点距桩顶深度占桩身百分比与地震系数的关系

从图 4-46 可见,预应力锚索桩板墙的转点深度较普通桩板墙的转点深度浅,且二者均随地震系数的增大而变深,变化速率较缓慢,台面输入加速度峰值为 0.4g 时,普通桩板墙模型转点深度为桩身的 84.22%,预应力锚索桩板墙模型点深度为桩身的 84%,此时两种模型的转点深度接近。

4.3 加筋土挡墙振动台模型试验

4.3.1 模型试验设计

试验在中国核动力研究设计院的大型地震模拟试验台上进行,该振动台具有 6 个自由度

(沿3轴平动和绕3轴转动),台面尺寸为6m×6m,台面最大负载为600kN,水平向最大位移为±150mm,垂直向最大位移为±100mm,满载时水平向最大加速度为1g,垂直向最大加速度为0.8g,空载时水平向最大加速度为3g,垂直向最大加速度为2.6g,频率范围为0.1~80Hz。试验采用128通道BBM数据采集系统,最大引用误差≤0.5%,数据采集、监测信号和在线分析同步进行,如图4-47所示。

图4-47　地震模拟试验台及数据采集系统

(1)相似设计及模型制作

在此次大型振动台试验中,涉及很多物理量,通过分析整理可知,共有17个独立的物理量,具体如下:几何尺度L;重力加速度g($C_g=1$);黏聚力c;动弹性模量E;内摩擦角φ;动泊松比μ;重度γ;剪切波速v_s;输入加速度A;持续时间T_d;频率ω;角位移θ;线位移s(应保证$C_s=C_L$);响应速度V;响应加速度a;应力σ;应变ε。

上述17个物理量需满足如下物理方程:

$$f(L,c,\varphi,\gamma,E,\mu,v_s,g,A,T_d,\omega,s,\theta,\varepsilon,\sigma,V,a)=0 \tag{4-3}$$

采用$[M]$、$[L]$、$[T]$为基本量纲,改写成无量纲的相似准则方程,表达式如下:

$$F(\pi_1,\pi_2,\cdots,\pi_{14})=0 \tag{4-4}$$

相似准则的一般表达式如下:

$$\begin{aligned}\pi_i = &[L]^{a_1}[c]^{a_2}[\varphi]^{a_3}[\gamma]^{a_4}[E]^{a_5}[\mu]^{a_6}[v_s]^{a_7}\cdot\\ &[g]^{a_8}[A]^{a_9}[T_d]^{a_{10}}[\omega]^{a_{11}}[s]^{a_{12}}[\theta]^{a_{13}}[\varepsilon]^{a_{14}}\cdot\\ &[\sigma]^{a_{15}}[V]^{a_{16}}[a]^{a_{17}}\end{aligned} \tag{4-5}$$

在相似准则中,上述17个物理量的量纲见表4-22。

主要物理量纲　　表4-22

物理量	质量系统	物理量	质量系统
$[L]$	L	$[\gamma]$	$ML^{-2}T^{-2}$
$[c]$	$ML^{-1}T^{-2}$	$[E]$	$ML^{-1}T^{-2}$
$[\varphi]$	1	$[\mu]$	1

续上表

物理量	质量系统	物理量	质量系统
$[v_s]$	LT^{-1}	$[\theta]$	1
$[g]$	LT^{-2}	$[\varepsilon]$	1
$[A]$	LT^{-2}	$[\sigma]$	$ML^{-1}T^{-2}$
$[T_d]$	T	$[V]$	LT^{-1}
$[\omega]$	T^{-1}	$[a]$	LT^{-2}
$[s]$	L		

将上述主要物理量的量纲带入相似准则的一般表达式中,得到:

$$M^0L^0T^0 = L^{a_1}(ML^{-1}T^{-2})^{a_2}(1)^{a_3}(ML^{-2}T^{-2})^{a_4}(ML^{-1}T^{-2})^{a_5}\cdot (1)^{a_6}(LT^{-1})^{a_7}(LT^{-2})^{a_8}(LT^{-2})^{a_9}(T)^{a_{10}}(\omega)^{a_{11}}(L)^{a_{12}}(1)^{a_{13}}\cdot (1)^{a_4}(ML^{-1}T^{-2})^{a_{15}}(LT^{-1})^{a_{16}}(LT^{-2})^{a_{17}} \tag{4-6}$$

合并相同量纲,可得:

$$M^0L^0T^0 = M^{a_2+a_4+a_5+a_{15}}\cdot L^{a_1-a_2-2a_4-a_5+a_7+a_8+a_9+a_{12}-a_{15}+a_{16}+a_{17}}\cdot T^{-2a_2-2a_4-2a_5-a_7-2a_8-2a_9+a_{10}-a_{11}-2a_{15}-a_{16}-2a_{17}} \tag{4-7}$$

根据量纲一致性,得:

$$\left.\begin{aligned} a_2+a_4+a_5+a_{15}=0 \\ a_1-a_2-2a_4-a_5+a_7+a_8+a_9+a_{12}-a_{15}+a_{16}+a_{17}=0 \\ -2a_2-2a_4-2a_5-a_7-2a_8-2a_9+a_{10}-a_{11}-2a_{15}-2a_{16}-2a_{17}=0 \\ a_3+a_6+a_{13}+a_{14}=\text{任意数} \end{aligned}\right\} \tag{4-8}$$

利用矩阵法求解14个导出的相似常量,具体结果见表4-22。本次试验以场地为研究对象,在相似体系中,尺寸、加速度和密度作为控制参数进行推导,根据原型场地及试验设施等条件,确定本次试验的尺寸相似比为70,密度相似比为1,重力加速度相似比为1。则整个模型的相似比即可通过推导获得,具体见表4-23。

场地试验模型相似常数 表4-23

序号	物理量	相似关系	相似常数	备注
1	几何尺寸 L	C_L	70.000	控制量
2	土体重度 γ	C_γ	1.000	控制量
3	重力加速度 g	$C_g=1$	1.000	控制量
4	黏聚力 c	$C_C=C_L$	70.000	
5	变形模量 E	$C_E=C_L$	70.000	

续上表

序　号	物 理 量	相 似 关 系	相 似 常 数	备　注
6	内摩擦角 φ	$C_{\varphi}=1$	1.000	
7	泊松比 μ	$C_{\mu}=1$	1.000	
8	剪切波速 v_s	$C_{vs}C_L^{0.5}$	8.370	
9	持续时间 T_d	$C_{Td}=C_L^{0.5}$	8.370	
10	输入加速度 a	$C_A=1$	1.000	
11	输入振动频率 ω	$C_{\omega}=C_L^{-0.5}$	0.119	
12	响应线位移 s	$C_S=C_L$	70.000	
13	响应角位移 θ	$C_{\theta}=1$	1.000	
14	响应应变 ε	$C_{\varepsilon}=1$	1.000	
15	响应速度 V	$C_V=C_L^{0.5}$	8.370	
16	响应应力 σ	$C_{\sigma}=C_L$	70.000	
17	输出加速度 a	$C_a=1$	1.000	

为了减小模型箱的边界效应,在模型箱内部周围布置海绵和泡沫板,试验中通过在振动方向的岩体后壁内衬50mm厚的泡沫垫层,模拟吸波材料,以减小振动波在边界上的反射。试验模型箱为由钢板、型钢、有机玻璃等制作的一端开口的刚性箱,根据场地原型所取区域尺寸315m(长)×91m(宽)×91m(高)和几何相似比70,确定模型土尺寸为4.5m(长)×1.3m(宽)×1.3m(高),根据实际情况做出坡度,考虑泡沫垫层的设置,最终确定模型箱尺寸为6m(长)×2.5m(宽)×2.2m(高),以模拟吸波材料,减小振动波在边界的反射。

经现场勘测,考虑原型的地层分布,模型地层主要分为粉质黏土夹碎石块(上部基覆)、中间强风化带(10cm)以及中风化粉砂质页岩(底部基岩)三层。

底部基岩、中间强风化带和上部基覆采用配比试验配置出来的相似材料,其中底部基岩的相似材料是由黏土:重晶石粉:石膏=5:3:2的质量比配制而成,中间强风化带的相似材料是由原状土、河砂和水配制而成,上部基覆采用的是原状土、河砂和重晶石粉配制而成。

天然含水状态下,底部基岩含水率为14%,上部基覆含水率为23%,饱和含水状态下即通过中间强风化带注水以达到目的。模型试验中边坡各部分的力学物理参数见表4-24。

模型材料物理参数　　表4-24

材　料	密度 ρ (g/cm^3)	弹模 E (MPa)	内摩擦角 φ (°)	黏聚力 c (kPa)	泊 松 比 μ
粉质黏土夹碎石块	2.1	35	40	6	0.25
强风化带	1.8	3.8	12	0.75	0.30
中风化粉砂质页岩	2.5	75	45	12	0.20

(2)测点布置

本次振动台试验的测试元器件主要包括加速度传感器、激光位移计以及应变片,具体传感器布测如图4-48所示,其中加速度计测点30个,激光位移计测点9个,应变测点12个,加速度传感器为东华 DH302 三向加速度计,图示中为 A;位移测量采用高精度激光位移计,测量精度为 0.001mm,监测局部边坡相对位移,图示中为 D;应变片采用 BE120-4BB 型号,应变阻值为 120.3Ω±0.3Ω,图示中为 S。所有传感器在安装之前均进行现场标定,保证测量数据的真实、可靠。应变测点为测量不同土层分层应变的应变带,布置如图 4-48 所示。

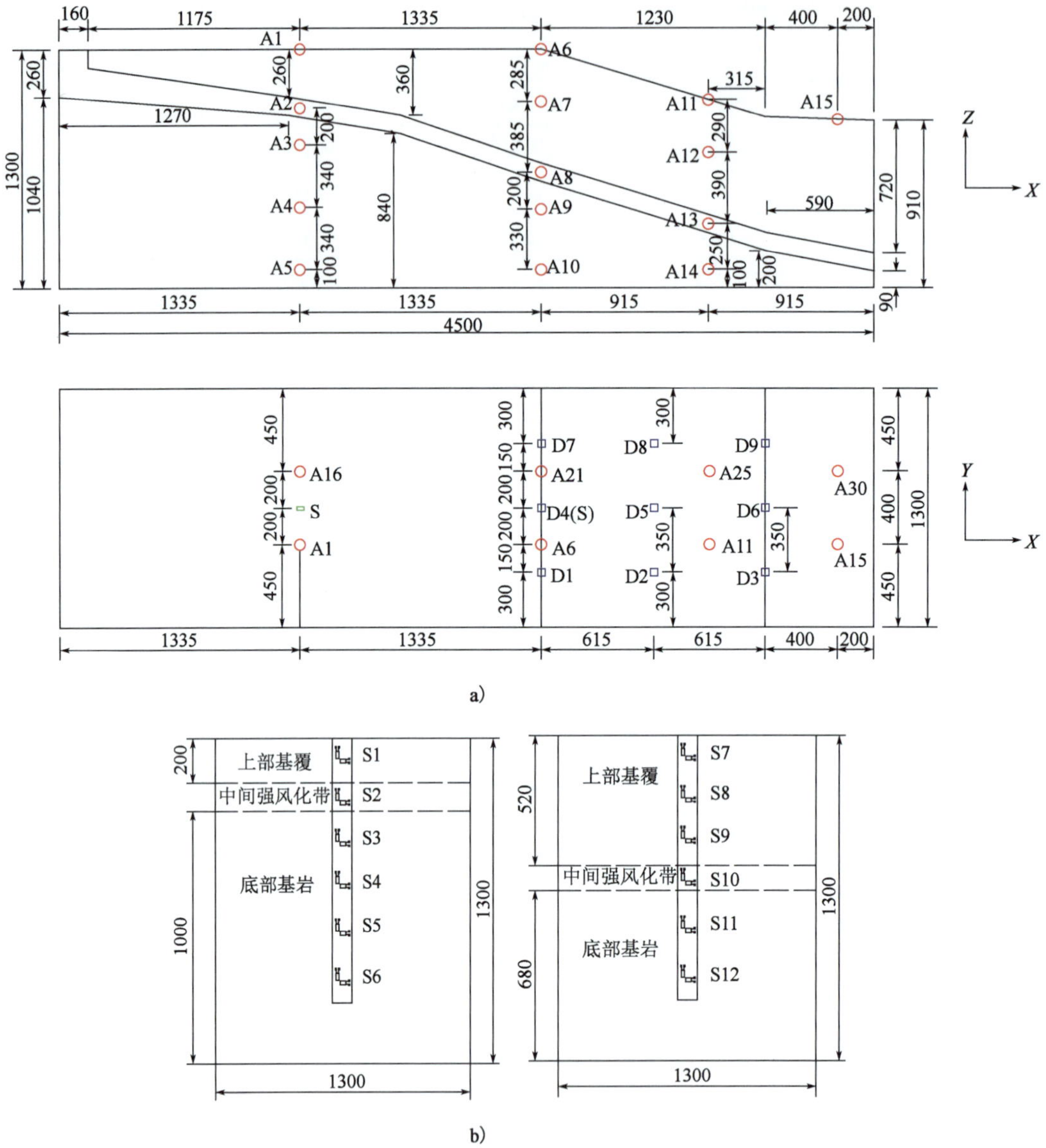

a)

b)

图 4-48 试验测点布置示意图(尺寸单位:mm)

□D-激光位移计 ○A-加速度计 ▭S-应变计

(3)地震波输入及加载方式

为研究含倾斜强风化带场地的地震响应特征,以及地震波类型和振幅对该特征的影响,试验采用天然地震波和正弦波两种类型。根据试验条件,天然地震波选用埃尔森特罗(El Centro)波,按相似律进行压缩处理,并进行基线校正,处理后的地震波持续时间为 4.8s。考虑从 X、Z

向输入归一化的加速度时程曲线，输入加速度峰值为 0.15g、0.33g、0.5g 和 0.7g。实际输入的加速度以振动台台面记录的数据为准。根据相似关系进行时间压缩归一化后的 El Centro 波 X 向、Z 向加速度时程及傅立叶谱如图 4-49 所示。正弦波采用 3Hz，幅值分别为 0.15g、0.25g、0.35g 和 0.65g。试验加载工况见表 4-25。

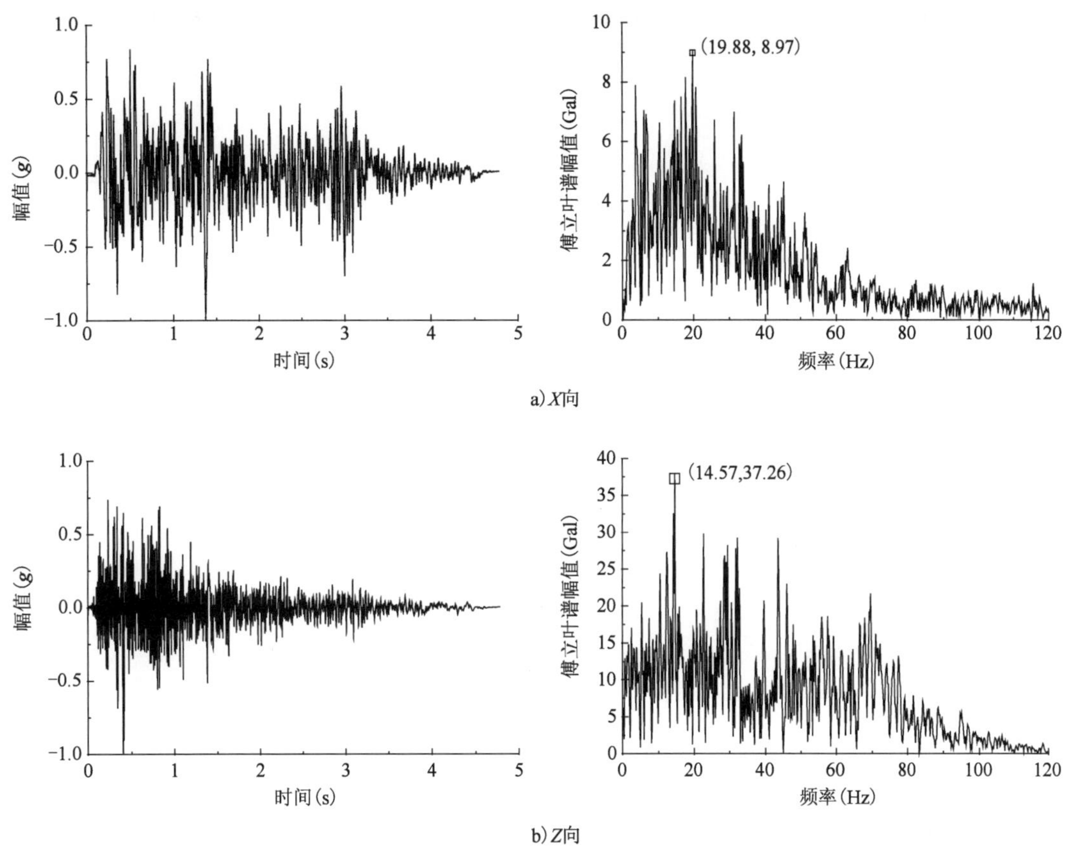

图 4-49　El Centro 波时程及傅立叶谱

试验加载工况　　表 4-25

序　号	地　震　波	幅值(g)	序　号	地　震　波	幅值(g)
1	白噪声 1	0.1	9	白噪声 5	0.1
2	El Centro	0.15	10	3Hz 正弦波	0.15
3	白噪声 2	0.1	11	白噪声 6	0.1
4	El Centro	0.33	12	3Hz 正弦波	0.25
5	白噪声 3	0.1	13	白噪声 7	0.1
6	El Centro	0.5	14	3Hz 正弦波	0.35
7	白噪声 4	0.1	15	白噪声 8	0.1
8	El Centro	0.7	16	3Hz 正弦波	0.65

试验初始对模型进行加载时间长度为30s的高斯平稳白噪声激振，由于白噪声傅立叶谱在整个频域范围内均匀分布，因此对模型加载白噪声能获得场地模型各土层相关初始动力特征。本书对上部基覆、中间强风化带、底部基岩中测点加速度时程进行傅立叶变换，得到的傅立叶谱如图4-50所示，可知上部基覆基频为6.95Hz，中间强风化带基频为4.85Hz，底部基岩基频为8.95Hz，加载波El Centro的基频（水平：19.88Hz，竖直：14.57Hz）与模型的基频不同，加载正弦波频率为3Hz，因此试验中模型不会发生共振。

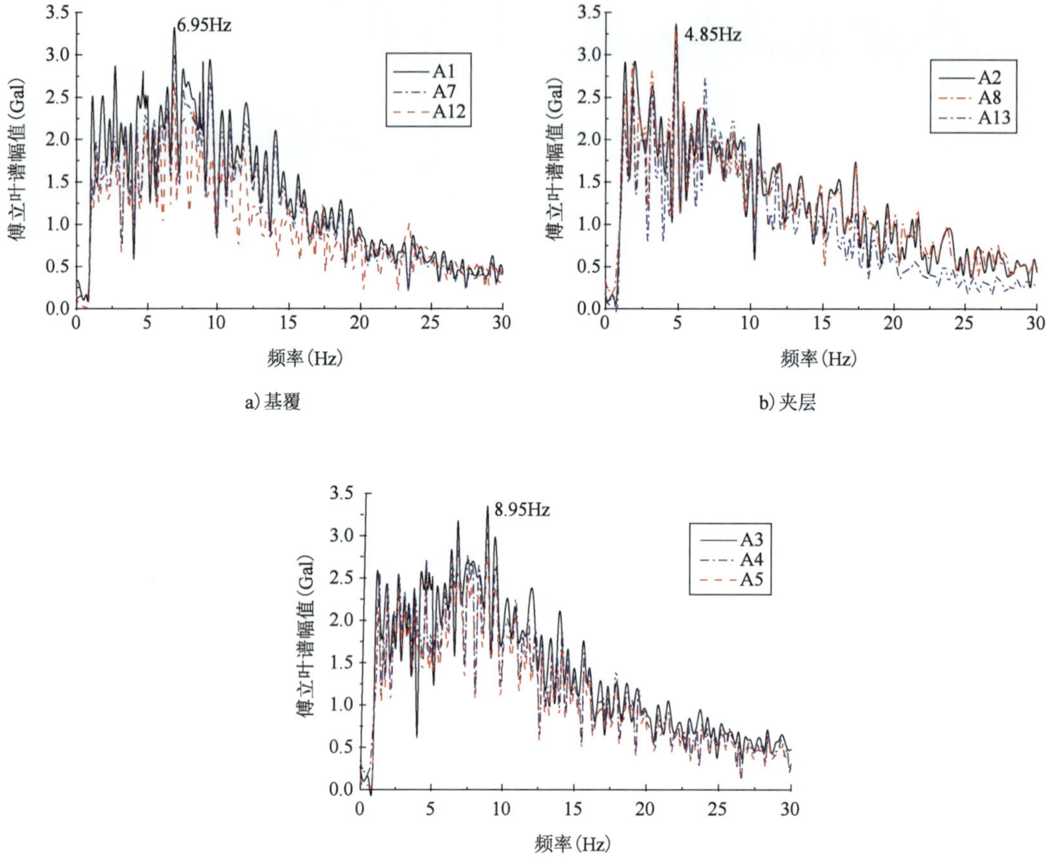

a）基覆

b）夹层

c）基岩

图4-50　基覆、夹层及基岩傅立叶谱

4.3.2　试验数据分析

1）面板位移响应特征

为研究加筋土挡墙面板在地震波作用下的位移响应，试验中在挡墙面板上部及中部布设激光位移计J1、J2，试验认为面板底部无位移，以El Centro加载波为例，研究面板在不同加载峰值情况下不同位置的位移响应特征。

图4-51显示了加载波峰值为0.1g、0.4g、0.7g时面板上部、中部的位移时程，表4-26显示了不同加载峰值时墙面板位移监测峰值及绝对位移。

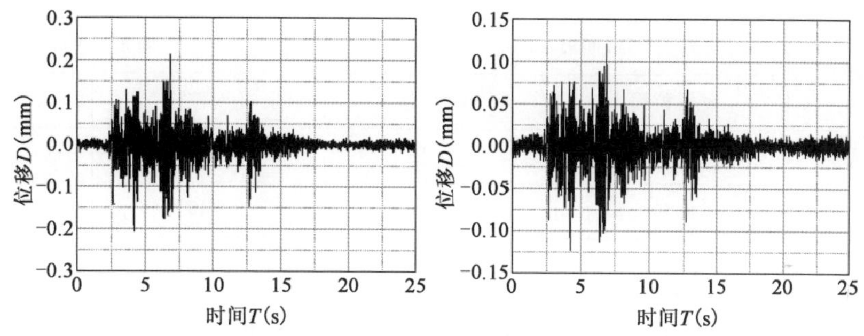

a) El Centro地震波0.1g时墙面板的位移时程(左：上部；右：中部)

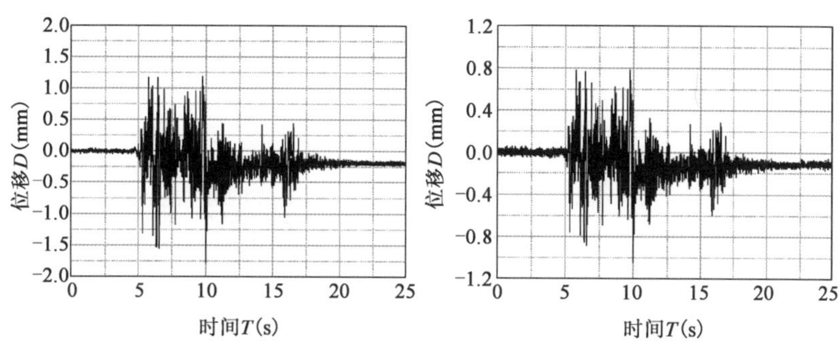

b) El Centro地震波0.4g时墙面板的位移时程(左：上部；右：中部)

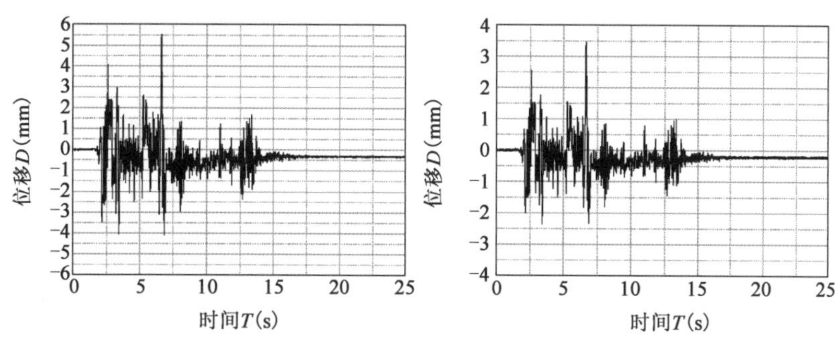

c) El Centro地震波0.7g时墙面板的位移时程(左：上部；右：中部)

图4-51　不同 El Centro 输入地震墙面板的位移时程

墙面板位移监测峰值及绝对位移(单位:mm)　　表4-26

加载波峰值	墙面板顶部 J1		墙面板中部 J2	
	绝对位移	相对位移	绝对位移	相对位移
0.1g	0.21	-0.01	0.13	0.00
0.2g	0.54	0.00	0.37	-0.01
0.3g	1.02	-0.08	0.57	-0.05
0.4g	1.81	-0.19	1.06	-0.12

续上表

加载波峰值	墙面板顶部 J1		墙面板中部 J2	
	绝对位移	相对位移	绝对位移	相对位移
0.5g	2.78	-0.16	1.60	-0.10
0.7g	5.59	-0.31	3.49	-0.21
0.9g	10.30	-1.75	6.27	-1.14

由图 4-52 及图 4-53 可明显看出，面板位移响应基本呈线性规律，位移大小随高度的增加呈线性比例增大；加载波峰值越大，面板动力响应越明显，位移值明显增大；同时，在加载波峰值较小时，基本无绝对位移产生，随着峰值达到 0.7g、0.9g 才产生 0.21mm、1.14mm 的绝对位移，结合相似比为 5，原型位移最大达到 5.7mm 的位移量，挡墙没有倾覆的危险。

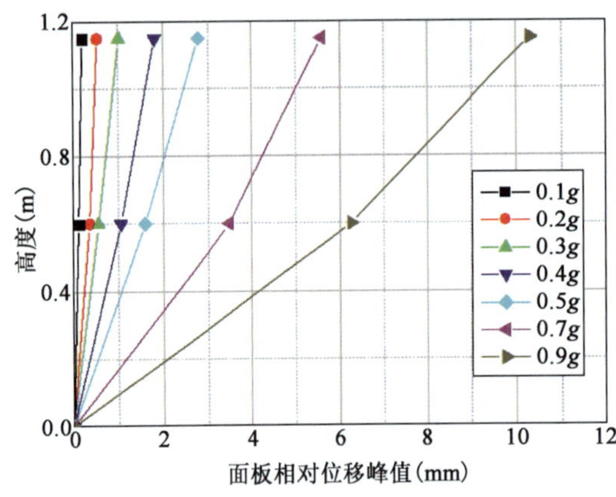

图 4-52　墙面板位移随高度的变化特征

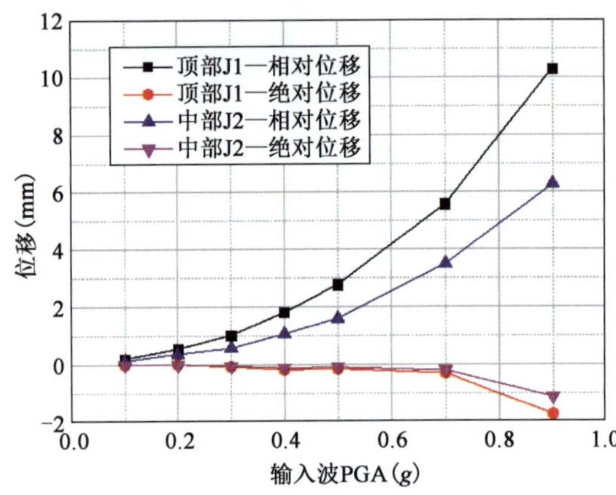

图 4-53　El Centro 输入地震波峰值与墙面板位移的关系

这是由于在试验设计中将挡墙面板基础埋设较深，阻止了挡墙的进一步倾斜，可见如果在实际挡墙设计中结合重力式挡墙的部分设计，将面板设计成整体并埋设更深，能减小面板倾覆的可能性。

2）加速度传播机制分析

（1）台面实测与输入加速度响应时程曲线对比

为确定加载地震波是否满足输入输出要求，本章初始对输入地震波、台面输出地震波、模型箱底部、基岩处地震波进行对比，确认输出波满足试验加载要求。

本次振动台试验在台面、模型箱底部、模型箱内基岩处分别布测了编号为 AF1、AF2、AF3、A16 的加速度传感器，各工况下加载峰值见表 4-27。

El Centro 试验输入加速度峰值与台面监测峰值（单位：g）　表 4-27

输入要求	台面　AF1	箱底　AF2	基岩　AF3	基岩　A16
0.1	0.10	0.10	0.13	0.13
0.2	0.21	0.21	0.24	0.24

续上表

输入要求	台　面　AF1	箱　底　AF2	基　岩　AF3	基　岩　A16
0.3	0.30	0.30	0.35	0.37
0.4	0.38	0.39	0.48	0.49
0.5	0.49	0.51	0.53	0.51
0.7	0.69	0.72	0.76	0.74
0.9	0.91	0.94	0.98	0.94

由表4-27和图4-54～图4-56可以看出，输入地震波和台面、箱底输出地震波波形及峰值基本一致，确定试验输出地震波满足要求；由图4-56可知，输入加载波峰值为0.1g～0.4g时，基岩处加速度峰值放大效应随加载峰值增大而越发明显，输入加载波峰值为0.5g～0.9g时，基岩处加速度峰值与输入加载波峰值差别不大，由此可以看出"量级饱和"特征。

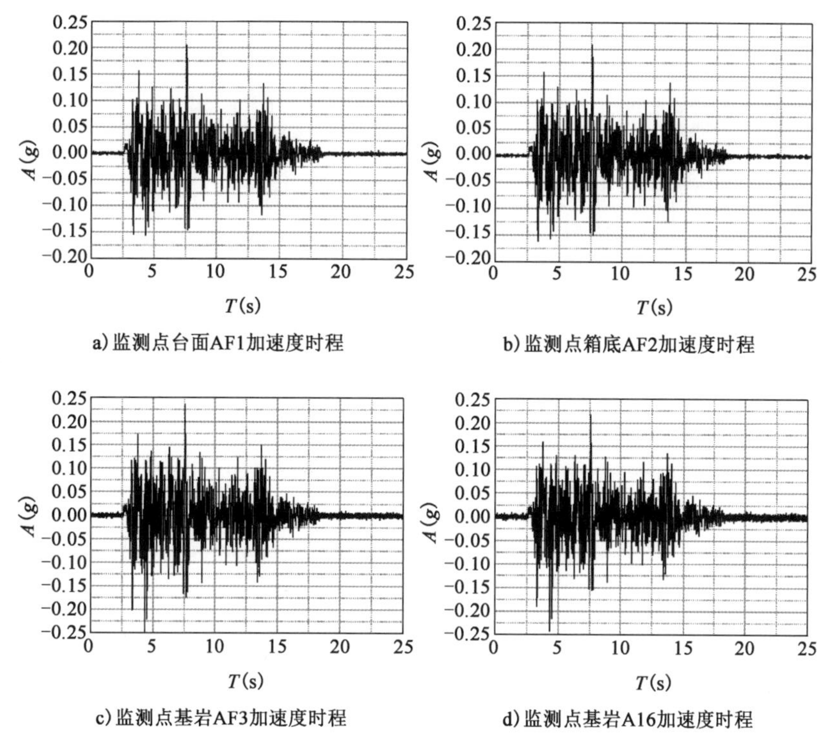

图4-54　El Centro 输入地震波峰值0.2g

(2)测点实测加速度时程

为了对加筋土挡墙在地震波作用下的稳定性进行评价，首先对模型的加速度场进行研究。

加速度峰值(Peak Ground Acceleration，PGA)是抗震设计的重要参数，研究该场地PGA的变化规律将为后续设计提供技术参数，在实际应用中，常用PGA放大系数来表征场地对加速度的放大(衰减)效应。定义加速度放大系数(PGA的比)为测点加速度峰值与基岩加速度峰值的比值：

$$K_i = \frac{\max[Y_i(t)]}{\max[X(t)]} \tag{4-9}$$

式中：$Y_i(t)$——测点 i 加速度时程；

$X(t)$——基岩加速度时程。

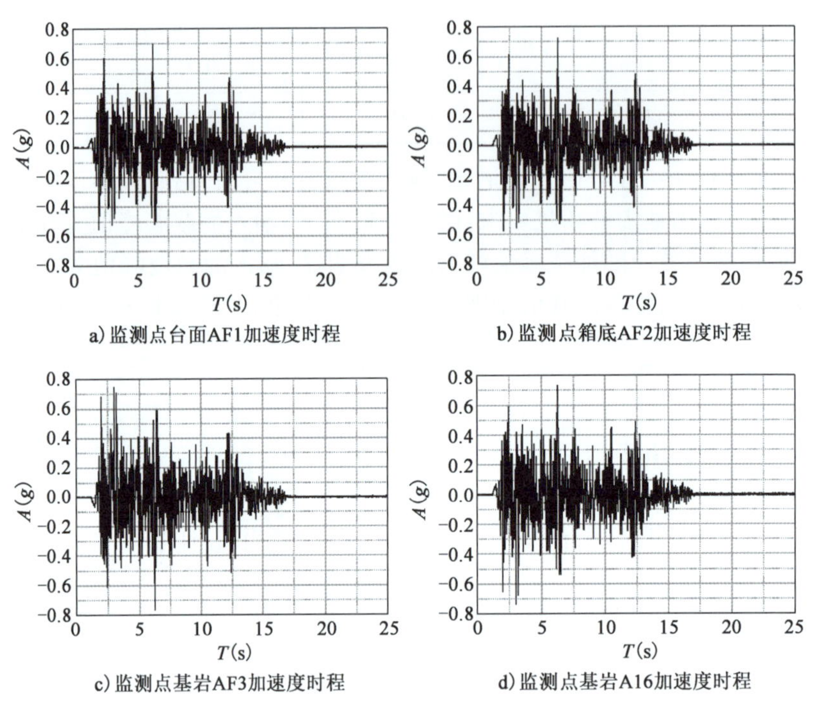

图 4-55　El Centro 输入地震波峰值 0.7g

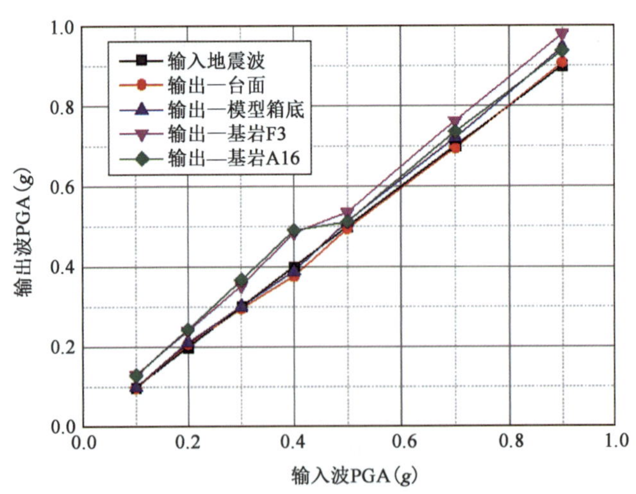

图 4-56　El Centro 输入地震波与输出地震波峰值对比

本节选取加载波为汶川清屏波 0.2g、El Centro 波 0.2g。

(3)PGA 放大系数随高程的变化

为方便分析,在传感器布测基础上,将加速度计在竖直方向分为 4 个截面。墙面板截面包含 A13、A14、A15 加速度计;潜在滑动区包含竖向 1-1 截面和竖向 2-2 截面,1-1 截面包含 A1、A4、A7、A10 加速度计,2-2 截面包含 A2、A5、A8、A11 加速度计;稳定区为竖向 3-3 截面,包含 A3、A6、A9、A12 加速度计,如图 4-57 所示。

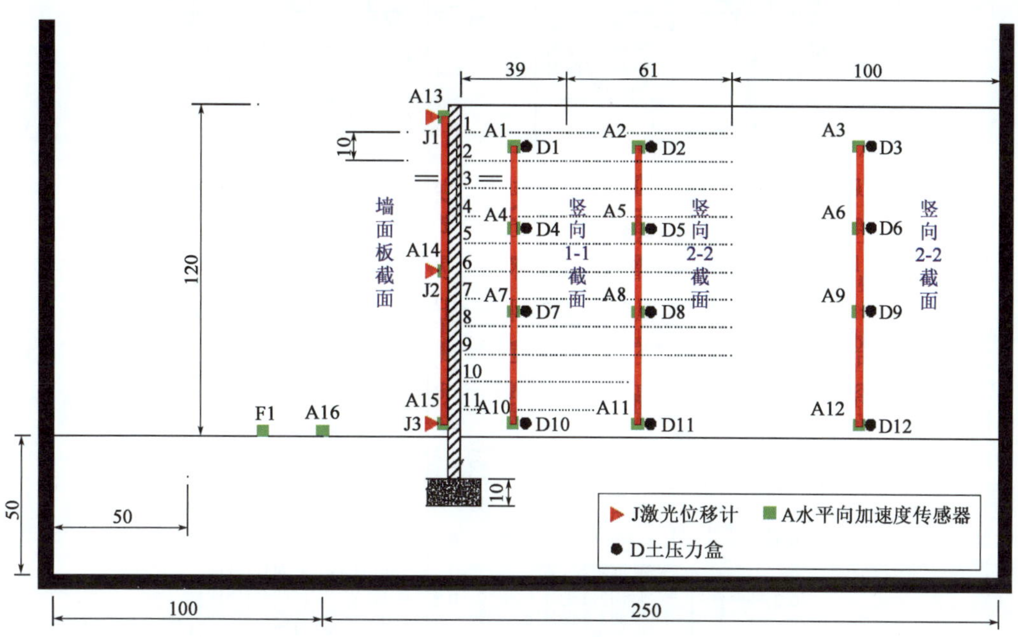

图 4-57 截面划分(尺寸单位:mm)

以 El Centro 波为例,探讨不同加载峰值情况下墙面板、潜在滑动区、稳定区加速度随高程的变化规律,如图 4-58 所示。

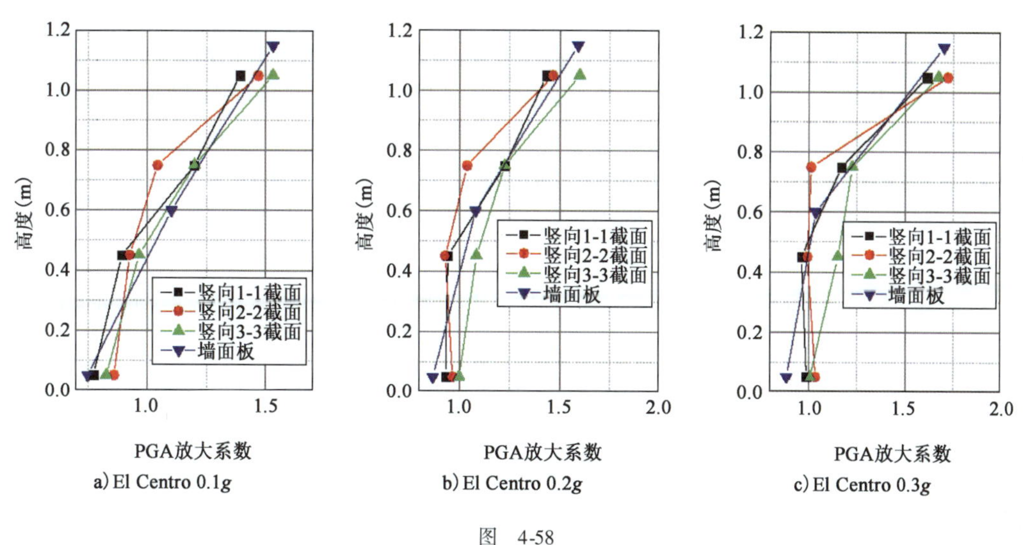

图 4-58

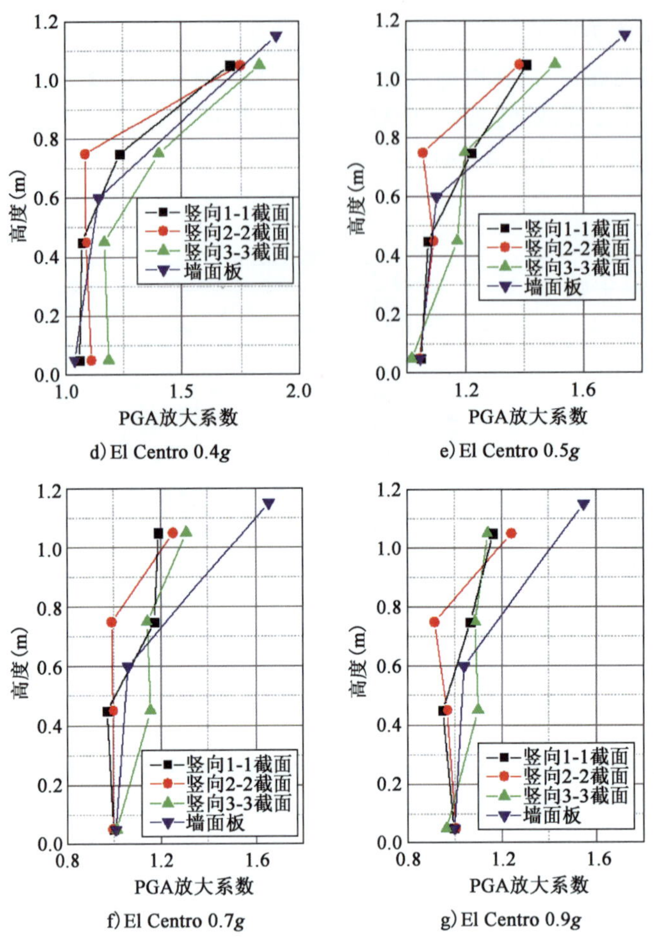

d) El Centro 0.4g　e) El Centro 0.5g　f) El Centro 0.7g　g) El Centro 0.9g

图 4-58　PGA 放大系数随高程的变化规律

由图 4-58 可知,在加载波峰值为 0.1g~0.4g 时,墙面板截面与潜在滑动区 1-1 截面的加速度放大规律基本一致,加载峰值为 0.1g 时,沿高程方向 PGA 呈线性增加,加载峰值为 0.2g~0.4g 时,呈现出非线性特征,在挡墙中下部 PGA 增大较慢,而在挡墙上部 PGA 增幅很大,于挡墙顶部达到最大;潜在滑动区 2-2 截面相较于其他截面,加速度动力响应较弱,在挡墙中下部 PGA 增大很小或基本不变,该截面区域可能在筋带作用下整体性能较好,在挡墙上部 PGA 迅速增大,于顶部达到最大;远离挡墙面板的稳定区,3-3 截面加速度动力响应最为强烈,PGA 大于同一同高程的其他测点,PGA 随高程非线性增大,在挡墙中下部增大弱于挡墙中上部,顶部达到最大。

例如,加载波峰值为 0.3g 时,2-2 截面中下部高程增大方向,PGA 放大系数分别为 1.03(A11)、0.99(A8)、1.01(A5),基本不变,于顶部达到最大值 1.72(A2);3-3 截面测点动力响应最大,高程为 0.45m 时,PGA 放大系数 1.15(A9)大于同高度的 0.99(A8)、0.96(A7),高程为 0.75m 时,PGA 放大系数 1.23(A6)也大于同高度的 1.01(A5)、1.17(A4)。

相较于加载波峰值为 0.1g~0.4g 时,加载波峰值为 0.5g、0.7g、0.9g 时的主要差别在于墙面板截面顶部 PGA 明显大于相同高程其他测点的 PGA,同样挡墙中下部 2-2 截面区域动力响应最弱,沿高程增大方向 PGA 基本不变或略微减小。

例如,在加载波峰值为 0.7g 时,墙面板截面顶部测点 PGA 放大系数为 1.65(A13),明显大于同高度的 1.19(A1)、1.25(A2)、1.31(A3)。

根据上述加速度动力响应分析可以看出,由于筋带加筋作用,提高了该区域土体的整体稳定性,动力响应最弱,同样位于潜在滑动区的 1-1 截面和 2-2 截面都有加筋作用,而靠近面板侧的 1-1 截面加速度响应强于更远些的 2-2 截面,这与现代挡墙设计理论中折线形滑面理论基本吻合,1-1 截面位于破裂面靠近挡墙侧,属于主动土压力区,拉筋不能有效提供摩阻力,2-2 截面处于拉筋的锚固区,拉筋与填料实现摩阻力平衡,动力响应弱于主动土压力区的 1-1 截面。

(4)加载峰值对 PGA 放大系数的影响

选取 El Centro 地震波作用下各测点为研究对象,探讨同一截面处不同加载峰值对 PGA 放大系数的影响,如图 4-59 所示。

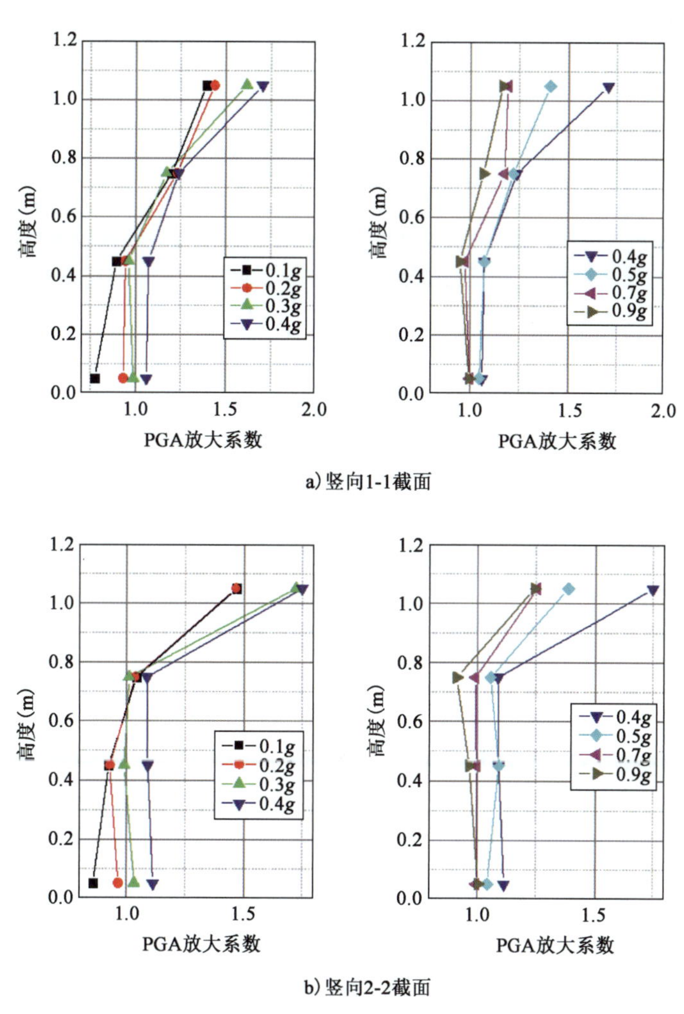

a)竖向1-1截面

b)竖向2-2截面

图 4-59

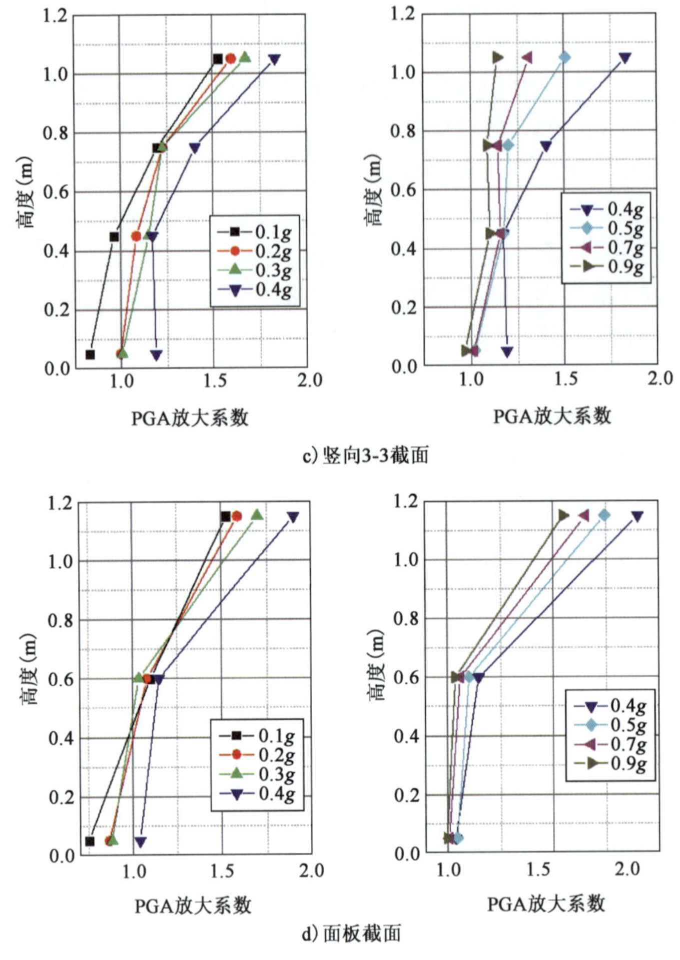

图 4-59　PGA 放大系数随输入峰值变化

由图 4-59 可知,当地震加载波峰值为 0.1g ~ 0.4g 时,随着加载峰值的增大,PGA 放大系数随之增大,例如竖向 3-3 截面顶部,加载峰值为 0.1g、0.2g、0.3g、0.4g 时,PGA 放大系数分别为 1.53、1.60、1.68、1.83,竖向 1-1 截面、竖向 2-2 截面、面板截面也具有同样的规律;当地震加载波峰值为 0.4g ~ 0.9g 时,随输入地震加载峰值的增大,PGA 放大率减小,表现出"量级饱和"特性,例如竖向 2-2 截面顶部,当加载峰值为 0.4g、0.5g、0.7g、0.9g 时,PGA 放大系数分别为 1.75、1.39、1.25、1.24,竖向 1-1 截面、竖向 3-3 截面、面板截面也具有同样的规律。

综上所述,当地震加载波峰值为 0.1g ~ 0.4g 时,随着加载峰值的增大,PGA 放大系数随之增大,当地震加载波峰值为 0.4g ~ 0.9g 时,随输入地震加载峰值的增大,PGA 放大率减小,表现出"量级饱和"特性。

3)傅立叶谱的变化特征

加速度频谱分析能很好地反映土体性质。选取加速度峰值为 0.1g 时 El Centro 地震波作用下各测点为研究对象,探讨各测点傅立叶谱的变化规律,图 4-60 为加速度峰值为 0.1g 时各测点的傅立叶谱(傅立叶谱频率已根据相似比换算成原型)。

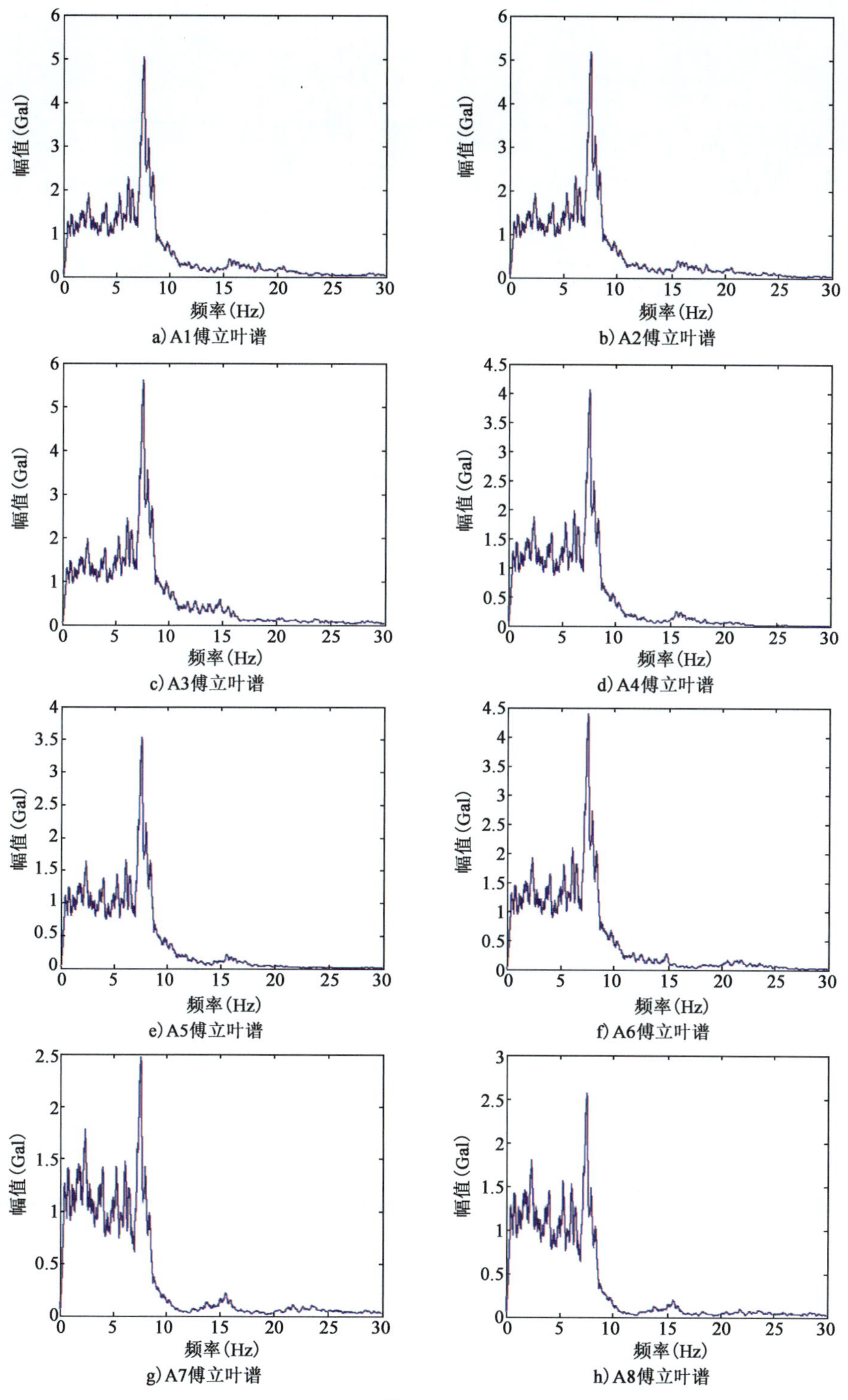

a) A1傅立叶谱

b) A2傅立叶谱

c) A3傅立叶谱

d) A4傅立叶谱

e) A5傅立叶谱

f) A6傅立叶谱

g) A7傅立叶谱

h) A8傅立叶谱

图 4-60

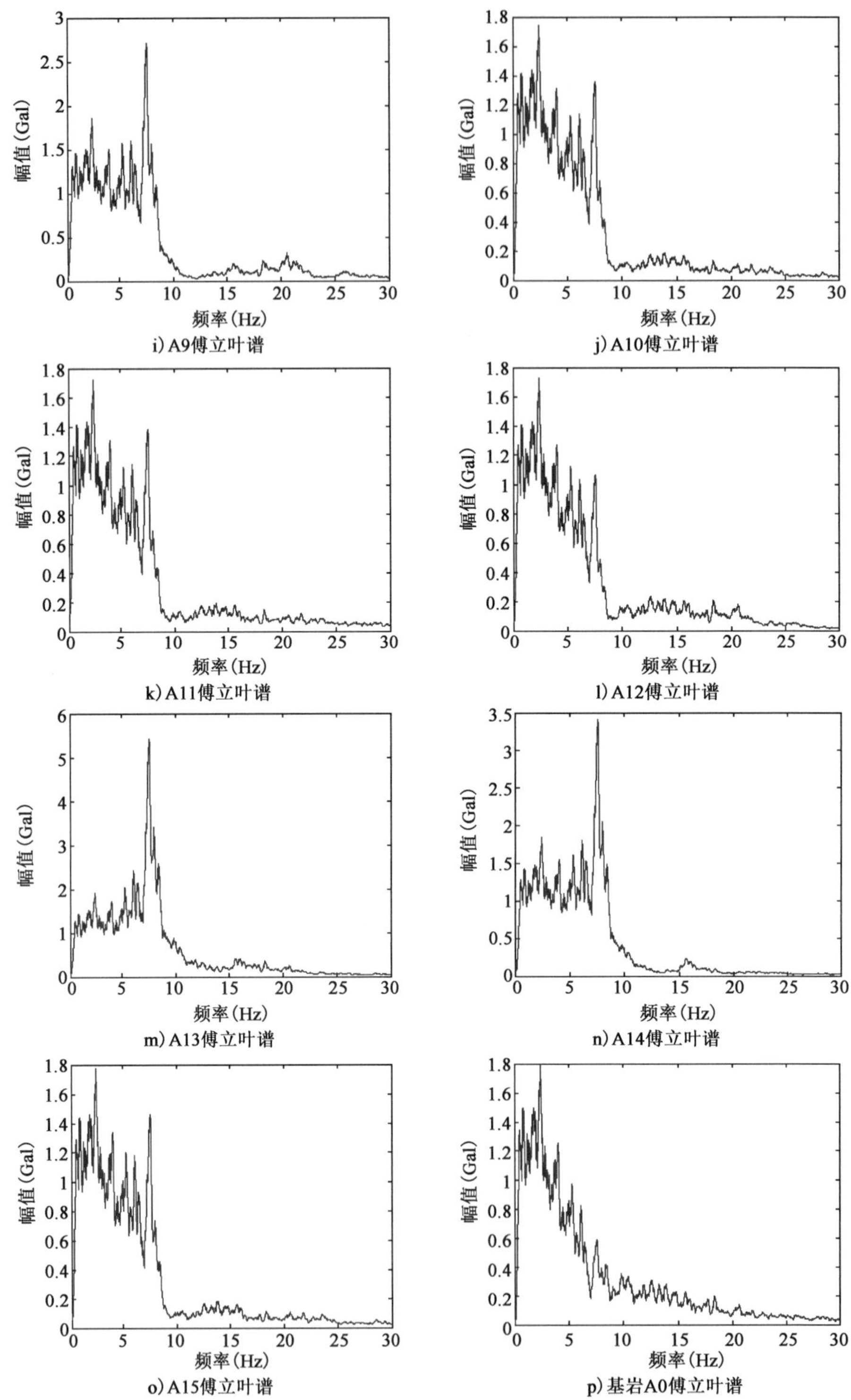

图 4-60　El Centro 不同测点加速度傅里叶谱

从图 4-60 可以看出,不同位置处测点的傅立叶谱峰值不同,同时,峰值所在频率也有所变化。基岩测点 A0 及靠近基岩的测点 A10、A11、A12 傅立叶峰值所在频率为 2.5Hz,而随着高度的增加,7 ~ 8Hz 处幅值明显增加,峰值为 7.6Hz,下面将详细说明。

(1)傅立叶幅值随高程变化的规律

竖向截面划分为竖向 1-1 截面、竖向 2-2 截面、竖向 3-3 截面、面板,图 4-61 为峰值加速度为 0.1g 时各截面上测点傅立叶幅值随高程变化的图示。

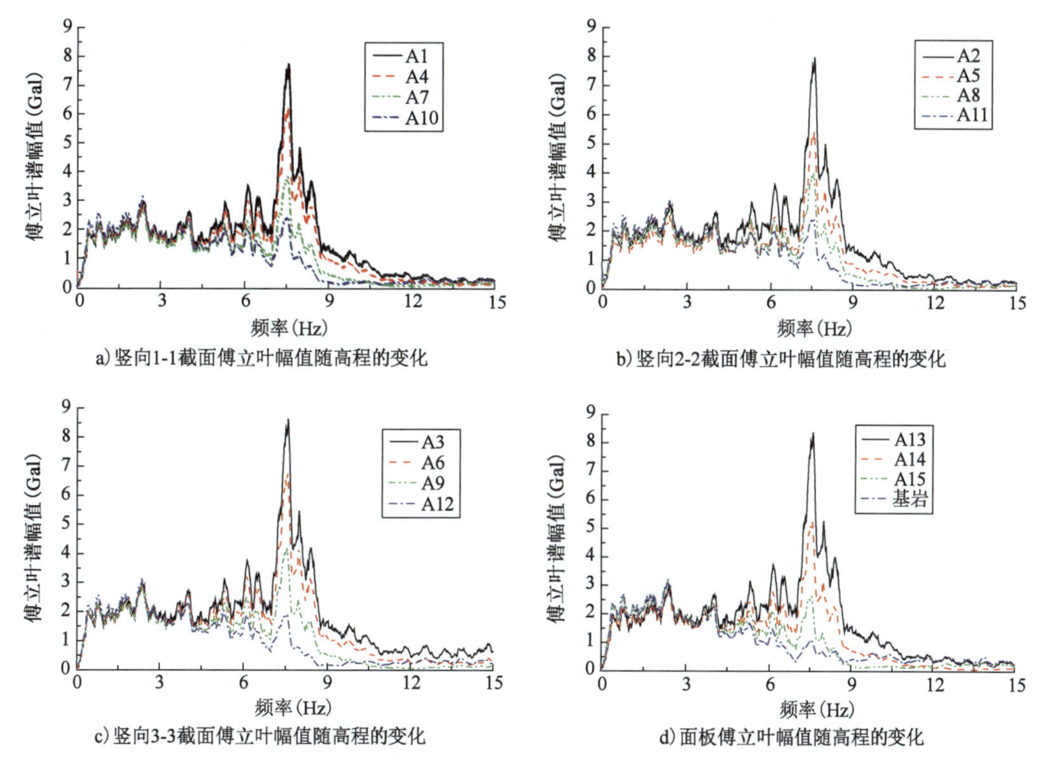

图 4-61　El Centro 输入地震波傅立叶幅值随高程的变化规律

从图 4-61 可以明显看出,基岩处傅立叶幅值峰值所在频率为 2.5Hz 左右,随着高度的增加,该处幅值基本无变化,而 7 ~ 8Hz 处傅立叶幅值明显增大,可见高程对于 7 ~ 8Hz 处傅立叶幅值放大作用明显。

(2)傅立叶谱随 PGA 的变化规律

首先分析振动台台面、模型箱底部、基岩处测点傅立叶谱幅值随 PGA 的变化规律,如图 4-62 和图 4-63 所示。

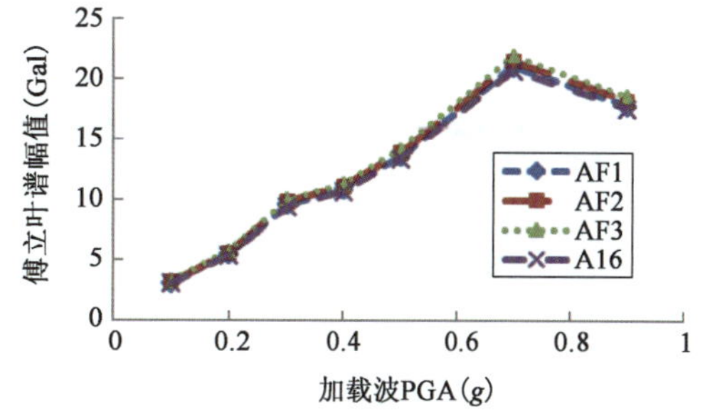

图 4-62　El Centro 输入地震波台面、箱底、基岩傅立叶谱随 PGA 的变化

从图 4-62 可以看出,振动台台面、模型箱底部、基岩处测点傅立叶谱曲线基本一致,证明模型箱和基岩对于加载波的传播过程影响不大,同时 0.1g ~ 0.7g 时傅立叶幅值随加载地震波 PGA 增加而增大,在 0.9g 时幅值减小。

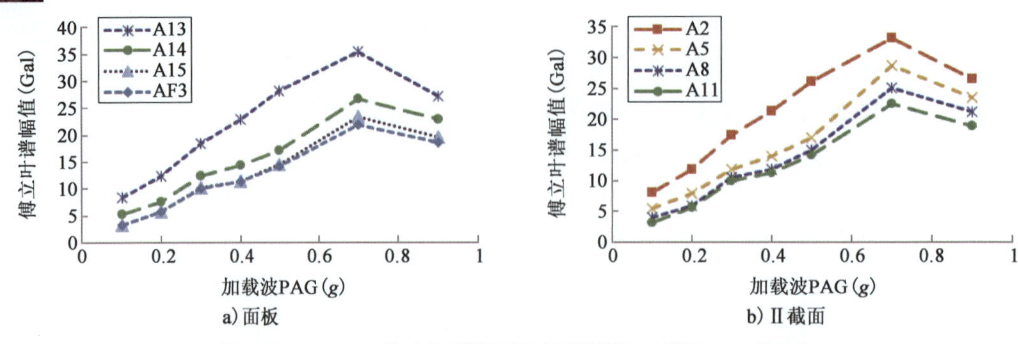

图 4-63 El Centro 输入地震波面板、Ⅱ截面傅立叶谱随 PGA 的变化

由面板及竖向 2-2 截面傅立叶幅值随加载波 PGA 变化图示可以看出，$0.1g \sim 0.7g$ 时傅立叶幅值随加载地震波 PGA 增加而增大，在 $0.9g$ 时幅值减小；同时加载波 PGA 相同时，高度越高，傅立叶幅值越大。

(3)白噪声傅立叶谱的变化规律

试验中加载每个地震波工况前后，均加载一段白噪声，用以研究挡墙内部的特征，如图 4-64所示。在研究白噪声傅立叶谱的变化规律时发现，白噪声傅立叶谱为单峰值曲线，在向上传播过程中，逐渐发展为双峰值曲线，其中新发展频段峰值(称为第二峰值)随高度增大而增加；同时发现在小震($0.1g \sim 0.3g$)时，第二峰值所在频率基本不变，而在大震($0.4g \sim 0.9g$)加载后，能明显发现第二峰值所在频率有右移趋势，即第二峰值所在频率有向高频发展的趋势，由此可以判断挡墙内土体特性发生变化，有破坏的可能性，下面具体说明。

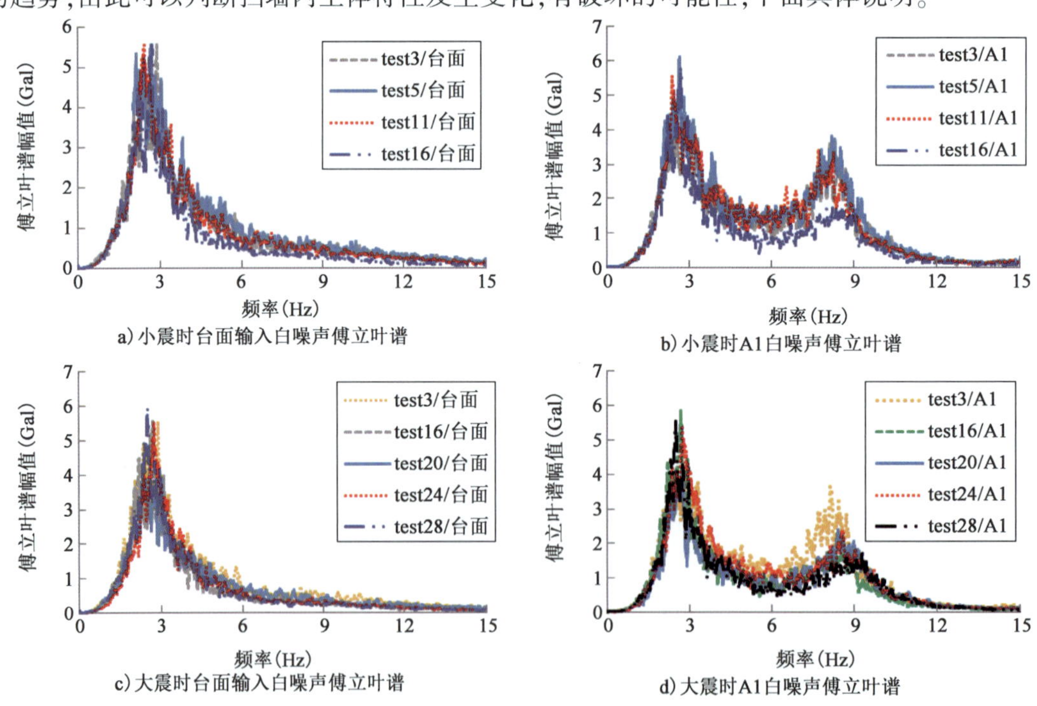

图 4-64 El Centro 输入地震波不同加载地震波前后白噪声傅立叶谱

注：test3、test5、test11、test16、test20、test24、test28 分别为 $0.1g$、$0.2g$、$0.3g$、$0.4g$、$0.5g$、$0.7g$、$0.9g$ 加载地震波前后加载的白噪声，白噪声 PGA 为 $0.1g$。

从图4-64可以看出,台面输入白噪声傅立叶谱在小震和大震时形状、幅值基本一致,为单峰值曲线,同时峰值所在频率为2.5Hz左右,证明输入白噪声特性一致;基岩中布测的加速度计的傅立叶谱在小震与大震时变化不大,说明基岩比较稳定,在不同幅值加载地震波后基岩特性并未发生改变;而位于挡墙内土体上部的A1测点的傅立叶谱则呈现明显的双峰值曲线,第一峰值所在频率为2.5Hz左右,第二峰值随小震、大震而有所差异,在小震($0.1g \sim 0.3g$)时,第二峰值幅值和所在频率基本不变,第二峰值所在频率为8.3Hz左右,说明此阶段土体内特性比较一致,并未发生破坏,在大震($0.4g \sim 0.9g$)时,第一峰值变化不大,而第二峰值幅值则有所降低,同时峰值所在频率有增大趋势,从小震时的8.3Hz左右最终右移到9.1Hz左右,可见相较于小震,大震后土体特性发生改变,可以认为挡墙内部土体发生了一定的破坏。

4)土压力响应特征

试验中,在挡墙内部土体内布测了12个土压力计用来监测各区域地震作用引起的相对土压力时程,根据土压力峰值和残余土压力值分析探讨加筋土挡墙内部的破坏情况。

(1)土压力地震作用下的时程曲线和幅值

El Centro波$0.7g$潜在滑动区与稳定区测点土压力时程曲线分别如图4-65、图4-66所示。

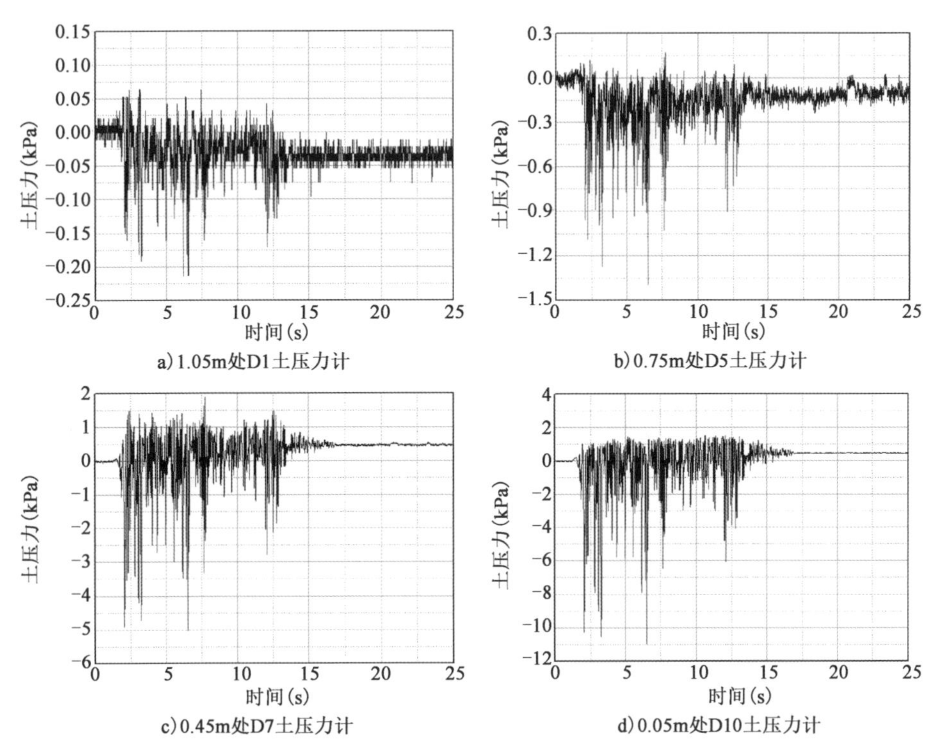

图4-65 El Centro波$0.7g$潜在滑动区测点土压力时程曲线

由上述潜在滑移区和稳定区测点的土压力时程曲线可以看出,土体深度越深,土压力峰值越大,在地震波作用之后,部分测点存在残余土压力,残余土压力可能与加载地震波后土体内局部环境发生改变有关,下面将具体说明。

(2)输入加载地震波峰值对土压力的影响

稳定区测点土压力峰值随地震波加载峰值的变化如图4-67所示。

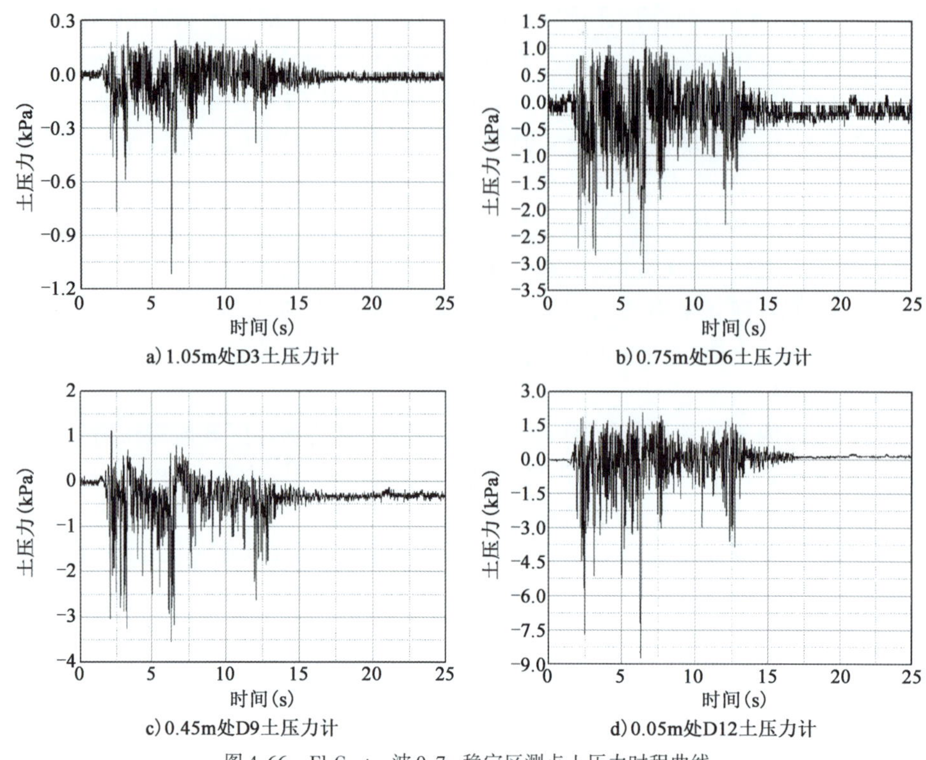

a) 1.05m处D3土压力计　b) 0.75m处D6土压力计　c) 0.45m处D9土压力计　d) 0.05m处D12土压力计

图 4-66　El Centro 波 0.7g 稳定区测点土压力时程曲线

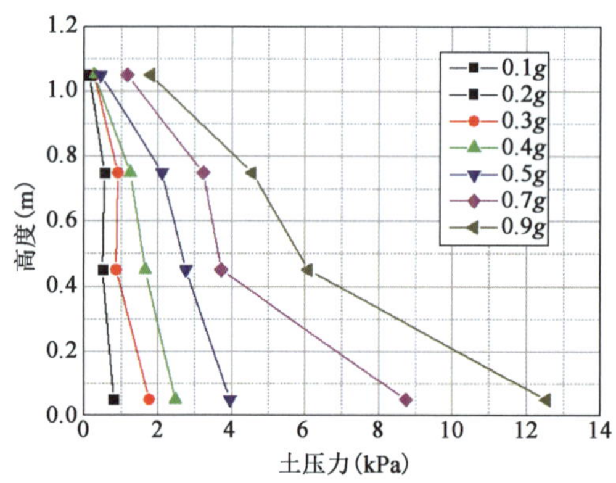

图 4-67　稳定区测点土压力峰值随地震波加载峰值的变化

选取稳定区土压力计为对象,探究输入加载地震波峰值对土压力的影响。从图 4-67 可以看出,输入地震波加载峰值越大,测点的土压力峰值越大,同时高度越高土压力越小。

(3)残余土压力分析

由土压力时程曲线可以看出,部分测点在地震波作用后存在残余土压力,此值对于土体内部稳定性分析具有重要意义,因此提取了 0.1g ~ 0.9g 时各测点的残余土压力值,见表 4-28。

由图 4-68 可知,位于挡墙内部偏中下部的 D7、D8、D10 监测点残余土压力最大,位于挡墙上部的 D1、D2、D5 监测点残余土压力较小,挡墙中下部和挡墙下部残余土压力随 PGA 峰值变化差异明显。

挡墙内各测点残余土压力值(单位:Pa)　　表4-28

监测点	加载地震波峰值						
	0.1g	0.2g	0.3g	0.4g	0.5g	0.7g	0.9g
D1	2	4	4	19	32	32	65
D2	12	2	3	4	15	7	14
D3	9	6	80	32	26	20	21
D5	55	22	109	69	31	61	157
D6	137	113	215	43	334	72	431
D7	43	53	43	599	714	492	190
D8	21	10	30	15	389	15	411
D9	40	19	125	61	231	284	570
D10	13	16	202	732	985	475	331
D12	58	92	270	513	111	208	1099

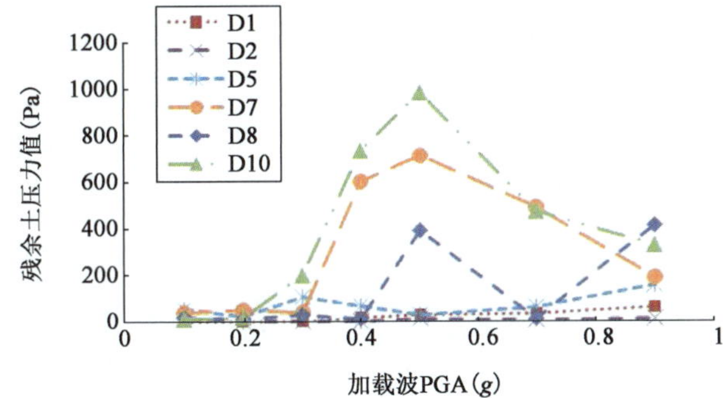

图4-68　稳定区测点残余土压力随地震波加载峰值的变化

当PGA为0.1g~0.3g时,残余土压力随PGA增大而增加,在该阶段,筋带和土体会产生较大的自我调整,此时由于土体加筋作用,筋带表面的摩擦力带动土体紧密压实,土体整体性与一致性较好,因此加载波峰值为0.1g~0.3g时残余土压力随PGA增大而增大。

当PGA为0.4g时,挡墙内部中部偏上的D5监测点残余土压力值减小,这是由于在0.4g后土体局部特性发生改变,加筋土挡墙面板在持续地震力作用下带动筋带,筋带表面与土体的摩擦力不足以抵消外拔力,筋带和土体有相互错动趋势或已经错动,土体发生拉张裂隙等,整体性受到影响,残余土压力得以释放,残余土压力值减小;当PGA为0.5g时同理;当PGA为0.7g、0.9g时,此处筋带已经不再起作用,但挡墙由于基础埋深较大仍未倾覆,强地震力作用下,此处土体变形后不能马上回弹造成残留土压力值增大。可见PGA为0.4g时,挡墙内部中部偏上的D5区域已经发生破坏。

同理,对于位于挡墙内部中部偏下的D7、D8及挡墙下部的D10区域,此处土压力更大,PGA为0.1g~0.5g时,PGA增大时残留土压力增加更为明显,PGA为0.7g、0.9g时,D7、D10土体破坏残留土压力值减小,D9在0.9g时土体变形后不能立即回弹,残留土压力值增大。

综上所述,当PGA为0.1g~0.3g时,筋带表面的摩擦力带动土体紧密压实,土体整体性与一致性较好,筋带起到了土体加固作用;但当PGA更大时,筋带表面与土体的摩擦力不足以抵消外拔力,筋带和土体有相互错动趋势或已经错动,加筋土挡墙的内部破坏更易从中下部发生,挡墙中部区域比下部区域危险,筋带更易失效。

5)筋带力学响应特征

加筋土挡墙筋带上的力学特性能很好地反映筋带在地震波作用下的受力情况,用以分析挡墙内部破坏与否,分析中考虑每根筋带不同位置的受力特征、各层筋带的受力差别以及不同PGA时筋带的受力特性,下面具体说明。

(1)多层筋带拉力随高程的变化规律

试验中纵向共布测11条筋带,除去表层筋带,下面每层筋带上均匀粘贴应变片,用以探讨筋带上不同位置在地震波加载作用下的响应。筋带末尾未粘贴应变片,认为最末端不承受拉应力,应变为0,图4-69为0.1g、0.3g、0.4g、0.7g加载工况下筋带的应变变化情况。

(2)输入加载地震波峰值对筋带拉力的影响

在研究应变随PGA的变化规律时,为与相同位置处的加速度及土压力对比,选取筋带5号、筋带8号为研究对象,探讨筋带在0.2L、0.6L、0.8L处的变化规律,其中L为筋带长度。

选取挡墙中部筋带5号和中下部筋带8号与其附近的加速度频谱分析和土压力分析,探讨筋带应变随PGA的变化规律,如图4-70所示,由图可知在0.4g时筋带应变明显增大,筋带5号在0.4g时在0.8L处应变最大,位于筋带末端,可知此处土体性质可能变化造成应变最大点移至末端,这与残余土压力分析及白噪声频谱分析结果一致,筋带8号在0.4g时在0.2L处应变最大,有效加筋长度正常,但存在拔出风险。

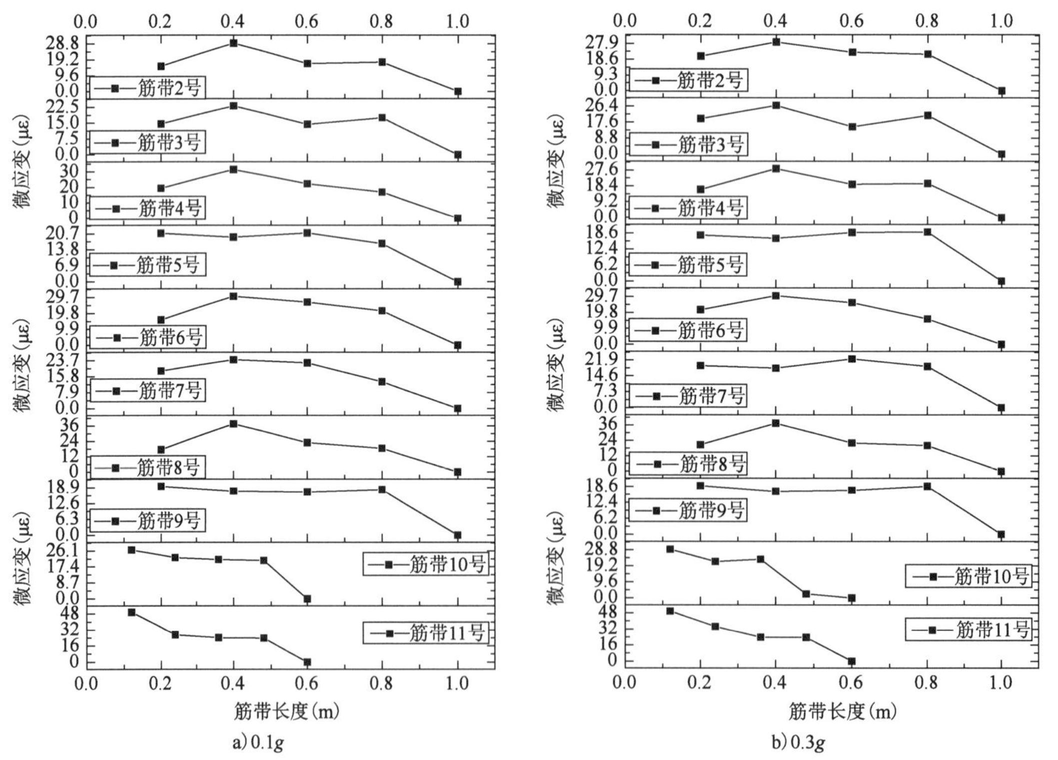

a)0.1g　　b)0.3g

图 4-69

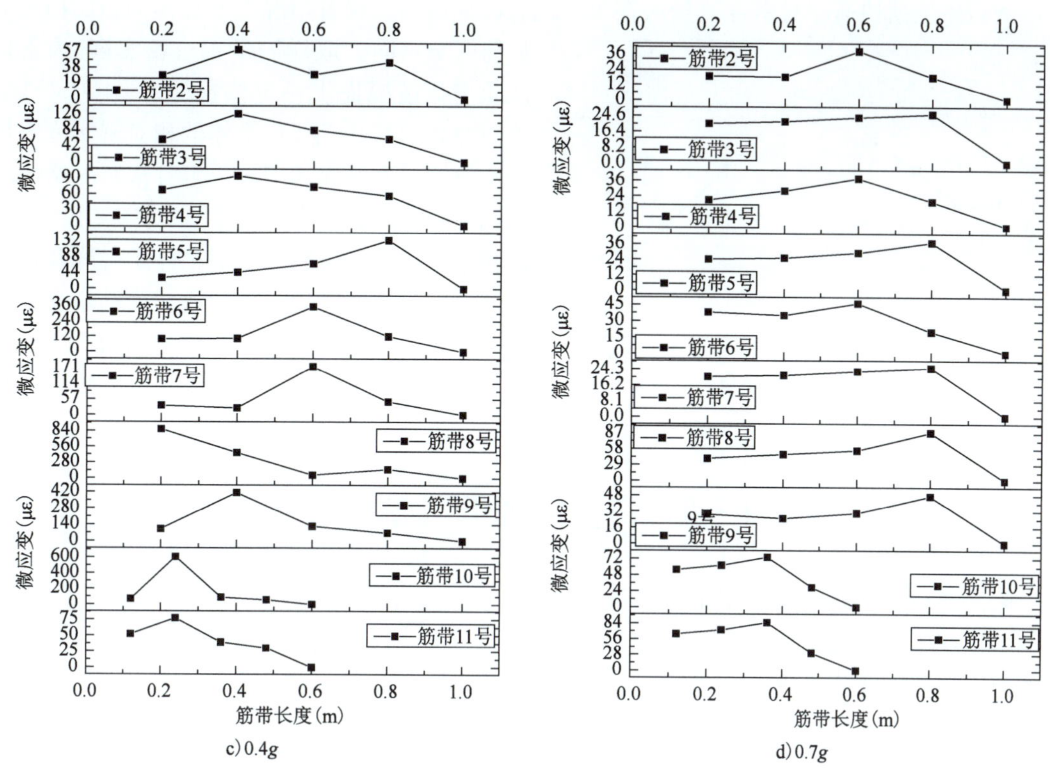

c) 0.4*g*　　d) 0.7*g*

图 4-69　El Centro 波各层筋带测点应变变化

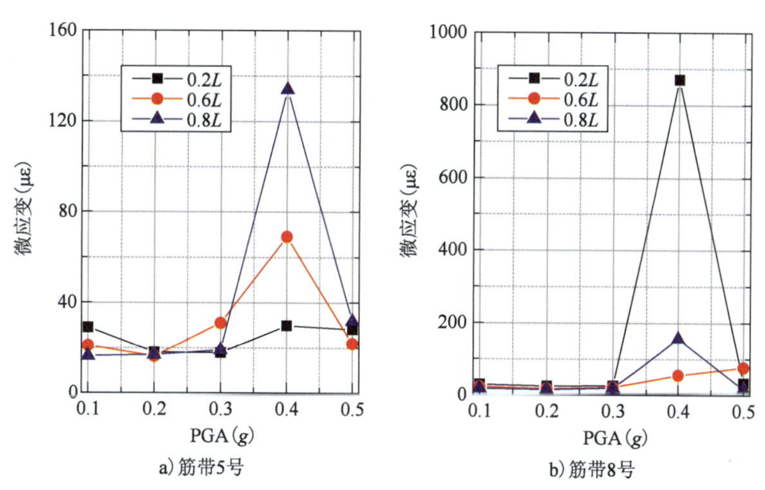

a) 筋带5号　　b) 筋带8号

图 4-70　El Centro 波筋带应变随加载峰值的变化

由上述筋带受力分析可知,挡墙中下部筋带轴力更大,较为危险,潜在破裂面比规范上0.3H折线区域要大,为保证安全,可适当增大加筋长度,同时结合上述残余土压力分析,挡墙破坏更易从中部开始,向下部发展。

6)相对密实度分析

试验中依据快速相对密度测量法在每个地震波加载后白噪音情况下于远离面板的稳定非加筋区域不同处取样测量相对密实度,为土体性质变化情况提供一定依据,如图4-71所示。可知在0.1g~0.3g时,土体的相对密实度随加载峰值增加而增大,0.4g时相对密实度略微增大,而0.4g之后能明显看到相对密实度减小,试验结束后也能观察到表层土体的微降及松动痕迹。相对密实度这一变化过程为筋带受力分析及动土压力分析中所述的振密(压密)提供了一定依据,也与分析中挡墙位移指数的变化情况一致。

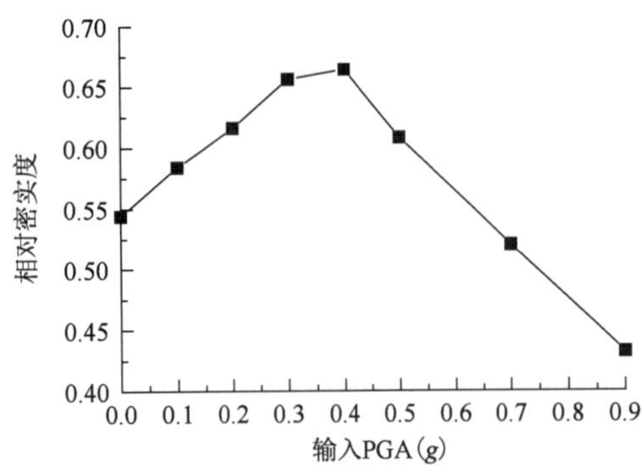

图4-71　El Centro 波时相对密实度随PGA的变化

4.4　加筋土挡墙全尺寸试验研究

限于地震发生的偶然性,Bathurst 等采用全尺寸振动台模型试验对2座挡墙进行了研究,挡墙均采用干燥的混凝土堆叠模块砌筑,并制作包裹面,全尺寸挡墙参数见表4-29。施加的荷载均超出挡墙工作荷载范围。

全尺寸挡墙试验模型　　表4-29

挡墙	特　性	目的/变量
1	加筋土挡墙采用模块式面板,低强度双轴聚丙烯土工格栅以0.6m间距分层布置	控制挡墙
2	加筋土挡墙采用模块式面板,低强度双轴聚丙烯土工格栅以0.6m间距分层布置。每隔一条移除一条纵肋,土工格栅的刚度和强度均为控制试验筋条的一半	筋条刚度和强度对挡墙位移和整体安全性的影响

挡墙1(图4-72)采用抗拉强度较小和弹性模量较小的聚丙烯土工格栅,允许均一荷载下大的应变和大的挡墙变形。挡墙设计满足现在的美国混凝土砌块协会(National Concrete Masonry Association,NCMA)准则,加筋层间隔小于2倍墙趾到墙踵的距离(AASHTO)。挡墙1作为控制或参考挡墙。

挡墙2的建造方式与挡墙1基本相同,但每隔一条移除一条聚丙烯土工格栅,因此挡墙2的加筋强度和刚度均为控制挡墙的50%,据此研究挡墙加筋的强度和刚度对挡墙性能的影响。

在挡墙制作过程中,均采用气压式依次加载等级均布荷载,加载级别如图4-73所示。加载等级每次至少持续100h。图中的时间起点对应施工开始时。加载过程结束时,所加荷载为零,释放挡墙1和挡墙2墙趾的水平约束,研究墙趾的水平约束作用对挡墙性能的影响。最后,小心开挖每一个挡墙在300mm深度处的加筋层,将监测应变片和伸长计固定于每一个测量土工格栅层。依照该方法,可确定出土体破坏面的位置以及土工格栅的应力松弛。

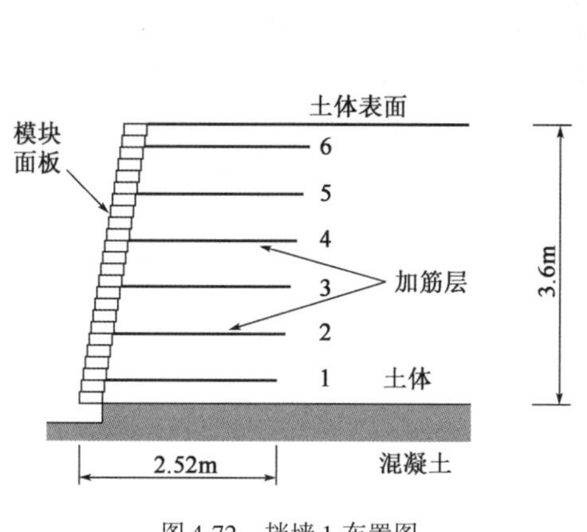

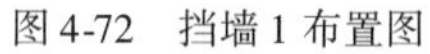

图 4-72 挡墙 1 布置图

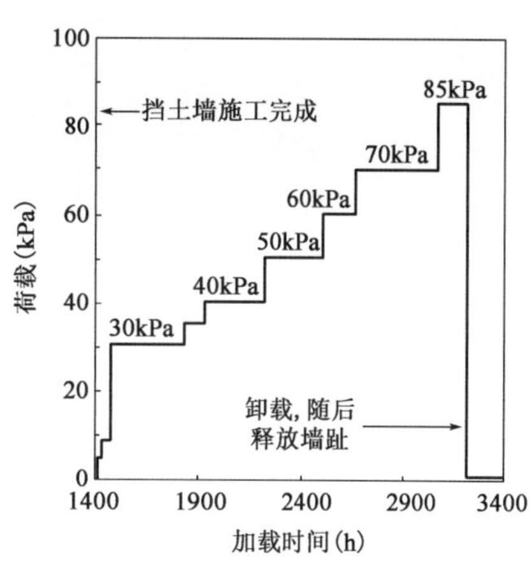

图 4-73 挡墙 2 的加载过程

图 4-74 所示为施工后挡墙 2 的位移剖面图。超载过程中挡墙面板出现鼓胀。最大向外运动近似为 70mm,该鼓胀值约为 2% 的墙高。挡墙的变形剖面位于墙高的 3/4 位置。试验的最后,移除附加荷载,释放墙趾的水平约束,允许挡墙底部向外运动大概 20mm。试验中墙趾向外的运动清楚地表明作用于墙背面的土压力可传递至挡墙基础。

图 4-75 为挡墙 2 上第四层土工格栅的位移时程曲线。每一次加载,均对应有位移的增加。正如预料的那样,在卸荷后每一个加筋层均存在大量残余水平位移。在最靠近加筋层自由端的位置布设三个位移计,记录下相对较小的位移峰值。结果与以前的研究一致,即锚固土体区域较大的位移发生于加筋土体松动初期。

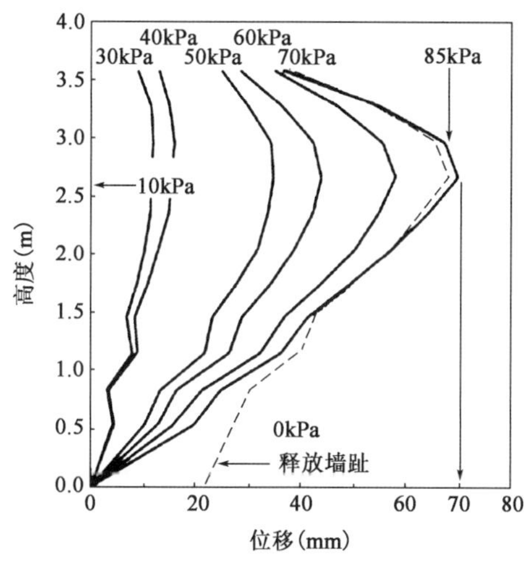

图 4-74 施工结束后挡墙 2 的位移剖面

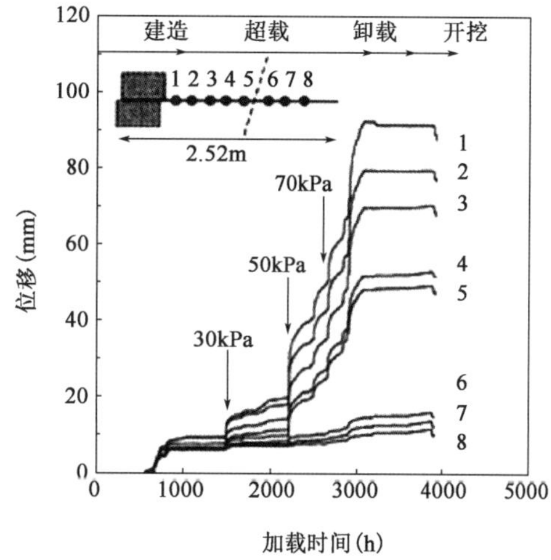

图 4-75 挡墙 2 上第四层土工格栅的位移时程曲线

依次连接最大荷载作用下挡墙 1 土工格栅的峰值应变位置,比较开挖后土体内部的破坏面,发现两者为同一个面,如图 4-76 所示。图中三角形标记表示峰值应变的位置,由应变片监测值和伸长计推断结果确定出峰值应变的位置。破坏面类似于对数螺旋曲面,对数螺旋曲面的平面应变峰值摩擦角取为 44°。然而,从实践的观点,将摩擦角取为相同值时,预测的库仑破坏面在合理范围内。挡墙 2 也有类似发现。

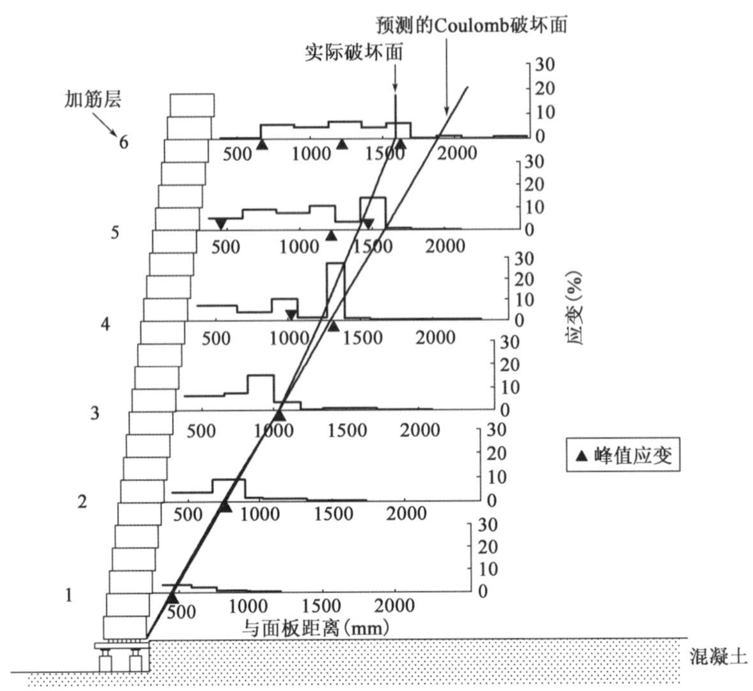

图 4-76　筋条应变峰值和挡墙 2 内部破坏面的位置

4.5　本 章 小 结

采用振动台试验对重力式挡墙、桩板墙和加筋土挡墙展开研究，分析地震作用下结构的位移、变形响应规律，为其性能设计提供依据。本章主要研究结果如下：

(1)重力式挡墙振动台试验的主要结论：

①墙体位移与地震烈度成正比，当地震烈度大于 8 度时，墙体位移增大的幅度显著提高。墙体位移受地基条件影响，在相同条件下，软土地基上挡墙位移比硬土地基的大，其影响程度随地震烈度的增大而增加。对设防烈度为 8 度及以下的区域，挡墙的抗震设计可忽略地基条件对墙体位移的影响。对设防烈度为 8 度以上的区域，挡墙的抗震设计应重视地基条件对墙体位移的影响，对于软硬程度不同的地基应分别考虑。

②转动分量在墙体总位移中占较大比例，倾覆是墙体产生大位移破坏的主要形式。挡墙位移模式受地基条件影响显著。随着地震系数的增大，硬土基底挡墙逐渐由转动的位移模式向转动与滑动耦合的位移模式转变。软土基底挡墙的位移模式受地震烈度的变化影响不大，与硬土基底挡墙相比，软土基底挡墙的位移模式更倾向于转动与滑动的耦合，地基土越软，墙体滑移位移对总位移的贡献量越大。

③地震作用下，测点土压力强度大体上与地震动加速度成正比，墙背土压力分布沿墙高呈非线性变化，地震动加速度越大越接近三角形分布。测点总土压力强度随地震动加速度的变化速率受挡墙位移影响显著，挡墙的上部由于变位迅速增长，土压力变化较慢；挡墙的下部由

于变位较小,土压力增长较快,使墙体 $1/3H$ 以下产生较高的残余应力,越接近墙底残余应力区的增长幅度越明显。在相同的地震动加速度下,与硬土基底挡墙相比,软土基底挡墙土压力分布面积大。当地震烈度小于 9 度时,残余应力区扩展程度随地震动加速度的增大不明显;当地震烈度大于 9 度时,残余应力区随地震动加速度的增大而急剧扩展,地基土越软残余应力区越大。

④土压力受地震动加速度及地基条件影响,土压力与地震动加速度成正比,其增长幅度随地震系数的增大而增加,软土基底挡墙的土压力比硬土基底挡墙大。地基条件对总土压力的影响程度与地震烈度有关,在设防烈度为 8 度及以下的区域进行挡墙抗震设计时,地基条件对土压力的影响程度轻微,挡墙土压力计算可忽略地基条件的影响。对设防烈度为 8 度以上的区域,地基条件对土压力的影响程度显著,挡墙土压力计算应考虑地基条件的影响。

⑤在相同的位移指数下,软土基底挡墙的土压力高于硬土基底挡墙,位移增长初期土压力增长较快,当位移超过一定范围时,土压力随位移呈线性增长。

⑥土压力合力作用点随地震系数的升高而降低,总土压力合力作用点低于动土压力合力作用点,地震系数越大,两者合力作用点越接近。地震系数较小时,土压力合力作用点高于 M-O理论的 $0.33H$,因土压力合力作用点随地震系数的升高而降低,当地震系数较高时,土压力合力作用点接近 $0.33H$。

⑦地震作用下,土压力合力作用点受地基条件影响显著,地基土越软,土压力合力作用点越高。对于硬土基底挡墙,总土压力合力作用点为 $0.33H \sim 0.39H$,动土压力合力作用点为 $0.35H \sim 0.49H$;对于软土基底路肩挡墙,总土压力合力作用点为 $0.4H \sim 0.63H$,动土压力合力作用点为 $0.46H \sim 0.77H$。

⑧与其他国家(地区)规范相比,我国规范土压力计算值与实测值比较接近。对于硬土基底挡墙,现行抗震规范土压力计算方法是合理的;对于软土基底挡墙,在设防烈度为 8 度及以下的区域进行挡墙抗震设计时,现行抗震规范土压力计算方法是合理的,在设防烈度大于 8 度的区域进行挡墙抗震设计时,规范土压力计算值小于实测值,说明地震土压力计算时应考虑到地基软硬程度对地震土压力的影响。

⑨地震作用下,墙体稳定性系数随地震动加速度的增大而降低,在相同的地震动加速度下,硬土地基上挡墙的稳定性系数高于软土地基,地基条件对抗滑动稳定系数的影响程度高于对抗倾覆稳定系数的影响程度。

⑩现行规范在设计挡墙时,墙体整体稳定性常受滑动控制,汶川地震挡墙震害调查及振动台试验证实挡墙产生倾覆破坏的可能性大于滑动破坏,现行抗震规范中常忽略墙前被动土压力及地震土压力合力作用点过低是导致挡墙产生以倾覆破坏为主的两个主要原因。

⑪稳定性系数对比研究表明,对于硬土基底挡墙,采用现行抗震规范设计是合理的;对于软土基底挡墙,当设防烈度为 8 度及以下时,采用现行抗震规范设计是合理的,而当设防烈度大于 8 度时,现行抗震规范设计偏于危险,建议提高软土地区挡墙抗震稳定性安全系数。

(2)桩板式抗滑挡墙和预应力锚索桩板式抗滑挡墙振动台试验主要结论:

未超过临界加速度阈值的地震加速度作用并不会导致结构产生永久位移;随着地震系数的增加,桩顶和桩中位移不断增大,且增加速率加快,这与滑动面材料剪切强度折减有关,大震时,桩背与墙后边坡土体会由于不协调变形而出现条形裂缝,未出现明显的土拱;预应力锚索桩板墙在地震烈度 7 度区域的抗震性能较普通桩板墙并未表现出很大的优越性，但在高地震烈度区，如地震烈度 9 度区域，其优势体现愈发明显。

(3)加筋土挡墙振动台试验主要结论：

①加载地震波幅值为 $0.1g \sim 0.3g$ 时，筋带应变值变化不大，墙面板顶部位移很小，可以忽略，筋带与土体接触性良好，挡墙整体稳定性较好，中部筋带应变峰值作用点逐渐右移；加载峰值为 $0.4g \sim 0.9g$ 时，中下部筋带应变峰值作用点逐渐右移，落后于中部筋带，同时墙顶绝对位移增大，需修复后才可使用。

②傅立叶谱分析显示基岩的主频在 2.5Hz 左右，高程对墙背土 7～8Hz 处傅立叶幅值具有放大作用。白噪声傅立叶谱显示地震波向上传播其频谱由单峰值逐渐发展为双峰值，$0.1g \sim 0.3g$ 时其第二峰值频率维持在 8.2Hz，且 $0.4g$ 以后，土体内部损伤，其第二峰值频率逐渐增大至 9.3Hz，且傅立叶幅值减小。

③在 $0.1g \sim 0.3g$ 时相对密实度随加载峰值增加而增大，$0.4g$ 时相对密实度略微增大，而 $0.4g$ 之后能明显看到相对密实度减小，这与筋带受力及频谱分析结果一致，说明加载峰值为 $0.1g \sim 0.3g$ 时筋带加筋效果较好，土体与筋带在地震作用下可能振密，加载峰值在 $0.4g$ 后，土体发生损伤。

④加筋土挡墙的内部损伤更易从中部开始，向中下部逐渐发展，挡墙中部区域比下部区域危险，筋带更易失效。同时潜在破裂面大于规范上 $0.3H$ 折线区域，为保证安全，可适当增大加筋长度。

第 5 章　支挡结构的性能设计和分析方法

支挡结构的位移计算方法可分为拟静力分析、简化动力分析和动力分析三大类，这三类分析结果的精确度依次提高，对应的抗震分析等级也依次提高。

5.1　重力式挡墙设计和分析方法

5.1.1　土压力计算方法

(1) Mononobe-Okabe(M-O)方法

Mononobe-Okabe(M-O)方法是基于库仑定理的拟静力扩展方法，是一种较为简单的近似方法。多数情况下，墙后填土材料布局并不是规则图形，因此针对 M-O 等式，需根据墙后不规则土体形状做出相应的调整。但这种方法不适应于地震作用引起砂土液化，从而使得土体强度降低的情况。

M-O 方法的基本假设包括：

①地震土压力是由墙背及通过墙踵的破裂面构成的土楔体产生的。

②整个地震过程中，土楔体具有相同的加速度。

③滑动面上土的应力满足莫尔—库仑屈服准则。

④滑动面塑性屈服之前的应力、应变状态对土楔体的极限平衡无影响。

⑤墙后填土为干的、非黏性的、均质的刚塑性材料。

⑥变形超过主动状态后，滑动面上的应力保持不变。

⑦墙背和填土接触面产生屈服。

M-O 理论土楔体的受力示意图如图 5-1 所示。

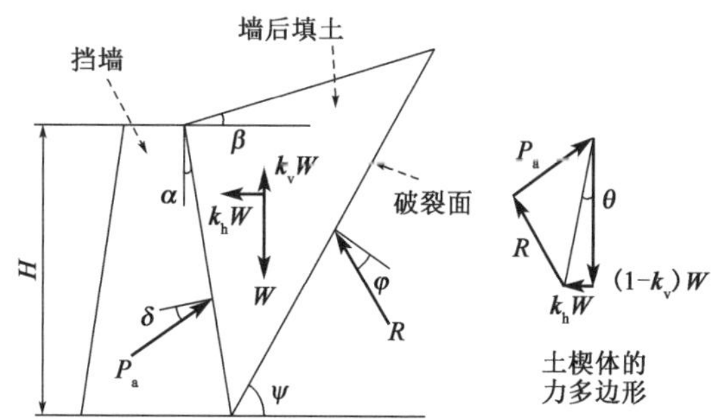

图 5-1　M-O 理论土楔体的受力示意图(W 为土楔体质量，ψ 为滑面线与水平面的夹角)

墙背主动土压力：

$$P_a = \frac{1}{2}(1 - k_v) K_{AE} \gamma H^2 \tag{5-1}$$

墙背被动土压力：

$$P_p = \frac{1}{2}(1 - k_v) K_{PE} \gamma H^2 \tag{5-2}$$

地震主动土压力系数：

$$K_{AE} = \frac{\cos^2(\varphi - \alpha - \theta)}{\cos\theta \cos^2\alpha \cos(\alpha + \delta + \theta)\left[1 + \sqrt{\dfrac{\sin(\varphi + \delta)\sin(\varphi - \beta - \theta)}{\cos(\alpha + \delta + \theta)\cos(\alpha - \beta)}}\right]^2} \tag{5-3}$$

地震被动土压力系数：

$$K_{PE} = \frac{\cos^2(\varphi + \alpha - \theta)}{\cos\theta \cos^2\alpha \cos(\delta + \theta - \alpha)\left[1 + \sqrt{\dfrac{\sin(\varphi + \delta)\sin(\varphi + \beta - \theta)}{\cos(\delta + \theta - \alpha)\cos(\alpha - \beta)}}\right]^2} \tag{5-4}$$

地震角：

$$\theta = \tan^{-1}\left(\frac{k_h}{1 - k_v}\right) \tag{5-5}$$

式中：H——墙高；

K_{AE}——地震主动土压力系数；

K_{PE}——地震被动土压力系数；

γ——填土重度；

φ——填土内摩擦角；

α——墙背与竖直面的夹角；

β——墙背填土斜面与水平面的夹角；

δ——墙背与填土间摩擦角；

k_h——水平地震系数；

k_v——竖直地震系数（竖向地震加速度方向向上时 k_v 为正号，反之 k_v 为负号）；

θ——地震角，即惯性力与土楔体自重的合力与竖直面的夹角。

（2）Steedman-Zeng（S-Z）方法

M-O 方法考虑了地震作用特性。Steedman-Zeng（S-Z）方法简化考虑了动力响应，尤其是使用动土应力的拟动力方法分析相位差和放大效应，如图 5-2 所示。水平加速度沿墙身呈现“z”形，若墙底部的水平加速度放大系数为 a_h，则有：

$$a(z,t) = a_h - \sin\left[w\left(t - \frac{H - z}{v_s}\right)\right] \tag{5-6}$$

该方法假设墙上应力是由墙后滑块的作用产生，且滑块倾角为 α。若土体重度为 γ，深度 z 处一个薄单元体的质量为：

$$Em(z) = \frac{\gamma(H - z)}{g \cdot \tan\alpha} \mathrm{d}z \tag{5-7}$$

作用于墙上总的惯性力为：

$$Q_h(t) = \int_0^H m(z) \cdot a(z,t)\,dz \tag{5-8}$$

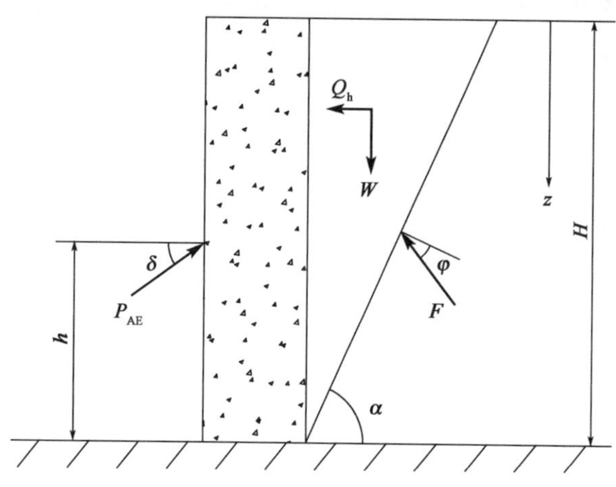

图 5-2 S-Z 法中不考虑水作用的墙体和力

对于刚性土楔体，以上的 $k_h W$ 极限值按照 M-O 法近似考虑。土楔体上总的静、动土反力 P_{AE} 可通过求解以下方程式得到：

$$P_{AE}(t) = \frac{Q_h(t)\cos(\alpha-\varphi) + W\sin(\alpha-\varphi)}{\cos(\delta+\varphi-\alpha)} \tag{5-9}$$

通过对总的土反力积分，可得到总的土压力分布：

$$P_{AE}(t) = \frac{\partial P_{AE}(t)}{\partial z} \tag{5-10}$$

静力下反力合力作用于距基底 $H/3$ 处。积分式表明动土应力根据 H/λ 比值随深度非线性增大。对于低频率运动，H/λ 较小，墙后填土根据相位谱运动，合力作用于距基底 $H/3$ 位置。对于高频运动，合力作用点较高。为考虑墙后填土作用，将 a_h 考虑为深度的函数。

(3) Wood 方法

在工程实际中，墙体并未充分调动土体的抗剪强度，因此并未产生最小主动土压力或最大被动土压力。在坚硬土或岩石上的重力式挡墙结构亦是如此。当均匀、不变的水平加速度作用于整个土体中时，通过弹性解得到挡墙上的应力。对于刚性墙，动反力、倾覆力矩可表达如下：

$$\Delta P_{eq} = \gamma H^2 \frac{a_h}{g} F_p \tag{5-11}$$

$$\Delta M_{eq} = \gamma H^3 \frac{a_h}{g} F_m \tag{5-12}$$

式中：a_h——基底加速度幅值；

F_p——无量纲动反力因子；

F_m——无量纲弯矩因子。

某一高度的动反力为：

$$h_{eq}=\frac{\Delta M_{eq}}{\Delta P_{eq}} \tag{5-13}$$

5.1.2 重力式或桩板式挡墙滑移位移计算经验公式

(1)Newmark 方法

上述 M-O 方法、S-Z 方法和 Wood 方法均是基于力法，利用这些方法可确定作用于重力式或扶壁式挡墙上的应力、力和弯矩，然而极少有方法考虑基于性能的位移计算方法。Newmark 首先将合成的 4 条地震记录进行标准化修正，修正后各地震记录的加速度峰值 $k_m g$ 为0.5g，速度峰值 v_m 为 760mm/s，然后按照 Newmark 滑块理论计算不同地震记录下的墙体位移，并得到一系列标准化位移 d_s 与临界加速度比(k_c/k_m)相对应的散点图，最后将散点图进行数据拟合，得到如下经验公式：

$$d=d_s\frac{0.86v_m}{k_m} \tag{5-14}$$

式中：d——实际挡墙永久位移；

d_s——标准化位移。

(2)Newmark 上限法

Cai 和 Bathurst 按上限法对上述 Newmark 计算得到的标准化位移 d_s 与临界加速度比(k_c/k_m)散点图进行了重新拟合，并考虑了临界加速度比的取值范围，得到如下经验公式：

$$d=3\frac{v_m^2}{k_m g}(k_c/k_m)^{-1} \quad (k_c/k_m<0.16) \tag{5-15}$$

$$d=0.5\frac{v_m^2}{k_m g}(k_c/k_m)^{-2} \quad (k_c/k_m\geqslant 0.16) \tag{5-16}$$

(3)Franklin 和 Chang 上限法

Franklin 和 Chang 从 27 次地震实测记录及 10 条人工合成地震记录中选择了 169 条地震记录，首先将所选地震记录按照场地条件、标准化位移进行分类，在已知临界加速度的情况下，根据 Newmark 理论计算得到滑块体的最大标准位移，最后得到了一系列最大标准位移曲线，但并未提出具体的计算公式。

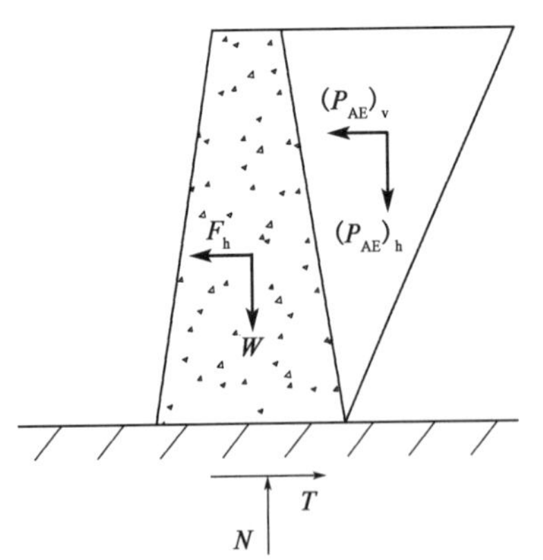

图 5-3　重力式挡墙承受重力和拟静力加速度

(4)Richard 和 Elms 上限法

Richard 和 Elms 上限法由 Newmark 滑块定理类推得到，以确定地震下滑坡的稳定性。该方法假设挡墙为刚性，施加了由挡墙重力引起的惯性力；只考虑挡墙的滑动位移，墙背填土不含水；当水平地震加速度超过临界加速度时，墙体开始运动，直至挡墙速度和加速度反向；墙背破坏土楔体如同刚性体随挡墙运动。

重力式挡墙在地震作用下产生的惯性力和反力如图 5-3所示。破坏加速度定义为使墙滑动的初始加速度，因此需满足如下关系式：

$$T = F_{\mathrm{h}} + (P_{\mathrm{AE}})_{\mathrm{h}}$$

$$N = W + (P_{\mathrm{AE}})_{\mathrm{v}}$$

Richard 和 Elms 上限法中假设 P_{AE} 与 M-O 法中的 P_{AE} 相同。永久滑块位移的表达式如下：

$$d = 0.087\frac{v_{\mathrm{m}}^2}{k_{\mathrm{m}}g}\left(\frac{k_{\mathrm{c}}}{k_{\mathrm{m}}}\right)^{-4} \tag{5-17}$$

由于 Richard 和 Elms 上限法是在 Franklin 和 Chang 最大标准化位移曲线的基础上拟合得到的，因此该方法明显偏于保守。

(5) Whitman 和 Liao 均值拟合法

Richard 和 Elms 均值拟合法忽略了墙背填土的动力响应，也忽略了运动因子、倾斜效应和竖向加速度，当挡墙与墙后填土的地震响应频率特性一致时，将出现大的加速度响应幅值。考虑竖向加速度后，位移将略微增大。考虑上述因素，Whitman 和 Liao 发现永久位移呈对数正态分布，均值为：

$$d = 37\frac{v_{\mathrm{m}}^2}{k_{\mathrm{m}}g}\exp\left(-9.4\frac{k_{\mathrm{c}}}{k_{\mathrm{m}}}\right) \tag{5-18}$$

(6) Cai 和 Bathrust 上限平均法

为避免 Richard 和 Elms 上限法的过分保守及 Whitman 和 Liao 均值法产生过低位移估算概率，Cai 和 Bathrust 重新对 Franklin 和 Chang 上限法的最大标准化位移曲线进行了回归分析，得到如下经验公式：

$$d = 35\frac{v_{\mathrm{m}}^2}{k_{\mathrm{m}}g}\exp\left(-6.91\frac{k_{\mathrm{c}}}{k_{\mathrm{m}}}\right)\left(\frac{k_{\mathrm{c}}}{k_{\mathrm{m}}}\right)^{-0.38} \tag{5-19}$$

(7) Sarma 方法

Sarma 提出用矩形波、三角形波及半正弦波脉冲来模拟地震波加速度时程，上述脉冲具有以下特点：①与真实的地震波加速度时程具有相同的幅值；②持续时间等于真实地震波卓越周期的一半。

Sarma 首次提出用无量纲量 $\frac{4d}{\alpha k_{\mathrm{m}} gT^2}$ 来衡量地震下挡墙的滑移位移，式中 $\alpha = \cos\varphi/\cos(\psi - \theta - \varphi)$ 为滑块体几何形状常量，ψ 为墙背土体破裂面与水平地面的夹角，θ 为地震角，φ 为墙背填土内摩擦角；T 为场地卓越周期。Sarma 分别选择了 4 条地震记录及 5 个核爆气流记录，根据 Newmark 方法计算得到了一系列 $\frac{4d}{\alpha k_{\mathrm{m}} gT^2}$ 与临界加速度比对应的散点图，但未提出位移计算经验公式。

(8) Cai 和 Bathrust 均值拟合法、线性拟合法

Cai 和 Bathrust 证实，Sarma 提出的周期性脉冲均不能确切地反映真实的地震波特性，为此，Cai 和 Bathrust 对 Sarma 得到的散点图进行了线性回归分析，得到以下两个对数线性经验表达式：

均值拟合法：

$$\lg\left(\frac{4d}{\alpha k_{\mathrm{m}} g T^2}\right)=0.85-3.91\left(\frac{k_{\mathrm{c}}}{k_{\mathrm{m}}}\right) \qquad (50\%\text{的超越概率}) \tag{5-20}$$

线性拟合法：

$$\lg\left(\frac{4d}{\alpha k_{\mathrm{m}} g T^2}\right)=1.0-3.86\left(\frac{k_{\mathrm{c}}}{k_{\mathrm{m}}}\right) \qquad (5\%\text{的超越概率}) \tag{5-21}$$

5.1.3 重力式挡墙 Newmark 滑块分析方法

估算挡墙震后位移一直是岩土工程抗震领域的核心问题，过大的墙体位移不仅导致挡墙本身的破坏，也给邻近的建筑物造成很大的影响。振动台模型试验显示，在地震作用下，挡墙的位移模式受多重因素影响，例如，墙体几何形状、地震烈度、地震波特性、地基条件、墙后填土坡脚等。本节将在总结已有挡墙位移计算理论及试验的基础上，首先建立滑移模式、转动模式下的墙体位移计算模型，并给出滑移与转动耦合位移模式下墙体位移的简化计算方法；然后使用经验公式计算不同地震烈度下模型挡墙的滑移位移，并与已有振动台模型试验结果进行比较分析；最终确定估算地震引起的挡墙滑移位移的计算方法，该方法属于简化动力分析法。

(1)滑移位移模型

地震作用下大部分挡墙位移计算法都基于 Newmark 滑块理论。为估算坝体由地震引起的位移，Newmark 在 1965 年的朗金讲座上提出了著名的滑块模型，如图 5-4 所示。Newmark 认为土楔体存在一个临界加速度 $k_{\mathrm{c}}g$，当地震动加速度 $k_{\mathrm{m}}g$ 超过土体临界加速度时，土楔体将产生相对位移，当地震动速度与土楔体速度相同时，相对位移停止，土楔体震后位移为一系列滑移量的累积。在给定的地震动加速度下，按照 Newmark 滑块模型计算挡墙滑移位移时，首先应计算挡墙的滑动临界加速度，然后分别对加速度时程中大于临界加速度的部分及小于临界加速度的部分(直至墙体与地面无相对运动)进行两次积分，得到墙体滑移累积位移。图 5-5 为重力式挡墙滑移位移模型受力示意图，当墙体在地震作用下抗滑安全系数等于 1 时，即可求得挡墙的滑动临界加速度 $k_{\mathrm{c}}g$。图 5-5 中，墙高为 H，基底宽度为 B，墙背倾角为 β，墙体重力为 W；P_{AE} 为墙背地震土压力，按 M-O 公式计算(地震角按临界加速度系数 k_{c} 计算)，合力作用点距墙踵为 h；基底填土内摩擦角为 δ_{b}，墙背摩擦角为 δ，填土坡脚为 i，根据受力平衡可知：

$$k_{\mathrm{c}}W+P_{\mathrm{AE}}\cos(\delta+\beta)=[W+P_{\mathrm{AE}}\sin(\delta+\beta)]\tan\delta_{\mathrm{b}} \tag{5-22}$$

经数值迭代，可求得临界加速度系数 k_{c}。

(2)转动位移模型

重力式挡墙转动位移估算模型以 Zeng 和 Steedman 提出的转动块理论及 Newmark 滑块理论为基础，并存在以下 5 点假设条件：

①墙体和基底具备足够刚性，墙体以墙趾为转动中心旋转。

②墙背为理想刚塑性填料，在地震作用下，墙体填料可与墙体一起运动(保守假设墙体不能克服被动土压力向墙后土体方向旋转)。

③为简化计算，忽略竖向加速度的作用。

④墙体转角较小,可忽略墙体转动导致的质心坐标及墙背土压力作用点的变化。

⑤墙后填料及基底填土均为干填料,不考虑地震水压力的作用。

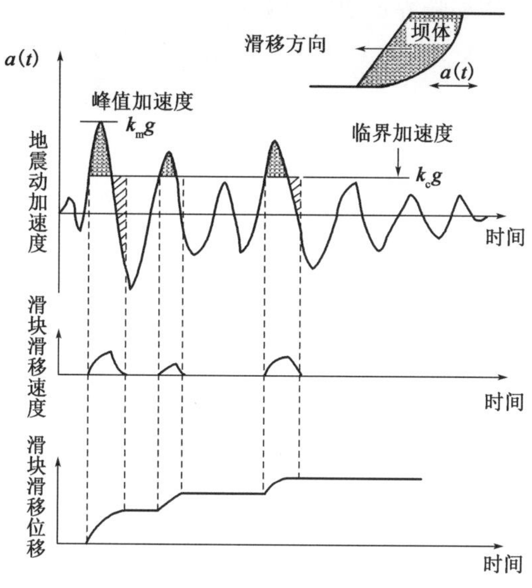

图 5-4　Newmark 滑块理论示意图

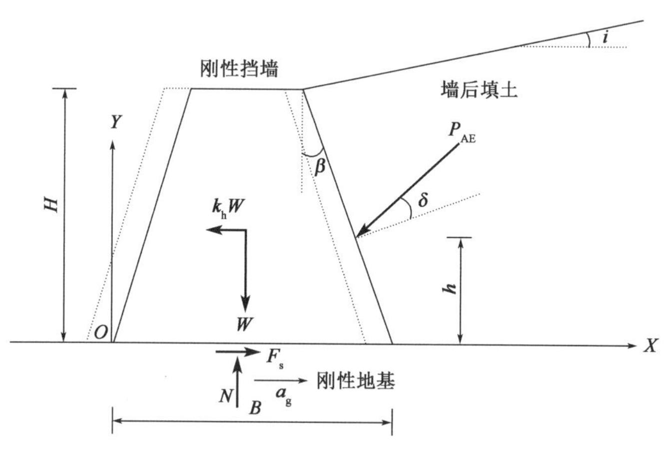

图 5-5　重力式挡墙滑移模型受力图

与 Newmark 滑块理论相似,Zeng 和 Steedman 提出墙体转动临界加速度 $k_r g$ 的概念,对于任意给定的地震动加速度时程,如果地震动峰值加速度超过滑动临界加速度但没有超过转动临界加速度,墙体仅发生滑动,滑移位移按 Newmark 滑块模型进行计算;如果地震动峰值加速度超过转动临界加速度但没有超过滑动临界加速度,墙体发生以墙趾为旋转中心的转动,墙体底面相对基底产生转角,一旦地震动加速度小于转动临界加速度,墙体将产生抵抗墙体转动的恢复力和力矩,使墙体转动速度减小,直至墙体相对基底的转速为 0,墙体总位移为一系列转角的累加。图 5-6 为重力式挡墙转动位移模型受力示意图,当墙体在地震作用下抗倾覆安全系数等于 1 时,即可求得挡墙的滑动临界加速度 $k_r g$。图 5-6 中,墙趾为墙体转动中心,并以其为坐标原点建立平面直角坐标系,质心转动半径为 r_c,角加速度为 α,地震动加速度为 a_g,质心加速度分别为$(a_c)_y$、$(a_c)_x$；P_{AE}为地震土压力，按 M-O 公式计算。本书给出的墙体转动时的位移计算步骤如下：

①由数值迭代求解墙体转动临界加速度系数 k_r。

$$[k_r W y_c + P_{AE}\cos(\delta+\beta)h] = Wx_c + P_{AE}\sin(\delta+\beta)\times(B - h\tan\beta) \tag{5-23}$$

②计算墙体角加速度 α。

对墙趾 O 求矩：

$$\sum M_o = -y_c(W/g)(a_c)_x + x_c(W/g)(a_c)_y + I_c\alpha \tag{5-24}$$

质心加速度：

$$a_c = a_g + a\times r_c - \omega^2 r_c \tag{5-25}$$

质心加速度分量：

$$\left.\begin{aligned}(a_c)_x &= a_g - \alpha y_c - \omega^2 x_c\\ (a_c)_y &= \alpha x_c - \omega^2 y_c\end{aligned}\right\} \tag{5-26}$$

将式(5-26)代入式(5-24)，由力矩平衡原理可知：

$$\begin{aligned}&P_{AE}\cos(\delta+\beta)\times h - W\times x_c - P_{AE}\sin(\delta+\beta)(B-h\tan\beta)\\ &=(W/g)r_c^2\,\alpha - (W/g)a_g y_c + I_c\,\alpha\end{aligned} \tag{5-27}$$

根据式(5-27)可求得墙体转动角加速度：

$$\begin{aligned}\alpha = {} & P_{AE}\cos(\delta+\beta)\times h + (W/g)a_g\times y_c - W\times x_c - P_{AE}\sin(\delta+\beta)\times\\ & (B-h\tan\beta)/[I_c + (W/g)r_c^2]\end{aligned} \tag{5-28}$$

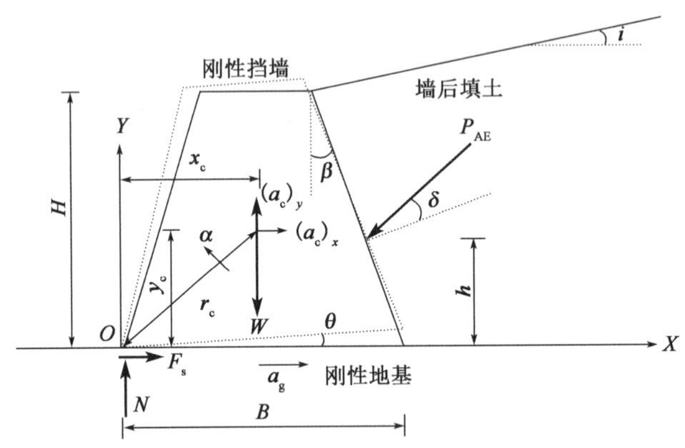

图 5-6　重力式挡墙转动模型受力图

与滑移位移模型墙背土压力计算方法不同，转动位移模型地震土压力 P_{AE} 按地震动加速度系数 k_h 而不是转动临界加速度系数 k_r 计算。在滑移模型中，墙背滑动土楔体与墙体一起运动，因此使用滑动临界加速度计算墙体滑移时墙背的土压力是可取的。在转动模型中，转动临界加速度并不能代表墙后土楔体上任意一点的加速度，例如，墙踵处土体加速度与地震动加速度相等，墙踵以上土体任意一点的加速度与其位于等高度的墙体加速度相同，可见墙后土楔体的各点加速度并非是一致的，为了简化计算，假设其与地震动加速度 $k_h g$ 相同。

(3)滑移与转动耦合的位移模型

结合 Newmark 滑移模型及 Zeng 和 Steedman 转动模型,当地震动加速度既超过滑动临界加速度又超过转动临界加速度时,墙体将同时发生滑移和转动,位移模式为滑移与转动的耦合,墙体位移为滑移位移与转动位移的总和。为简化计算,估算这种情况下的墙体位移时,可按 Newmark 滑移模型及 Zeng 和 Steedman 转动模型分别计算滑移位移及墙体转角,然后将二者计算结果进行叠加。

5.2　桩板式抗滑挡墙设计和分析方法

桩板式抗滑挡墙利用拟静力法计算滑移位移见第 5.1.2 小节,也可利用 Pushover 能力谱法(属于简化动力分析法)对桩板式抗滑挡墙进行性能设计和分析,具体内容详见第 5.2.1 小节。

桩板式抗滑挡墙的 Pushover 能力谱法如下介绍。

1)Pushover 能力谱法原理

评估结构抗震性能最可靠的方法是非线性时程分析,但该法计算量大、结果繁杂,且地震动输入参数及其恢复力模型具有不确定性,导致其使用受限。相比之下,Pushover 能力谱法既考虑了计算的简便性,又兼顾构件弹塑性性能,是结构抗震设计的研究热点,并已正式被日本公路桥抗震设计规范、ATC-40、FEMA356 等采用。Atsushi 等在 2004 年利用 Kobe 地震震害调查结果对码头桩支护结构进行了初步的 Pushover 分析。但是,由于土—结构相互作用的复杂性,致使能力谱法在这类问题中的应用较少,仅有的研究也大多集中在桩基—土—结构的相互作用方面,对于侧向受荷的桩板式抗滑挡墙的研究未见报道。作为“高”“轻”化的桩板墙,属于柔性悬臂支挡结构,具备借鉴建筑结构进行能力谱抗震设计的条件,因此,本书以此为契机开展能力谱法在桩板墙的应用研究。

Pushover 分析就是一种基于位移的静力弹塑性结构抗震评估方法,在 1975 年由 Freeman 首次提出,并与地震反应谱结合,发展成为能力谱法。该方法能够利用结构能力曲线和需求谱曲线的图形对比,直观地评价结构在地震下的表现。1999 年 Fajfar 对能力谱法在基于力的抗震设计及基于位移的抗震设计中的应用进行了介绍;2001 年 Xue 采用能力谱法推导的公式以及 Newmark 和 Hall 提出的非弹性反应谱建立了单自由度体系基于位移的抗震设计步骤,并利用多自由度体系与单自由度体系的等效关系,将其推广到了多自由度结构的抗震设计。2002 年赵冠远等利用《公路工程抗震设计规范》(JTJ 004—1989)中的加速度反应谱获得了地震需求曲线,建立了基于能力谱法的位移抗震设计方法,并给出了单自由度桥墩的设计过程。能力谱法经国内外广大学者研究已日趋成熟,为两水准抗震设计规程所采用,在美国 ATC-33、ATC-40 规范中也引入了能力谱法。

Pushover 能力谱法的主要原理是:在考虑自重作用的同时,沿结构高度方向施加一组近似反映地震作用下结构惯性力分布特征的侧向荷载,每施加一级侧向力增量时,检验构件是否屈服形成塑性铰,若是,则更改有效刚度矩阵,计算不平衡力,然后再施加侧向力增量,重复上述步骤,迫使结构经历诸如保护层混凝土开裂、纵向钢筋屈服直到极限倒塌等各个状态,得到各个状态下结构的内力、承载力及变形特性,即得到 Pushover 曲线。单纯的 Pushover 分析只能得

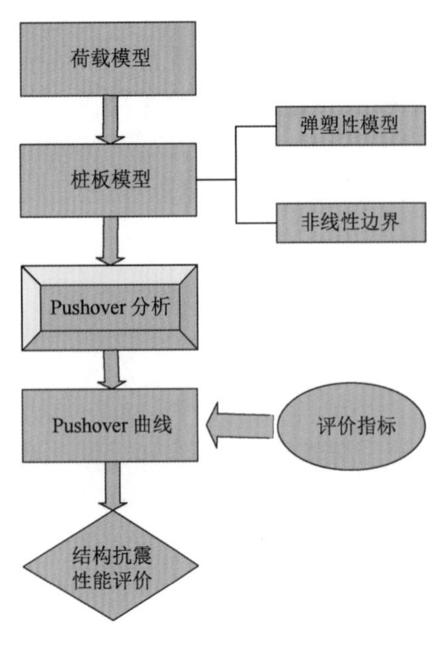

图 5-7　结构抗震性能评价流程

到结构的力—位移曲线,无法直接得到结构在强烈地震动作用下的位移反应,还需要与弹性或非弹性反应谱结合,以确定结构在特定地面运动下的目标位移反应值。折减后的弹塑性需求谱和能力谱的交点称为性能点,该点代表建筑物所能承受的最大位移及地震强度。结构地震性能评价流程如图 5-7 所示。

具体实施步骤为:

(1)由 Pushover 分析得到基底剪力 V_b-顶点位移 δ 曲线,经等效转换为谱加速度 S_a-谱位移 S_d 能力曲线,转换公式见式(5-29)。

$$\left.\begin{aligned} S_a &= \frac{V_b}{M_1^*} \\ S_d &= \frac{\delta_n}{\gamma_1 X_{nl}} \end{aligned}\right\} \tag{5-29}$$

式中:γ_1、M_1^*——结构第一振型参与系数和广义质量,按式(5-30)计算。

$$\left.\begin{aligned} \gamma_1 &= \frac{\sum_{i=1}^{n}(m_i X_{i1})}{\sum_{i=1}^{n}(m_i X_{i1}^2)} \\ M_1^* &= \frac{\left[\sum_{i=1}^{n}(m_i X_{i1})\right]^2}{\sum_{i=1}^{n}(m_i X_{i1}^2)} \end{aligned}\right\} \tag{5-30}$$

式中:m_i——结构第 i 层质点的质量;

X_{i1}——第一振型下第 i 层质点的振幅;

n——质点数。

(2)建立需求谱曲线。需求谱分为弹性需求谱和弹塑性需求谱两种。对于弹性需求谱,我国建筑、公路和铁路等方面的抗震设计规范已经给出了弹性加速度设计反应谱曲线。根据弹性体系动力方程,在阻尼不是很大的情况下(阻尼比为 5%),位移反应谱值 S_d 可近似由加速度值 S_a 按式(5-31)确定。

$$S_d = \left(\frac{T}{2\pi}\right)^2 S_a \tag{5-31}$$

式中:T——结构周期。

通过式(5-31)得到 S_a-S_d 关系曲线,即为 A-D 格式的需求谱曲线。通过考虑等效阻尼比 ξ_{eq},建立强度折减系数 R 与延性系数 μ 的关系,对弹性需求谱进行折减,得到弹塑性需求谱。

(3)将能力曲线和需求谱曲线在同一加速度—位移坐标系中绘出,则能力曲线与相应阻尼比或延性系数的需求谱曲线的交点即为地震反应点,若能力曲线的极限点大于该地震反应点,则认为结构的抗震性能满足要求,如图 5-8 所示。

2)Pushover 能力谱法在桩板式抗滑挡墙性能设计中的应用

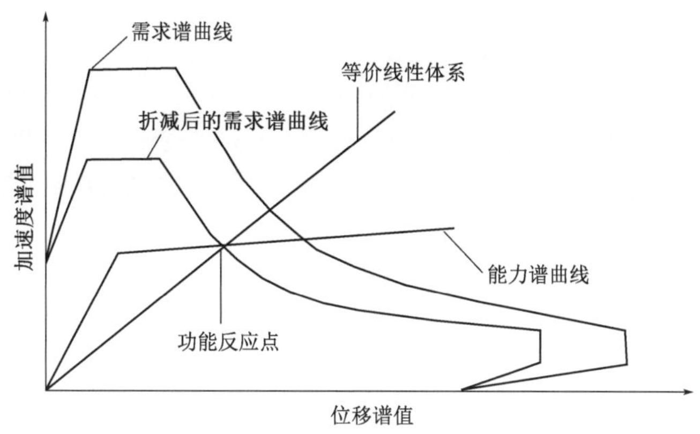

图 5-8 性能点确定

Pushover 能力谱法可用于桩板式抗滑挡墙基于性能的抗震设计分析中。在桩板式抗滑挡墙的 Pushover 分析中,地震惯性力(地震下的滑坡推力或库仑土压力)作用于桩板的集中质量点上,以嵌岩桩板式抗滑挡墙为例,嵌固段刚度较大,结构变形以悬臂段挠曲变形为主,首先将滑坡推力以一定分布模式作用于悬臂段上,嵌固段按弹簧处理,将弹簧设定为只能压缩不能拉伸,如图 5-9 所示。其中,地震情况下滑坡推力的计算见文献[63]。

为简化说明问题,取桩嵌岩部分不发生变位的工况进行研究,此时,桩身简化为固定端悬臂杆件,如图 5-10 所示。

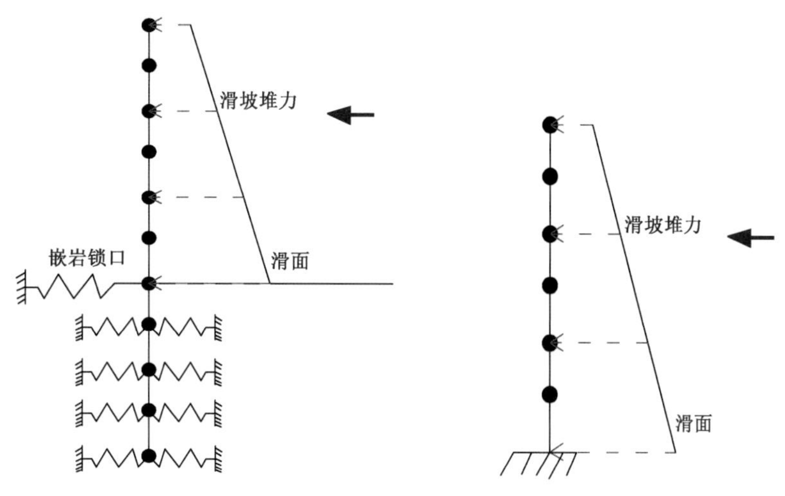

图 5-9 嵌岩桩板墙恢复力模型　　图 5-10 桩板墙悬臂段恢复力模型

对上述简化模型进行 Pushover 分析,得到基底剪力 V_b-顶点位移 δ 曲线,然后将 V_b-δ 曲线转换成等效单自由度体系的谱加速度—谱位移曲线(A-D 格式),同时将其折线化,即得到能力谱。

由于土—结构相互作用体系的复杂性,假设桩悬臂段与桩后土体的相互作用对桩顶反应谱曲线影响不大,从简便实用的角度出发,采用《公路工程抗震设计规范》(JTG B02—2013)中的设计反应谱作为需求谱,将能力谱与需求谱置于同一坐标系内,通过迭代运算得到满足收敛准则的两曲线交点的坐标,即等效单自由度体系目标位移与目标加速度,并可将其转化为原结构的目标位移和基底剪力，同时也可以得到对应于该坐标点的结构等效阻尼比及延性系数。依据这些指标可以对结构设防烈度下的抗震性能进行评价，并且由于是基于我国抗震规范进行的分析，评价的结果也自然满足我国规范的相关要求，具有很强的指导意义。

Pushover 分析方法不是新方法，但是它在基于性能的抗震设计理论和方法中受到很大的关注，它是实现基于性能的抗震设计的关键之一，然而，单纯的 Pushover 方法不能完成结构在某一特定地震作用下的设计，它必须首先与其他方法结合，求得结构在设计地震作用下的结构目标位移，才能对设计地震作用下结构的抗震能力进行具体评估。

5.3 加筋土挡墙设计和分析方法

5.3.1 加筋土挡墙位移计算的经验公式

Newmark 滑块理论已被广泛用于建立永久位移值和输入地震参数之间的经验公式。临界加速度比，即滑块加速度临界值($k_c g$)与地震水平向加速度峰值($k_m g$)之比，是影响永久位移峰值的重要参数。因而，通过 Newmark 理论计算潜在滑动土块的位移，与临界加速度比(k_c/k_m)和其他地震典型参数，如场地面加速度峰值($k_m g$)、地面速度峰值(v_m)、加速度谱的卓越周期(T)相关。笔者总结了一些已有无量纲位移的计算方法，这些方法采用场地加速度峰值($k_m g$)和场地速度峰值(v_m)作为参数。这些方法给出了无量纲位移 $d/(v_m^2/k_m g)$ 和临界加速度比(k_c/k_m)的相关关系，如图 5-11 所示，计算方法如下：

(1) Newmark 法

①上限值

$$\left.\begin{aligned} d &= 3\frac{v_m^2}{k_m g}\left(\frac{k_c}{k_m}\right)^{-1} \quad \left(\frac{k_c}{k_m}\right) < 0.16 \\ d &= 0.5\frac{v_m^2}{k_m g}\left(1-\frac{k_c}{k_m}\right)\left(\frac{k_c}{k_m}\right)^{-2} \quad \left(\frac{k_c}{k_m}\right) < 0.16 \end{aligned}\right\} \tag{5-32}$$

②平均值

$$d = 9.2\frac{v_m^2}{k_m g}\exp\left(-5.87\frac{k_c}{k_m}\right)\left(\frac{k_c}{k_m}\right)^{-0.49} \tag{5-33}$$

(2) Richards 和 Elms 上限法

$$d = 0.087\frac{v_m^2}{k_m g}\left(\frac{k_c}{k_m}\right)^{-4} \tag{5-34}$$

(3) Whitman 和 Liao 均值法

$$d = 37\frac{v_m^2}{k_m g}\exp\left(-9.4\frac{k_c}{k_m}\right) \tag{5-35}$$

(4) Cai 和 Bathurst 上限平均法

$$d = 35\frac{v_m^2}{k_m g}\exp\left(-6.91\frac{k_c}{k_m}\right)\left(\frac{k_c}{k_m}\right)^{-0.38} \tag{5-36}$$

上述式中：d——计算得到的永久位移。

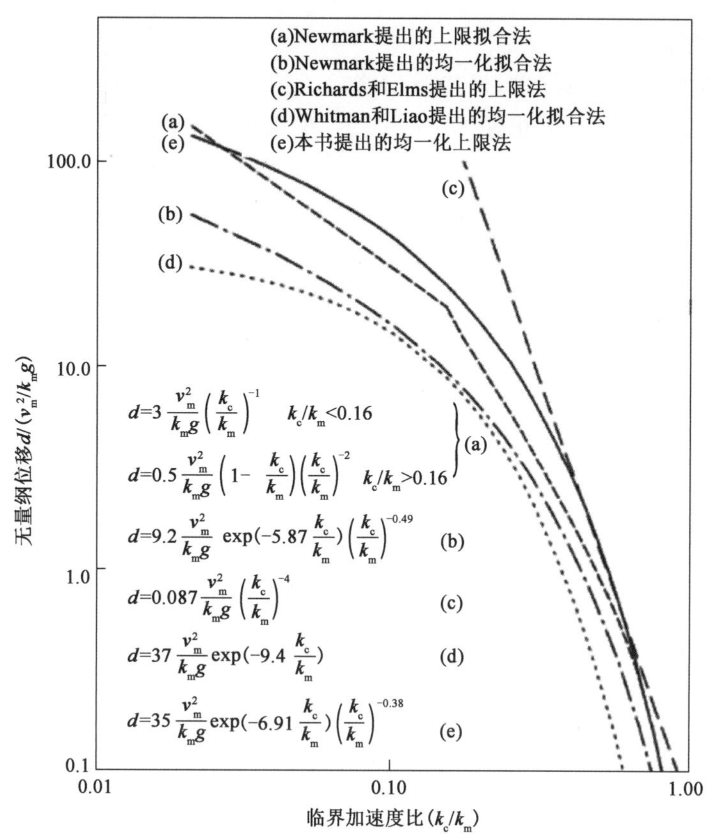

图 5-11　无量纲位移[$d/(v_m^2/k_m g)$]和临界加速度比(k_c/k_m)之间的关系

在图 5-11 中，基于不同地震数据，得到 3 条上限位移曲线[(a)，(c)，(e)]和 2 条平均位移曲线[(b)，(d)]。需指出的是，这些方法基于不同的地震数据，经验方法选择不同，预测值差异很大，故应通过仔细评估地震记录和场地条件而选择合适的计算方法。另外值得注意的是，每一种方法的永久位移值仅为同一数量级的估计值，而非精确预测值，这些方法对于工程判断有着十分重要的作用。

Callisto 和 Soccodato 假定加筋土挡墙永久位移 d 是土体强度的连续发挥，与临界加速度系数和加速度系数之比(k_c/k_m)相关，这与 Newmark 位移法思路类似。

通过分析临近挡墙顶面的场地表面加速度，得到峰值加速度 a_{max}。这些结果通过指数函数内插得到，指数函数为：

$$d = X \cdot \exp\left(Y\frac{k_c}{k_m}\right) \tag{5-37}$$

当取 $X=0.690$m，$Y=-5.786$m 时，最大加速度可通过二维数值计算得到。

当取 $X=0.570$m，$Y=-3.189$m 时，加速度响应峰值通过一维等量线性场地响应分析，使用 EERA 程序计算得到。

5.3.2 加筋土挡墙位移简化分析方法

1)Newmark 二重积分法

加筋土挡墙的滑移位移计算方法与重力式挡墙的计算方法一致,故此处只作简单介绍。大部分基于位移的设计方法均是根据 Newmark 提出的滑块理论建立的。根据该理论,地震作用下将潜在滑动土块视作刚塑性整体。当作用于土体上的地震作用超过了潜在滑动面上的抗力时(叠加上已存在的静荷载),将产生永久位移,相应地震加速度为滑动土体上的临界加速度。

对于给定的地震记录,对加速度时程进行二次积分得到滑动土体的累积永久位移,临界加速度作为基准数据,该计算步骤如图 5-12 所示,其中 g 为重力加速度,$a(t)$ 为场地水平加速度与时间 t 的函数,$a_m=k_m g$(其中 k_m 为水平向加速度峰值系数)为 $a(t)$ 的峰值,$a_c=k_c g$ 为滑块水平向临界加速度。对于给定的加速度时程曲线和已知滑块的临界加速度情况,通过对加速度大于临界加速度部分积分,以及对加速度小于临界加速度、滑体和基体的相对速度减小至零部分的积分,得到地震引起的位移。

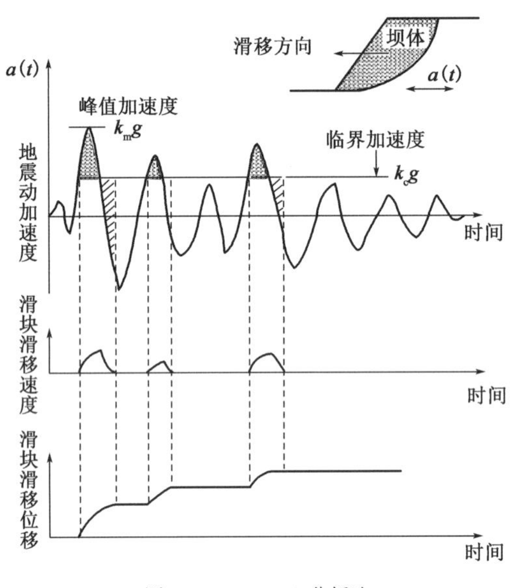

图 5-12 Newmark 分析法

2)直接剪切位移简化计算方法

(1)复合稳定性分析

加筋层产生的抗拉力,依赖于加筋层锚入稳定土层的长度。在锚拉分析中,潜在滑动面出现在最外面的对数螺旋破坏面,潜在滑动面或超出锚拉长度,或在有限锚拉长度以内,并未发挥出足够的加筋力,因而也没有提供足够的稳定性。

在锚拉分析中,加筋层 1 ~ m 的长度均设计为超出最外侧的对数螺旋破坏面,因而它们的允许抗拉强度可充分发挥(图 5-13)。基于 m 层筋条的 $t_{j\text{-allowable}}$,分析传统对数螺旋滑面的稳定性,计算实际安全系数。若计算安全系数大于所需的安全系数,可缩短第 m 层的筋条,然后重新计算安全系数,再检查其是否与设计值一致。若其偏小,增大 m 层的长度使其穿过潜在的对数螺旋滑面,且计算的安全系数恰好等于最小值[式(5-38)和图 5-13]。在图 5-13 中,D 点表示满足要求的最小筋条长度。对于第 $m-1$ 层到第 1 层筋条,也重复同样的步骤,确定所需的最小筋条长度,如图 5-13 中 *DEFGH*。对于出现在坡趾之上的潜在滑面,开展相似的滑坡稳定性分析。若有必要,增大之前计算的最小筋条长度,以满足安全系数要求。

$$\varphi = \tan^{-1}\left(\frac{\tan\varphi_a}{F_s}\right) \tag{5-38}$$

式中:φ——土体设计内摩擦角;

φ_a——土体可用内摩擦角;

F_s——安全系数。

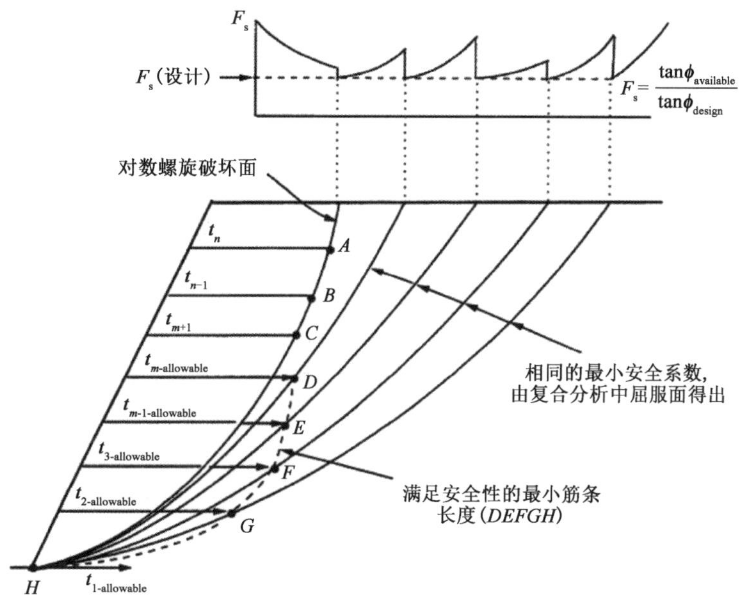

图 5-13 复合破坏分析

在实际中,筋条的允许强度应大于或等于锚拉分析值。既然大部分筋条层的允许拉筋强度大于所需值,由锚拉分析确定所需拉筋强度时,总的可用抗拉强度应大于保持最外侧滑面整体稳定的力,即在整体分析中,不需考虑 $m+1$ 到 n 层的拉筋。也即,m 可从下式近似得到:

$$\sum_{j=1}^{m} t_{j\text{-allowable}} \geqslant \sum_{j=1}^{n} t_j \tag{5-39}$$

式中:m——最小筋条数目,位于边坡底部,在复合分析中发挥出全部的强度,以维持边坡的整体稳定性;

t_j——加筋层 j 所需的抗拉力($t_{j\text{-allowable}}$或者 $t_{j\text{-tieback}}$)。

(2)筋条长度和抗力

当沿着筋条的抗力等于推力 $P\cos\delta + C_{sB}W_B$ 时,可得到抵抗直接剪切滑动的筋条长度 l_{ds},即:

$$(P\sin\delta + W_B)C_{ds}\tan\varphi = C_{sB}W_B + P\cos\delta \tag{5-40}$$

$$P = W_A\frac{\tan(\varphi-\theta) - C_{sA}}{\sin\delta\tan(\varphi-\theta) - \cos\delta} \tag{5-41}$$

式中：C_{ds}——土—筋条之间的滑动系数。

每一个加筋层的锚固长度 $l_{e,j}$ 可按下式计算：

$$l_{e,j}=\frac{t_j}{2C_i\ \sigma_{v,j}\tan\varphi} \tag{5-42}$$

式中：t_j——加筋层 j 所需的抗拉力（$t_{j\text{-allowable}}$ 或者 $t_{j\text{-tieback}}$）；

$\sigma_{v,j}$——该层作用于锚固部分的上覆压力；

C_i——土—拉筋拔出系数，通过试验得出其取值为 0.7 ~ 1.0。

注意等式(5-42)中包含土体内摩擦角设计值 φ。

拟静力法表明，大地震作用下，需采用长的拉筋以抵抗直接滑动破坏。然而间隙限值条件或者开挖费用使得安装过长的拉筋不现实。在这样的环境下，采用容许地震位移，如 C_s 以抵抗直接滑动。容许地震位移小于期望的最大地震加速度。注意当涉及加筋层的破损时结构依然根据最大加速度设计，以抵抗拉筋破坏或复合破坏。

(3)屈服加速度和永久位移

加筋土作为刚塑性块，当加速度超过引起位移的屈服加速度时，就会产生位移。抗滑安全系数小于边坡整体安全系数。假设反向屈服加速度足够大，反向加速度并不影响永久位移。

当超过屈服加速度时，也即 $C_s>C_{sy}$，多余的力使得加筋土块存在向外的水平运动。建立滑块 B 上的下滑力和阻滑力的等式，得到抗滑屈服地震系数（图 5-14）：

$$C_{sy}=\frac{\tan(\varphi-\theta)\left[W_A-C_{ds}(W_A+W_B)\tan\delta\tan\varphi\right]+C_{ds}W_B\tan\varphi}{W_A+W_B-\tan\delta\left[W_B\tan(\varphi-\theta)+C_{ds}W_A\tan\varphi\right]} \tag{5-43}$$

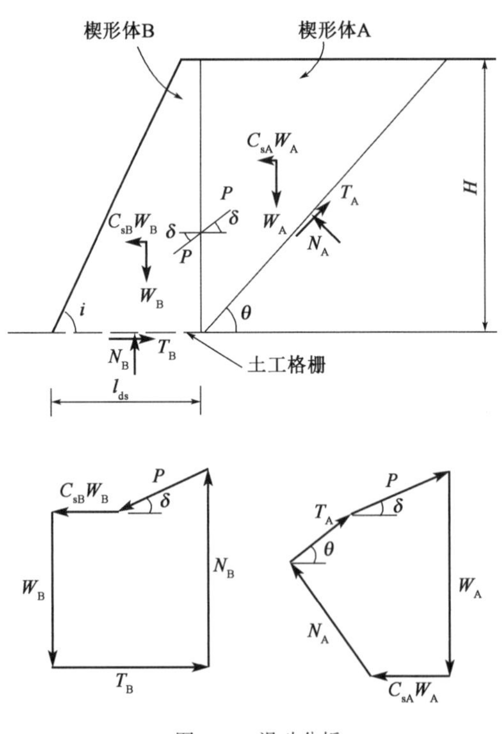

图 5-14 滑动分析

不考虑阻尼和刚度,相对加速度 $\ddot{x}$ 等于地震加速度和屈服加速度的差值:

$$\ddot{x}=(C_s-C_{sy})g \tag{5-44}$$

在设计中,需使用典型场地的任意地震运动。使用任意场地时,应选择合适的频率和持时激励,如正弦波。基于地震系数峰值 C_{so},对加速度峰值进行归一化处理,而地震系数 C_s 随时间变化代表不同的设计值。

水平位移 x 通过对式(5-44)进行两次积分而得到。对于任意运动,这可以通过数值方法计算。激励时间划分为一系列小的时间段 Δt。在时间间隔 t 到 $t+\Delta t$ 中,假设加速度随时间线性变化。时间步 $t+\Delta t$ 的速度和位移与前一个时间步 t 的速度和位移的关系式可表示为:

$$\dot{x}_{t+\Delta t}=\dot{x}_t+\frac{(\ddot{x}_t+\ddot{x}_{t+\Delta t})\Delta t}{2} \tag{5-45}$$

以及

$$x_{t+\Delta t}=x_t+\dot{x}_t\Delta t+\frac{(2\ddot{x}_t+\ddot{x}_{t+\Delta t})\Delta t^2}{6} \tag{5-46}$$

5.4　支挡结构动力分析方法

支挡结构的动力分析方法主要为有限元方法和有限差分方法。在基底输入时程曲线作为土—结构系统的地震作用。根据结构的刚度和地震大小,将结构视作线性或非线性。土体按照等量线性模型或有效应力模型模拟,考虑土—结构相互作用。对于特定设计和分析案例,破坏模式点可以在分析中确定,应力、应变、位移和挠度也可在分析中得出,同时还可评估结构单元和土体的反应,结果的精密程度与输入数据有关。

5.5　本章小结

支挡结构的抗震性能指标计算方法依据对地震作用的考虑可分为拟静力分析、简化动力分析和动力分析三大类。这三类分析结果的精确度依次提高,对应的抗震分析等级也依次提高。本章对支挡结构位移、转角或土压力计算方法的介绍具体如下:

(1)对于拟静力分析法,本章介绍了采用 Mononobe-Okabe 法、Steedman-Zeng 法、Wood 法计算挡墙土压力;介绍了采用 Newmark 方法、Newmark 上限法、Franklin 和 Chang 上限法、Richard 和 Elms 上限法、Whitman 和 Liao 均值拟合法、Cai 和 Bathrust 上限平均法、Sarma 方法、Cai 和 Bathrust 均值拟合法、线性拟合法获得重力式或桩板式挡墙的滑移位移值;介绍了采用 Newmark 法、Richards 和 Elms 上限法、Whitman 和 Liao 均值法、Cai 和 Bathurst 上限平均法计算加筋土挡墙的位移。

(2)对于简化动力分析法,介绍了重力式挡墙 Newmark 滑块分析方法,以及桩板式抗滑挡墙的 Pushover 能力谱法。

(3)支挡结构的动力分析主要采用有限元法和有限差分法。

第 6 章　支挡结构抗震性能设计

6.1 概　　述

抗震设计理论的发展历史，就是人类与地震灾害做斗争并不断从中总结经验的历史。近年来，先后在美国、日本、土耳其、中国发生的破坏性地震，对生命财产造成巨大损失，见表 6-1，这不仅引起了各国政府和社会各方面的广泛关注，也引起各国地震工程学者的高度重视。

近年发生的特大地震概况　　表 6-1

地　　震	震　　级	经济损失	伤亡人数
1989 年美国 Loma Prieta 地震	7.1	150 亿美元	数百人
1994 年美国 Northridge 地震	6.7	200 亿美元	数百人
1995 年日本阪神地震	7.2	1000 亿美元	2.55 万人
1999 年土耳其地震	7.8	200 亿美元	1.6 万人
1999 年中国台湾地震	7.6	129 亿美元	0.25 万人
2008 年中国汶川地震	8.0	1100 亿美元	8.7 万人
2011 年日本近海域地震	9.0	1000 亿美元	10418 人

严重的地震灾害不仅暴露了我们对地震危害性认识的不足，还表明现有的抗震设计思想与方法存在问题，这促使地震工程学者们开始反思既有抗震设计体系，也使传统的抗震设计理念及方法面临各种新的挑战。在这种背景下，基于性能的抗震设计思想受到各国地震工程领域专家和学者的广泛关注，并在 20 世纪 90 年代由美国科学家和工程师首先提出，一度掀起了 21 世纪各国抗震设计理念更新与变革的潮流。基于性能的抗震设计理念可简要的概括为：构造物在不同的地震设防水准下，满足相应的抗震目标要求。其具体内涵包括：抗震设防水准与性能目标对应、分级设防及性能目标定量化。

性能设计理念一经提出，就曾遭受传统抗震设计理念的冲击与众多地震工程领域学者的质疑，但随着经济水平和城市化程度的不断提高，构造物抗震的性能要求越来越受到人们的关注，这使得基于性能的抗震设计理念在房屋建筑、桥梁、核电站及大坝抗震等领域取得了发展。

在房屋建筑抗震领域，当前一些国家（地区）的设防水准采用“小震不坏、中震可修、大震不倒”，按此标准设计的建筑物在大震时即使能做到主体结构不坏，保障生命安全，但一次地震，甚至中等强度地震造成的损失，就远远超过社会及业主可接受的程度，从而造成巨大的经济损失，严重影响社会生活。基于这种认识，“小震不坏、中震可修、大震不倒”的设防水准实质是对以生命安全为单一设防目标的抗震设计理论的挑战。使建筑物在未来的地震中能正常发挥其预期功能，是基于性能的抗震设计的目的。例如，在美国应用技术委员会颁布的ATC34中，首先对房屋建筑物构建了合理的性能水准与功能阶段，见表6-2。然后依据建筑物的重要性及使用范围确定性能目标，制订具体的抗震设计方案：对低设防烈度区域的建筑物，采用单一水准"大震不倒"的性能目标，这一性能目标的实现可以减少结构和非结构的破坏；对中、高设防烈度区域的建筑物，单一水准"大震不倒"的性能目标往往不能满足"小震不坏"的要求，应采用双水准"小震不坏、大震不倒"的性能目标。

建筑结构性能水准和功能阶段 表6-2

性能水准	高性能(低损失)			低性能(高损失)
	功能正常轻微破坏	可以使用简单维修	生命安全非结构破坏	主体结构不倒塌
功能阶段	控制破坏			有限安全

在桥梁抗震设计领域，自1989年加利福尼亚州Loma Prieta地震以来，加利福尼亚州对桥梁抗震设计和加固进行了广泛深入的研究，并朝着强调性能设计中基于位移的设计方法转变，为桥梁基于性能抗震设计准则的衍生提供了契机。与传统的"基于不倒塌"的设计理念相比，基于性能的设计准则首先需确定拟设计桥梁的性能要求，然后拟定荷载、材料、分析方法和详细的性能准则，最终使桥梁结构达到期望性能。例如，Caltrans制定了基于性能的桥梁抗震准则，该准则将桥梁按重要性进行分类，并依据地震重现期将场地地面运动划分为两个等级，不同类别的桥梁及地面运动等级对应不同的性能准则，见表6-3。

Caltrans抗震性能准则 表6-3

设 计 荷 载	普通桥梁性能水准	重要桥梁性能水准
功能评估地面运动	立即使用；可修复损伤	立即使用；最小损伤
安全评估地面运动	受限使用；显著损伤	立即使用；可修复损伤

在核电站、大坝等重要构造物抗震设计领域，基于性能的设计理论也取得了一定发展。分级设防抗震理念作为基于性能抗震设计的重要特征之一，首先是在核电站抗震设计中提出的，即经抗震设计的核电站，当发生运行基本地震(Operating Basis Earthquake，OBE)时，必须停止反应堆(停堆)进行检查，经确认未超越能保持正常运行的设计功能要求后，方能重新启动，继续运行；当发生安全停堆地震(Safe Shutdown Earthquake，SSE)时，必须保证核电站能在规定时间内安全停止反应堆。此外，国际大坝委员会于1988年发布的第72号公报《大坝地震动参数选择导则》中，也已提出大坝按两级设防，即：最大设计地震（Maximum Design Earthquake，MDE)和运行基本地震(Operating Basis Earthquake，OBE)。

在我国，基于性能的设计理念在岩土工程抗震领域尚处起步阶段，而与具体岩土构造物相对应的性能设计准则也属空白。汶川特大地震则大大强化了我们在这一领域探索研究的责任感和紧迫感，地震灾害不仅使川陕甘三省道路、桥梁及隧道损坏严重，其间大量岩土工程构造物不同程度的损毁也延误了抢险保通的进程，加大了抗震救灾的难度。没有哪一次巨大的历史灾难不是以历史的进步作为补偿的，科学技术的发展总是依赖于对客观世界基本现象的认识和规律性的把握。从科学发展观的高度来认识，开展岩土工程抗震领域基于性能抗震设计的研究,除了有其不容忽视的工程意义,更重要的是,它使我们深刻体会到,作为国家经济社会发展、国防安全的交通基础设施,在今后的建设发展中,不仅要考虑成本、效益等经济指标,更要重视这些基础设施在特大自然灾害中能否抵御重大冲击和破坏,能否最大限度地降低破坏性损失,维持其基本的功能和作用。

由此可见,基于性能的抗震设计理念在建筑结构、桥梁、核电站及大坝等抗震领域的应用与发展,显示了研究基于性能的设计理念与方法对于提高构造物的安全度、满足人们对构造物多层次需求的重要性。尽管基于性能的抗震设计在岩土工程抗震领域的应用甚少,但随着岩土工程抗震技术的发展及人们对设防目标性能需求的不断提高,基于性能的抗震设计必然成为未来岩土工程抗震发展的趋势。

6.2 地震水平需求和破坏水平需求

许多结构规范规定了基于承载力设计结构所能承受的地震作用,但是几乎没有一旦在地震作用下规定的极限值被超过,该结构是否能够发挥它的性能和取得不同的性能水平的内容。在基于性能设计方面,定义的设计地震运动水平是与结构的性能水平或可接受的结构破坏水平相一致的。作为设计的参考地震运动,常用的有两个地震运动水平:

水平 1(L1):这个地震运动水平是指这个强度的地震可能在结构的生命周期内发生。具体来说是对于 50 年的结构生命周期内 50% 超越概率的地面运动,即 75 年重现期的地震地面运动。

水平 2(L2):这个地震运动的水平与罕遇地震相关联,即涉及非常强的地面运动。这个地震水平是基于在 50 年结构的生命周期内,10% 超越概率的地震地面运动,即 475 年的重现周期的地震地面运动,对应于重力式挡墙按功能评估时的地震荷载。

除了上述地震水平,设计指南也建议使用其他地震水平:

水平 3(L3):在 50 年的结构生命周期内,5% 超越概率的地震地面运动,即 949 年重现期的地震地面运动。对于进一步的强度和耐久性需求,需考虑这个非常罕遇的地震事件。

水平 4(L4):在 50 年的结构生命周期内,2% ~3% 的超越概率,即重现期为 1641 年的地震地面运动,这是极罕遇的地震事件。

水平 5(L5):重现期为 2475 年的地震地面运动,这是极罕遇的地震事件。

水平 3、水平 4 和水平 5 更多地与一些重要的、性能水平要求较高的结构相联系,例如高速公路高度超过 15m 的路肩或路堤挡墙等。

如果结构的设计寿命(the life span of the structure)不同,则重现期应该重新定义。在较低的地震烈度区,将有一个小的 L1 地震水平,但是有一个相关联的 L2 地震水平。这个关联也将与要求的性能程度相关,这将在之后定义。这个二元方法将帮助保证性能需求,特别是在中等烈度到高烈度地震区。这意味着对应于地震水平 2 的破坏(损伤)标准可能不足以保证安全和使用的程度,因此地震水平 1 将要控制这个状态。同样地,如果对于地震水平 1 的破坏(损伤)标准被满足,但是不足以保证性能规定,那么地震水平 2 就控制这个状态。因此,这就意味着并不需要最强的地震控制结构设计。

国内对构造物的震害级别规定如下:

震害级别Ⅰ:地震后不损坏或轻微损坏,能够保持其正常使用功能;结构处于弹性工作阶段,即"小震不坏"。

震害级别Ⅱ:地震后可能损坏,经修补,短期内能恢复其正常使用功能;结构处于非弹性工作阶段,即"中震可修"。

震害级别Ⅲ:地震后可能产生较大破坏,但不出现整体倒塌,经抢修后可限速通车;结构处于弹塑性工作阶段,即"大震不倒"。

挡墙结构可接受的破坏(损伤)水平见表6-4。

基于性能设计的可接受破坏(损伤)水平　　表6-4

可接受的破坏(损伤)水平	结　　构	运　　行
震害级别Ⅰ:使用状态	一点或无破坏(损伤)	几乎没有丧失使用功能
震害级别Ⅱ:可修复	可控制的破坏(损伤)*	短期丧失使用功能**
震害级别Ⅲ:接近垮塌	大量破坏(损伤),接近垮塌	长期或完全丧失使用功能
震害级别Ⅳ:垮塌***	结构完全损失	完全丧失使用功能

注:*具有有限的弹塑性响应和/或残余变形。

**由于修复需要短期、中长期,结构无法履行使用功能。

***对于周围无意义影响。

在不同地震地面运动和地震灾害水平作用下,挡墙的性能等级与挡墙可接受的破坏水平对应关系见表6-5。

破坏和设计可接受的水平　　表6-5

性 能 等 级	设 计 地 震	
	地震水平1(L1)	地震水平2(L2)
等级S	震害级别Ⅰ:使用状态	震害级别Ⅰ:使用状态
等级A	震害级别Ⅰ:使用状态	震害级别Ⅱ:可修复
等级B	震害级别Ⅰ:使用状态	震害级别Ⅲ:接近垮塌
等级C	震害级别Ⅱ:可修复	震害级别Ⅳ:垮塌

表6-5中,等级S主要指具有经济重要性、战略重要性或潜在由许多人使用并且可能威胁人们生命的特殊结构。对于公路工程,这类支挡结构应该是高速公路上的高大支挡结构、进入高烈度地震区的重要国道和省道中的中高大支挡结构(高度超过6m的支挡结构)、接近隧道洞口的支挡结构。对于这类结构,需要考虑L3和L4地震水平。等级A也指特殊和重要的支挡结构,其相关度比等级S的小。等级B指普通结构,等级C指易恢复结构。性能等级S、A、B、C基于结构上的定义见表6-6。

基于支挡结构重要性级别的性能等级　　表6-6

性 能 等 级	地震作用下基于结构上的定义
等级S	(1)具有经济重要性、战略重要性或潜在由许多人使用并且可能威胁人们生命的特殊结构。 (2)在地震灾害中仍可继续使用的特殊结构。 (3)若结构破坏,将引起地震灾区经济和社会的巨大损失。 (4)对于公路工程,这类支挡结构应该是高速公路上的高大支挡结构、进入高烈度地震区的重要国道和省道中的中高大支挡结构(高度超过6m的支挡结构)、接近隧道洞口的支挡结构

续上表

性能等级	地震作用下基于结构上的定义
等级 A	(1)指特殊和重要支挡结构,其相关度比等级 S 的小。 (2)或者指难于修复的结构
等级 B	普通结构
等级 C(D 类)	易恢复结构

支挡结构的地震分析涉及区域地震评价、岩土工程灾害识别和评价、考虑惯性和运动影响下的土与结构相互作用分析。通过地震灾害评价,能够识别在基岩上的地震动过程。为了评价在地表面处局部场地对地震动的影响,需要分析动态土体响应,也要分析液化势、阻力和地表面破坏。然后,进行支挡结构的抗震分析。对于支挡结构有不同类型的分析方法可供选择,三种方法的介绍见第 5 章。这个选择应该能够反映可能的破坏能力。有三种分析方法的精度能够满足分析支挡结构性能的需求(表 6-7)。简单的分析方法可以确定极限值,并且给出位移的近似值。简化的动力分析能够基于破坏模式特征评价位移的程度、应力延性和应变。通过动力分析,可以评价支挡结构的破坏模式,这个模式精确地控制和识别位移、应力、延性和应变。随着性能级别、分析水平的增加,在这种情况下其他简化方法只能用于初始的估计。具有较低性能需求的结构没有必要进行复杂的分析。

设计水平、性能和破坏(损伤)准则 表 6-7

结构描述	设计地震水平	性能等级	分析		
			拟静力法	简化动力分析法	动力分析法
关键结构;有害材料;经济和社会重要性;许多人使用	L1	等级 S			可工作的
	L2				可工作的
	L3				可修复的
	L4				可修复的
比等级 S 略微不重要;无须进行结构的修复	L1	等级 A			可工作的
	L2				可修复的
普通结构,具有一般的重要性	L1	等级 B		可工作的	
	L2			接近倒塌	
易于修复的普通结构	L1	等级 C	可修复的		
	L2		倒塌		

在场地地震响应分析中,使用简化分析是在规范和标准中常用的分析过程。局部场地对地震动的影响取决于到达 30m 深或直至基岩的沉积层的厚度和平均刚度。基于这样一种考虑,通过应用场地放大系数和场地地震响应谱对场地进行分类。通过简化的场地地震响应的动力分析,能够获得加速度时间历史,这可以用于结构分析的输入运动,也可以获得在指定地点的自由场地震动响应、剪切应力和剪切应变。

在这个过程中,局部场地对地震动的影响可以用以总应力公式表示的等量线性化模型进行数值计算。在计算中,场地可以认为是水平成层的,且各层在水平方向上连续、无限延伸。若计划采用动力分析方法分析场地的地震响应,且采用有效应力法,需要输入的参数有:在基岩上的加速度时间历史、岩土体的不排水循环强度与变形性质。场地地震动力响应分析的目的是研究土与结构的耦合影响。如果结构的相互作用面是在基岩上，可用一维非线性（有效应力）或一维等量线性化（总应力）分析方法进行地震响应分析。在这种分析中，也应该评价液化势。在用简化分析方法评价液化势时，主要是基于标准贯入试验（SPT）和静力触探技术（CPT）的结果。在评价液化势时，简化动力分析是基于设计地震的剪切应力、室内循环剪切试验结果、SPT 和 CPT 结果。若采用动力分析，结果和岩土体一起耦合进入模型内。

图 6-1 中竖向坐标对应于工程参数，如位移、应力或由破坏准则确定的延性系数。该对应关系允许结构的所需性能和地震反应的直接比较。结构的地震反应基于 L1 和 L2 地震运动水平的分析而得出。考虑到最小需求，对 L1 和 L2 地震运动水平进行分析。例如，若所估计或设计结构的地震响应表现为图 6-2 中的曲线 a，曲线位于上限曲线之下，定义为等级 A。因此，该设计中结构性能假设为等级 A。若另一种结构形式在图 6-2 中的地震响应表现为曲线 b，部分曲线超出等级 A 的上限，结构设计中性能假定为等级 B。

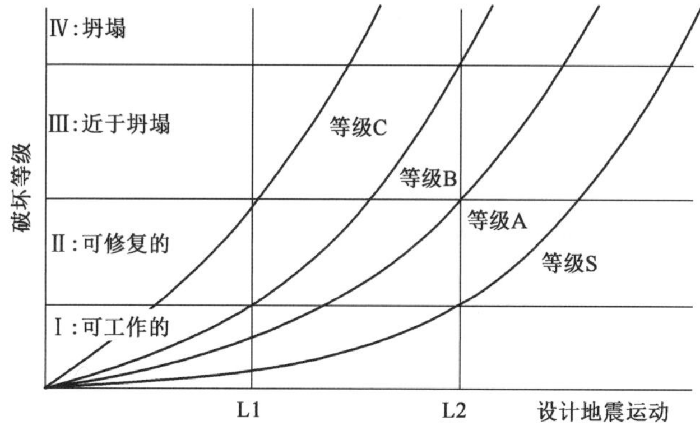

图 6-1　性能等级 S、A、B 和 C 的原理图

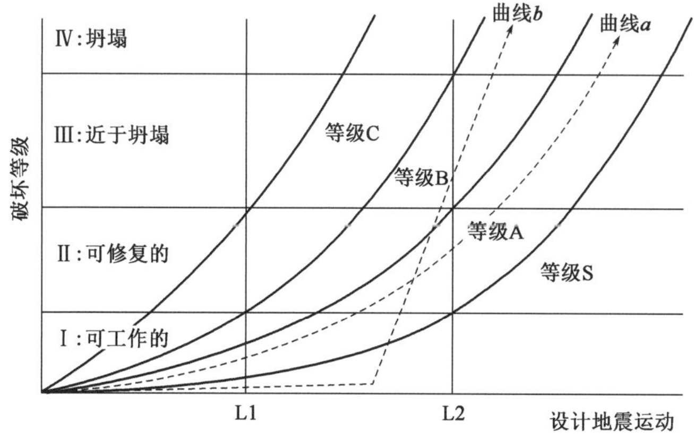

图 6-2　地震性能估计示例

6.3 重力式挡墙基于性能的抗震设计

6.3.1 重力式挡墙基于性能的抗震设计研究的必要性

性能设计一直是结构和岩土工程抗震设计最前沿的研究方向,基于位移的设计方法是目前最重要的性能设计理论之一,其基本理念是:结构设计按照位移控制,位移是反映结构破坏最直观的参数。在结构工程抗震设计中,为描述强震作用下的抗震性能,建筑结构通过楼层的层间位移来控制结构的性能状态。例如,美国地震安全建筑协会(BSSC)规定:当层间位移(位移与层高的比)小于1%时,结构处于弹性工作阶段;当层间位移为2%时,结构处于弹塑性工作阶段;当层间位移为4%时,结构处于破坏阶段。在岩土工程抗震设计中,国内外研究学者也已充分认识到,在不影响公路、铁路使用功能的情况下,应允许支挡结构有一定的位移量。例如,欧洲抗震设计规范 Eurocode 8 规定:挡墙在地震作用下的永久性位移包括滑移位移与倾覆位移,为不影响墙体的美观和正常使用功能的发挥,必须使其震后的位移控制在合理的范围内。例如,在计算墙背地震土压力时,地震系数 $k_h = \alpha S/r$,α 为岩质场地峰值地震系数,S 为土壤系数,r 的取值则考虑了不同的墙体位移,$r=2$ 对应挡墙最大位移容许值为 $300\alpha S$(mm),$r=1.5$ 对应挡墙最大位移容许值为 $200\alpha S$(mm)。新西兰抗震设计规范规定:在设计地震下,可允许支挡结构保持弹性工作状态;在强地震下,可允许支挡结构具备有限的永久性位移。例如,对于刚性支挡结构,允许的墙体位移是100mm。汶川地震后,张建经等依据支挡结构震害调查提出了用位移指数 δ 作为衡量挡墙抗震性能的量化指标。大型振动台模型试验结果也显示,挡墙在大震后均产生较明显的不可恢复性位移,并以墙顶处的残余位移最为显著,这不仅表明位移可作为衡量重力式挡墙地震破坏的直观参数,也验证了张建经等观点的合理性。

6.3.2 重力式挡墙性能设计的量化指标

要使重力式挡墙基于性能的抗震设计有效实施,必须将挡墙抗震性能需求与量化指标对应起来,位移指数作为最直接反映挡墙震后性能状态的指标,不仅便于计算,还能从宏观的角度体现挡墙的抗震性能。现场调查与振动台模型试验表明,不同性能状态对应不同的位移指数,地震作用下,位移指数越大挡墙的抗震性能越差,位移指数越小挡墙抗震性能越好。为使位移指数更加有效地反映墙体抗震性能状态,本书通过两种途径来确定位移指数与墙体抗震性能的关系:①挡墙震害调查及分析;②大型振动台模型试验。

1)挡墙震害调查及分析

“5·12”汶川特大地震后,张建经等首次建立了以震害调查为依托的挡墙位移控制标准,该位移控制标准从宏观上反映了挡墙的抗震性能,为重力式挡墙建立基于性能的抗震设计提供了支撑数据。位移控制标准内容如下:

性能要求1:地震后墙体不损坏或轻微损坏,能够保持正常使用功能,位移指数在1.0%以内。

性能要求2:地震后墙体可能出现局部损坏,需修补,短期内可以恢复正常使用功能,位移指数在3.5%以内。

性能要求3:地震后墙体出现较大变形,但不出现整体倒塌,经抢修后可以限速通车,位移指数在6.0%以内。

位移控制标准由使用水准+损伤水准+量化指标(位移指数)3项内容组成,将由震害调查及分析确定的位移控制标准与表6-6结合,使具体抗震性能要求与量化指标相对应,最终得到的性能准则见表6-8。表中包括两类性能评估标准:①使用水准—立即,损伤水准—最小;②使用水准—有限,损伤水准—可修。类型①对应位移控制标准的性能要求1,并参考其位移指数;类型②对应位移控制标准的性能要求2,并参考其位移指数。

表6-8为西南交通大学张建经等根据对汶川地震中支挡结构破坏状态的调查和实测数据,提出的重力式挡墙抗震性能的要求和量化指标。

性能准则(震害调查及分析) 表6-8

组成		使用水准	可接受的破坏(损伤)水平	量化指标
位移控制	性能要求1	正常使用	Ⅰ:不损坏或轻微损坏	位移指数≤1.0%
	性能要求2	短期恢复正常使用	Ⅱ:局部损坏	位移指数≤3.5%
	性能要求3	抢修可限速通车	Ⅲ:墙体较大变形,不出现倒塌	位移指数≤6.0%

2)大型振动台模型试验

图6-3显示了由大型振动台模型试验得到的不同场地条件下挡墙位移指数随地震系数的变化规律,从性能设计的角度可知:在相同的地震动加速度下,硬土基底挡墙抗震性能优于软土基底挡墙,当地震动加速度小于$0.3g$时,场地条件对墙体抗震性能的影响不显著;当地震动加速度大于$0.3g$时,墙体抗震性能受场地条件影响显著。这说明在设防烈度为8度以上的区域进行挡墙抗震设计时,应考虑场地条件对墙体抗震性能的影响。例如,在相同的设防烈度下,有必要通过提高软土基底挡墙的抗震设防水准,来使软土基底挡墙与硬土基底挡墙达到相同的性能状态。

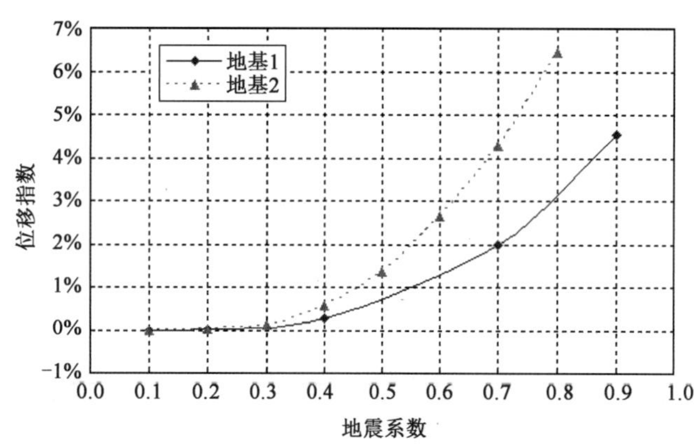

图6-3 位移指数δ随地震系数的变化

无论地基条件如何,位移指数都是反映挡墙震后性能状态的量化指标,经对模型试验中重力式挡墙在不同位移指数下的性能状态进行客观评价,并综合考虑地震烈度、地震波特性、墙体几何特性、场地条件、填料性质等影响因素,本书将重力式挡墙的性能状态按其位移指数划分为3个区域,如图6-4所示。

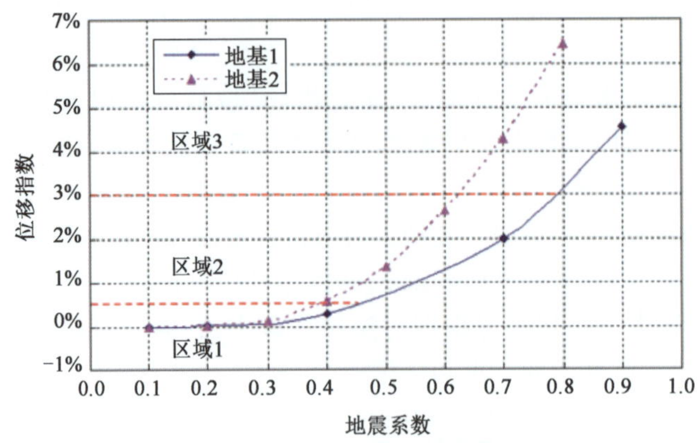

图 6-4　位移指标随地震系数的变化

区域 1:位移指数≤0.5%,使用标准—立即,损伤标准—最小。

区域 2:0.5% <位移指数≤3.0%,使用标准—有限,损伤标准—可修。

区域 3:位移指数 >3.0%,结构严重损坏,超出性能设计范围。

将性能状态区域与表 6-6 结合,最终得到的性能准则见表 6-9。表 6-9 中包括两类性能评估标准:①使用水准—立即,损伤水准—最小;②使用水准—有限,损伤水准—可修。类型①对应性能状态区域 1,并参考其位移指数;类型②对应性能状态区域 2,并参考其位移指数。

性能准则(振动台模型试验)　　表 6-9

组　　成		使 用 水 准	可接受的破坏(损伤)水平	量化指标
位移控制	性能要求 1	正常使用	Ⅰ:墙体轻微位移	位移指数≤0.5%
	性能要求 2	短期恢复正常使用	Ⅱ:墙体显著位移	0.5% <位移指数≤3%
	—	性能超限,超出使用范围	Ⅲ:墙体大幅度位移	位移指数 >3.0%

此处,以软土地基上的重力式挡墙为例,分别显示挡墙在 3 个性能状态区域内对应的位移指数,如图 6-5 ~ 图 6-7 所示,这为性能状态区域合理划分提供了试验依据。

图 6-5　位移指数为 0.45%

图 6-6　位移指数为 2.63%

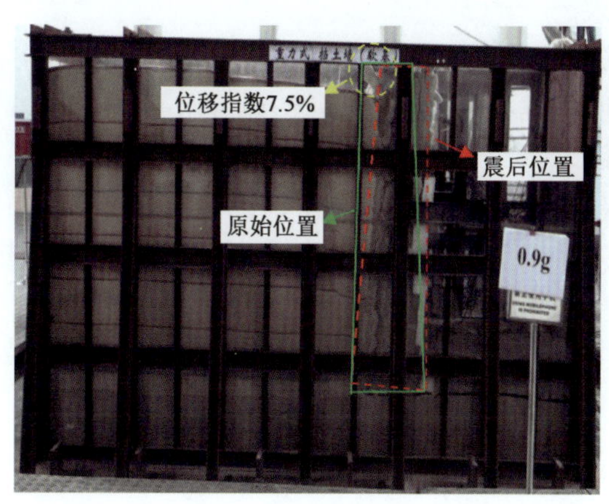

图6-7 位移指数为7.5%

图6-5 显示:位移指数为0.45%时,墙体轻微位移,不影响正常使用。

图6-6 显示:位移指数为2.63%时,墙体明显位移,墙后填料显著下沉,需修补,短期可恢复正常使用。

图6-7 显示:位移指数为7.5%时,墙体大幅度位移,墙后填料大面积沉陷,性能超限,严重影响正常使用。

3)位移指数定值

汶川地震挡墙震害调查及大型振动台模型试验是开展挡墙震害评估及机理分析的重要手段,不仅为研究重力式挡墙基于性能的抗震设计搭建了平台,也为基于性能的抗震设计体系的构建提供了强有力的支撑。由挡墙震害调查分析及振动台模型试验得到的性能准则均真实地反映了挡墙的抗震性能,为使最终建立的性能准则更具客观性与说服力,本书以表6-8 和表6-9 为基础,建立重力式挡墙基于性能的抗震设计的最终性能准则,见表6-10。

最终性能准则 表6-10

组成		使用水准	可接受的破坏(损伤)水平	量化指标
位移控制	性能要求1	正常使用	Ⅰ:墙体轻微移位	位移指数≤0.5%
	性能要求2	短期恢复正常使用	Ⅱ:墙体明显移位	0.5% <位移指数≤3%
	性能要求3	抢修可限速通车	Ⅲ:墙体较大变形,不出现倒塌	3% <位移指数≤6%

6.3.3 重力式挡墙基于性能的抗震设计流程

重力式挡墙基于性能的抗震设计流程如图6-8 所示,图中描述了设计和分析过程,通过这个过程使支挡结构的设计和分析能够满足所需的性能需求。

根据流程图,现将桩板式挡墙基于性能的抗震设计的总体思路归纳如下:

(1)根据工程等级及其在路网中的重要性、修复难易程度等,依据表6-6 判定拟设计挡墙的性能等级(S、A、B、C)。结构的重要性可查阅地震标准和准则得到。若有必要,可引进其他性能等级，以满足设计需求。

(2)选择的破坏(损伤)水平与所需求的性能等级和地震水平相一致。这也是与传统设计方法的主要差异。具体地，根据挡墙的性能等级、地震水平，由表6-5确定挡墙在地震作用下可接受的破坏(损伤)程度。

(3)对不同性能等级的挡墙分别实施基于性能的抗震设计。根据表6-7设计水平、性能和破坏(损伤)准则，选择拟静力法、简化动力分析法或动力分析法计算墙体初始位移指数。

(4)比较性能准则与结构的地震响应参数，判定初始位移指数是否达到安全评估性能准则(查阅表6-10)。

(5)如不满足性能准则，修正提出的设计或存在的挡墙结构，直至满足性能要求为止。

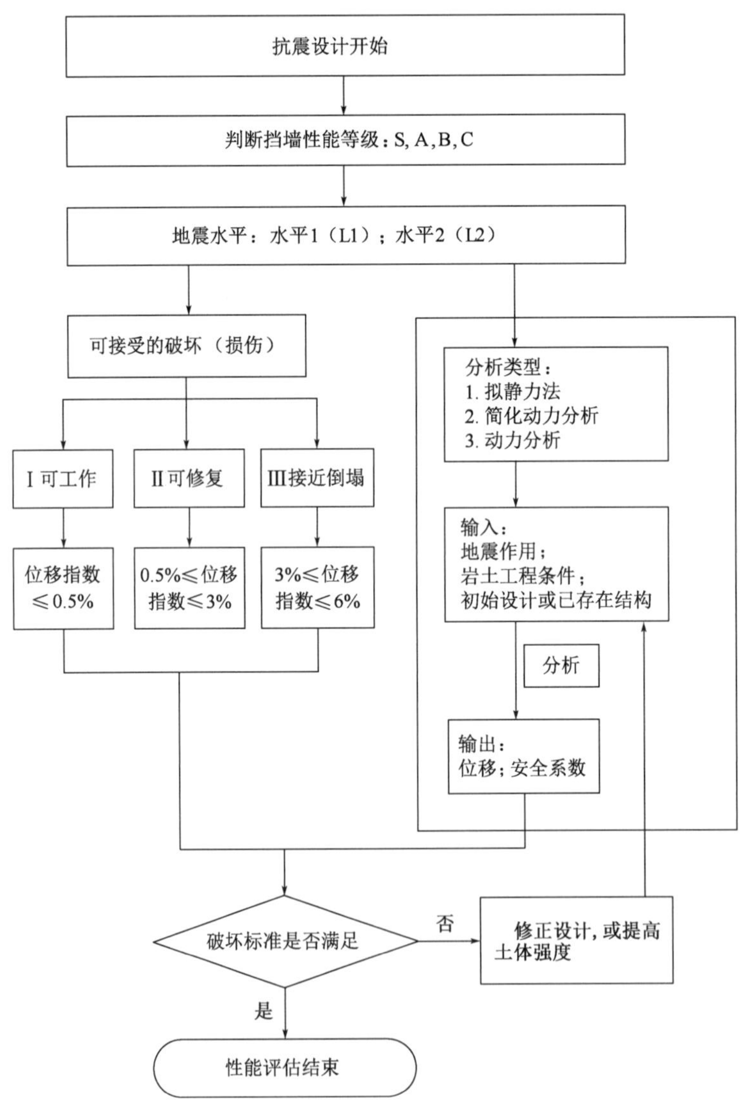

图6-8　重力式挡墙基于性能的抗震设计流程图

6.4 桩板式抗滑挡墙基于性能的抗震设计

6.4.1 桩板式抗滑挡墙抗震设计的性能指标

基于结构性能的抗震设计理论由美国科学家和工程师首先于 20 世纪 90 年代提出,基本思想是以结构抗震性能分析为基础进行结构设计,针对每一种设防水准(例如 50 年超越概率为 50%、10%、5% 和 2% 的地震动),将结构的抗震性能划分成不同等级,采用合理的抗震性能目标和合适的结构抗震措施进行设计。

为了满足在经济和功能上的需求,在强震区和中等地震烈度区,开展桩板墙的抗震设计和分析,需要满足在地震发生时的设防要求。此时,需要考虑在设计状态下,地基、基础、结构相互之间的变形协调以及相同的应力状态。在可接受的变形状态下,上述状态不仅要基于应力平衡,也要考虑结构的安全储备,以及可接受的破坏状态。人们对结构抗震性能存在多种不同的要求,需使结构的抗震设计达到人们预估的性能目标。文献[67]针对港口码头海工支挡结构中的桩板墙提出了性能设计标准,见表 6-11。其中,震害级别Ⅰ、Ⅱ、Ⅲ分别对应结构的性能完好、性能连续和近于倒塌三种性能目标。

海工结构中桩板墙的抗震性能准则 表 6-11

<table>
<tr><td colspan="2">震害级别</td><td>Ⅰ</td><td>Ⅱ</td><td>Ⅲ</td></tr>
<tr><td colspan="2">顶部水平残余位移指数</td><td><1.5%</td><td>N/A</td><td>N/A</td></tr>
<tr><td colspan="2">向海面方向的残余转角(°)</td><td><30</td><td>—</td><td>—</td></tr>
<tr><td rowspan="2">动力应力应变响应</td><td>泥水分界线以上</td><td>弹性</td><td>发生塑性变形(小于延性指数)</td><td>发生塑性变形(超过延性指数)</td></tr>
<tr><td>泥水分界线以下</td><td>弹性</td><td>弹性</td><td>发生塑性变形(超过延性指数)</td></tr>
</table>

目前关于性能设计判别标准的研究甚少,本章结合已有的研究成果,对桩板式抗滑挡墙的性能设计判别标准给出一些建议,以供后续研究者参考。由于文献[68]的统计基础主要针对刚性的支挡结构,因此,应参考表 6-8 重力式挡墙的性能准则(震害调查及分析)进行比较,鉴于文献[68]的结果更多的是基于实际调查,而且海工结构与土工结构情况存在相似点,因此,刚性转动桩在震害级别Ⅰ、Ⅱ情况下采用文献[68]所提标准,由于桩板式抗滑挡墙较重力式挡墙允许有更大的转动角度,建议在震害级别Ⅲ、Ⅳ情况下采用文献[67]所提标准。挠度变形桩的抗震性能从位移角度探讨已不再适用,应从结构构件的工作状态讨论,结合表 6-11,本书提出桩板式抗滑挡墙的抗震性能设计标准,见表 6-12。

桩板式抗滑挡墙的抗震性能准则 表 6-12

<table>
<tr><td>挡墙类型</td><td colspan="2">震害级别</td><td>Ⅰ</td><td>Ⅱ</td><td>Ⅲ</td><td>Ⅳ</td></tr>
<tr><td>刚性转动</td><td colspan="2">桩顶残余位移指数</td><td><1%</td><td>1% ~3.5%</td><td>3.5% ~10%</td><td>>10%</td></tr>
<tr><td rowspan="3">挠度变形</td><td colspan="2">桩顶残余位移指数</td><td><1.5%</td><td>N/A</td><td>N/A</td><td>N/A</td></tr>
<tr><td rowspan="2">动力的应力、应变响应</td><td>悬臂段</td><td>弹性</td><td>发生塑性变形(小于延性指数)</td><td>发生塑性变形(小于延性指数)</td><td>发生塑性变形(超过延性指数)</td></tr>
<tr><td>嵌固段</td><td>弹性</td><td>弹性</td><td>发生塑性变形(小于延性指数)</td><td>发生塑性变形(超过延性指数)</td></tr>
</table>

6.4.2 桩板式抗滑挡墙基于性能的抗震设计流程

图6-9描述了桩板式挡墙的设计和分析过程,通过这个过程可知特殊支挡结构的设计和分析能够满足所需的性能需求。选择的破坏(损伤)水平和所需求的性能准则与地震水平相一致,这也是与传统设计方法的主要差异。之后设计和分析结构的受力和变形。

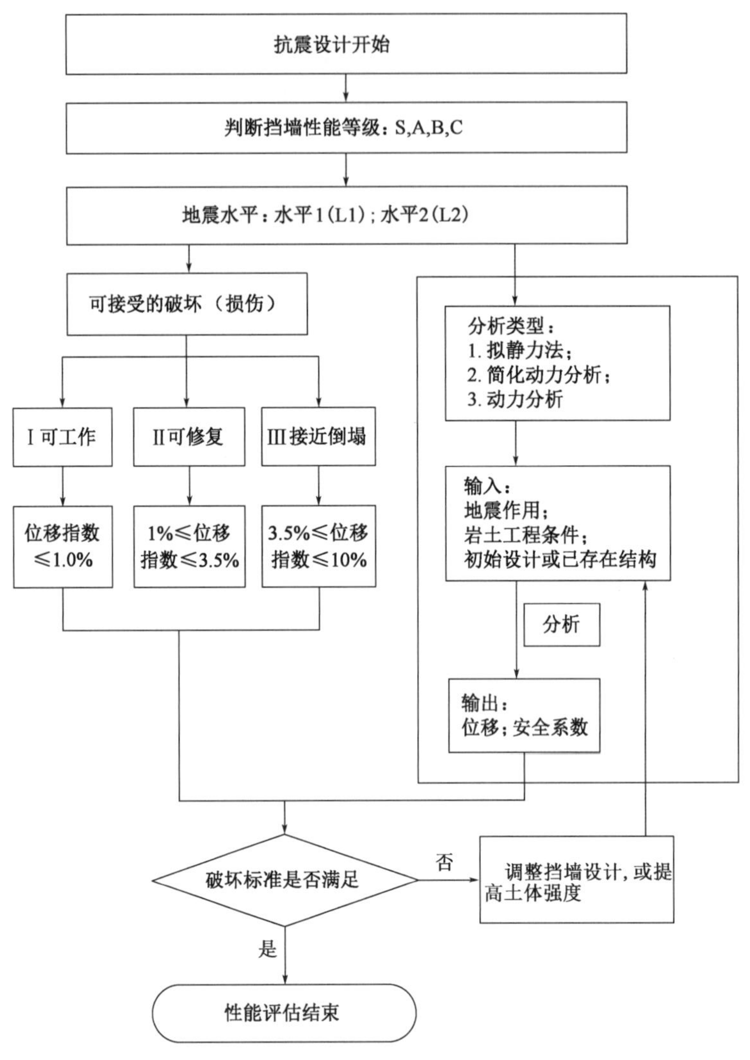

图6-9 桩板式挡墙的性能和设计步骤

根据流程图,现将桩板式挡墙基于性能的抗震设计的总体思路归纳如下:

(1)根据工程等级及其在路网中的重要性、修复难易程度等,依据表6-6判定拟设计挡墙的性能等级S、A、B、C。结构的重要性可查阅地震标准和准则而得到。若有必要,可引进其他性能等级,以满足设计需求。

(2)根据挡墙的性能等级、地震水平,由表6-5确定挡墙在地震作用下可接受的破坏(损伤)程度。

(3)对不同性能等级的挡墙分别实施基于性能的抗震设计。根据表6-7选择拟静力法、简化动力分析法或动力分析法计算墙体初始位移指数。

(4)比较性能准则与结构的地震响应参数,判定初始位移指数是否达到安全评估性能准则(查阅表6-12)。

(5)如不满足性能准则,修正提出的设计或存在的挡墙结构,直至满足性能要求为止。

6.5　加筋土挡墙基于性能的抗震设计

6.5.1　加筋土挡墙性能检算

1)加筋土挡墙的破坏模式

加筋土挡墙可能的破坏模式可分为内部破坏和外部(整体)破坏。内部破坏发生在挡墙内部,外部破坏发生于挡墙整体。

加筋土挡墙的破坏机理可归纳为以下三种类型:

(1)沿着加筋土挡墙基底的外部滑动,包括加筋土和面板[图6-10a)]。

(2)沿着加筋土层和通过加筋土层表面的内部滑动[图6-10f)]。

(3)面板单元间的滑块接触面的剪切滑动[图6-10h)]。

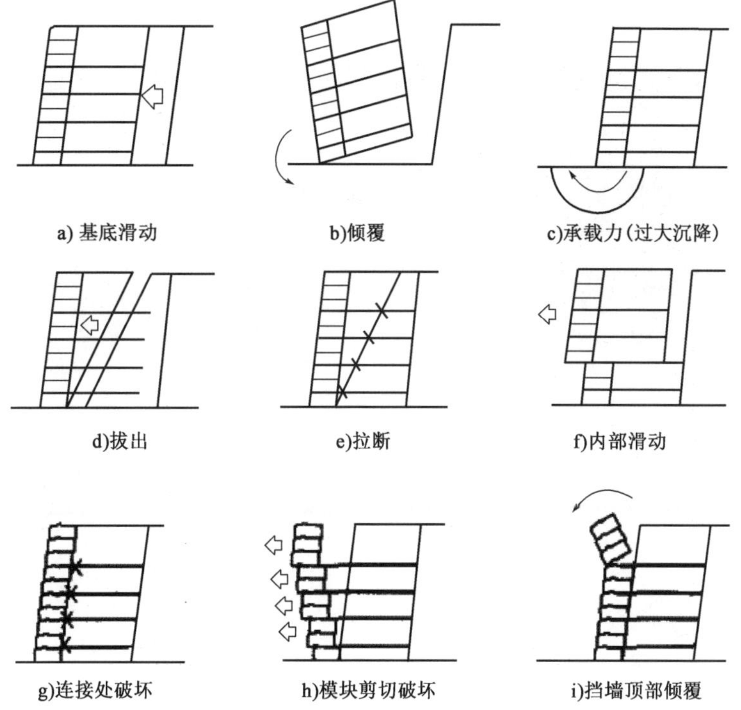

图6-10　破坏模式[a)~c)外部;d)~f)内部;g)~i)沿接触面]

一般而言,加筋土挡墙在以下情况需进行整体稳定性分析:

(1)挡墙前后存在边坡的情况需进行整体稳定性分析。

(2)挡墙位于山腰位置,尤其是挡墙上下存在边坡时容易出现问题,可能需要进一步加筋和更深入地分析。

(3)挡墙建造于黏土、淤泥、级配不良砂或膨胀性黏土上时需进行整体稳定性分析。

(4)基础土体强度较低。

(5)当挡墙或坡趾部分或全部浸在水中,或地下水位较浅时。

整体稳定性分析不仅需包含挡墙较高的位置,也应包含挡墙边坡关键组合位置,如图6-11所示。针对挡墙的不稳定因素,增加整体稳定性的方法有:

(1)增大筋条长度,使滑动圆弧面位置更深。

(2)增大筋条强度,迫使滑动圆弧出现在加筋区域之外。

(3)增加挡墙入土深度,迫使圆弧滑动面出现在坡体更深的位置。

(4)若引起整体不稳定性的原因是地基基础强度低,可能需要在建造挡墙前进行基础加固。

(5)选用高强度土体作为墙背填料,可增加加筋土体的摩擦角和剪切强度,如此可提高稳定性。

(6)边坡加筋层需穿过滑动面,以此增大整体稳定性和安全性。

(7)一般情况下,顶层筋条需加长,以减小地震作用下加筋土与原土体表面裂缝的产生,如图6-12所示。

(8)利用选择的填料减小地震作用的影响。

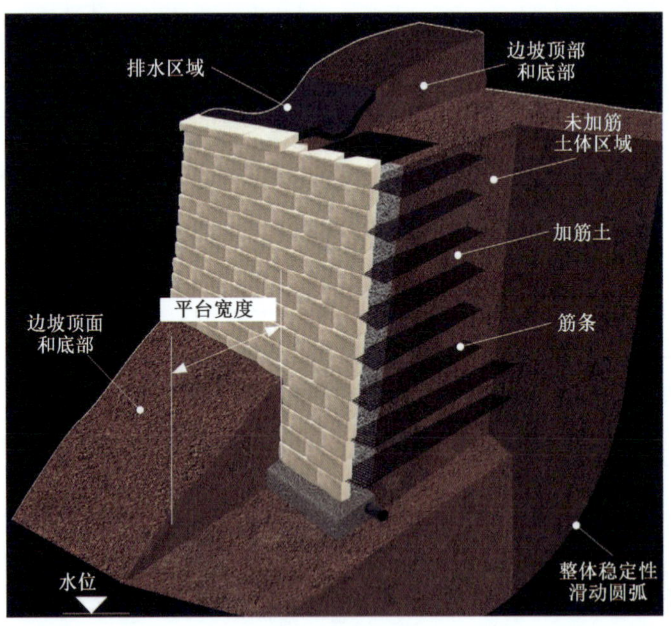

图6-11　整体稳定性

基于加筋土挡墙的破坏模式,对加筋土挡墙的性能检算过程如图6-13所示。

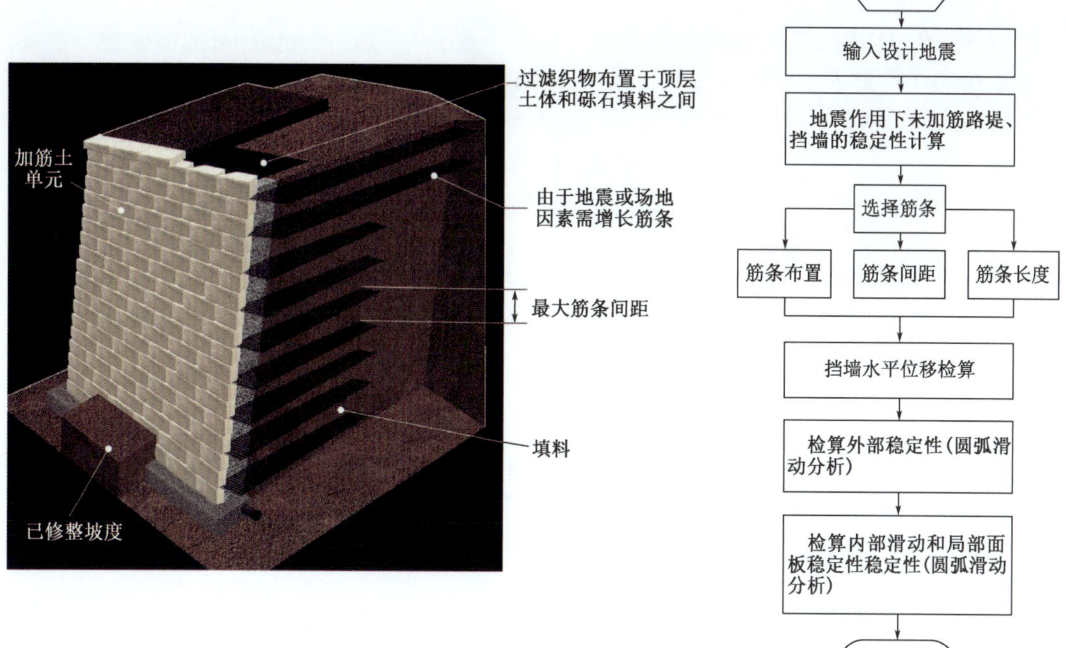

图 6-12　加筋土挡墙设计

图 6-13　加筋土挡墙的性能检算过程

2)接触面剪切强度

内部滑动和块体接触面的剪切滑动的阻力与块体间接触面的剪切强度有关。接触面剪切强度(有无土工格栅)可通过全尺寸直剪试验得到。块体接触面的剪切强度可利用 Mohr-Coulomb定理进行分析,计算式如下:

$$V_u = a_u + N_n \tan\lambda_u \tag{6-1}$$

式中:V_u——接触面剪切强度(kN/m);

a_u——最小剪切强度(kN/m);

N_n——法向力(kN/m);

λ_u——等量接触面摩擦角(°)。

北美国家混凝土圬工协会建议当相对位移达到2%的墙高时,以基于剪切强度峰值和剪切强度包络线作为设计准则。2%位移准则用于临界结构的设计,以保证墙顶累计位移不超过2%的墙高。

动土压力及其分布如下:

计算临界加速度和任何可能的水平位移模式时,需先求解作用于平移块体的动土压力及其分布。

利用 M-O 土压力理论计算主动动土压力。假设土体为均质、不饱和无黏性土。作用于挡墙结构背面的主动土压力 P_{AE} 可通过下式计算:

$$P_{AE} = \frac{1}{2}(1 \pm k_v) K_{AE} \gamma H^2 \tag{6-2}$$

式中：k_v——竖向地震系数；

γ——加筋土单位重度；

H——P_{AE}作用的倾斜面对应高度。

式(6-2)中参数 K_{AE} 为 M-O 主动土压力系数，可表示为：

$$K_{AE}=\frac{\cos^2(\varphi+\psi-\theta)}{\cos\theta\cos^2\psi\cos(\delta-\psi+\theta)\left[1+\sqrt{\dfrac{\sin(\varphi+\delta)\sin(\varphi-\beta-\theta)}{\cos(\delta-\psi+\theta)\cos(\psi+\beta)}}\right]^2} \tag{6-3}$$

式中：φ——未加筋土的内摩擦角；

ψ——挡墙倾角(与竖直方向)，对于典型模块式挡墙，ψ 为 3°～15°；

δ——挡墙结构与未加筋土体之间发挥的摩擦角；

β——坡面与水平面之间的夹角；

θ——地震惯性角，可通过下式计算：

$$\theta=\tan^{-1}\frac{k_h}{1\pm k_v} \tag{6-4}$$

式中：k_h、k_v——分别为水平和竖向地震加速度系数。

式(6-2)～式(6-4)是传统库仑模块问题的解析式，应略作修正以包含作用于破坏块体上的惯性力。

主动土压力 P_{AE}通过式(6-2)和式(6-3)计算，可分解为两个分量，静土压力 P_A 和地震作用引起的动土压力增量 ΔP_{dyn}。因此，

$$P_{AE}=P_A+\Delta P_{dyn} \tag{6-5}$$

或者，

$$(1-k_v)K_{AE}=K_A+\Delta K_{dyn} \tag{6-6}$$

式中：K_A——静土压力系数，利用库仑土压力理论计算得到；

ΔK_{dyn}——动土压力增量系数。

动土压力 P_{AE}方向向外，与水平方向的夹角为 $\delta-\varphi$。

3)确定加筋土挡墙的临界加速度

当加速度大于临界加速度 a_c 时，假设永久位移累积，其中 $a_c=k_c g$，k_c 为临界水平地震系数，位移机理如前所述共三种：①沿挡墙结构底部的外部滑动，包含加筋土质量块和面板；②沿着加筋层，通过模块内部的滑动；③模块单元接触面的剪切滑动。针对每一种位移机理，临界加速度的计算如下。

(1)抵抗外部滑动的临界加速度

取加筋土挡墙复合体单独进行分析，包含面板和加筋土区域，如图 6-14 所示。整个土块体的水平滑动假设出现在土体中，沿加筋土块基底。引起不稳定的力为动土压力 P_{AE}，作用于加筋土挡墙背面，地震惯性力(P_I)作用于加筋土质量块重心。抗力为沿加筋土块基底滑面边界发挥的摩擦力(R)。抵抗加筋土块基底滑动的动力安全因子可根据下式计算得到：

$$FS_{dyn}=\frac{R}{P_{AE}\cos(\delta-\psi)+P_I}=\frac{\left(\dfrac{L-L_w}{H}a_2+\dfrac{L_w}{H}\right)(1-k_v)\tan\varphi}{0.5K_{AE}(1-k_v)\ a_1^2\cos(\delta-\psi)+k_h\lambda\left(\dfrac{L-L_w}{H}a_2+\dfrac{L_w}{H}\right)} \tag{6-7a}$$

其中，

$$a_1 = 1 + \frac{L - L_w}{H}\tan\beta \tag{6-7b}$$

$$a_2 = 1 + \frac{L - L_w}{2H}\tan\beta \tag{6-7c}$$

式中：L——加筋土体宽度，即从挡墙面板到加筋土体区域背面的距离；

L_w——面板宽度，为墙趾到墙根之间的宽度；

λ——加筋土块惯性力的减小因子；

a_1、a_2——几何常数，考虑了坡背倾角 β 和加筋土体重量的影响。

尺寸 L 取为初始加筋层的最小长度，不考虑顶层加筋层，挡墙顶部筋条设计较长以抵抗拔出破坏。

为了简化等式(6-7a)，假设面板模块的重度与土体重度一致。一般情况下 $L_w << L$，故简化所产生的误差可忽略不计。

式(6-7a)中的参数 λ 为经验值，用于减小水平惯性力 $k_h W_H$ 的幅值，其中 W_H 是加筋土块的整体重量。为了考虑地面加速度峰值的短持时特性，参数 λ 取为小于平均值，另外，认为某一地震波作用下滑动土块和未加固区土体的惯性力并未在同一时间点达到峰值。对于加筋土挡墙，北美国家混凝土圬工协会建议 λ 取为 0.6，对于刚性加筋条，λ 取值亦是如此。一定土体摩擦角范围的临界加速度系数如图 6-15 所示。

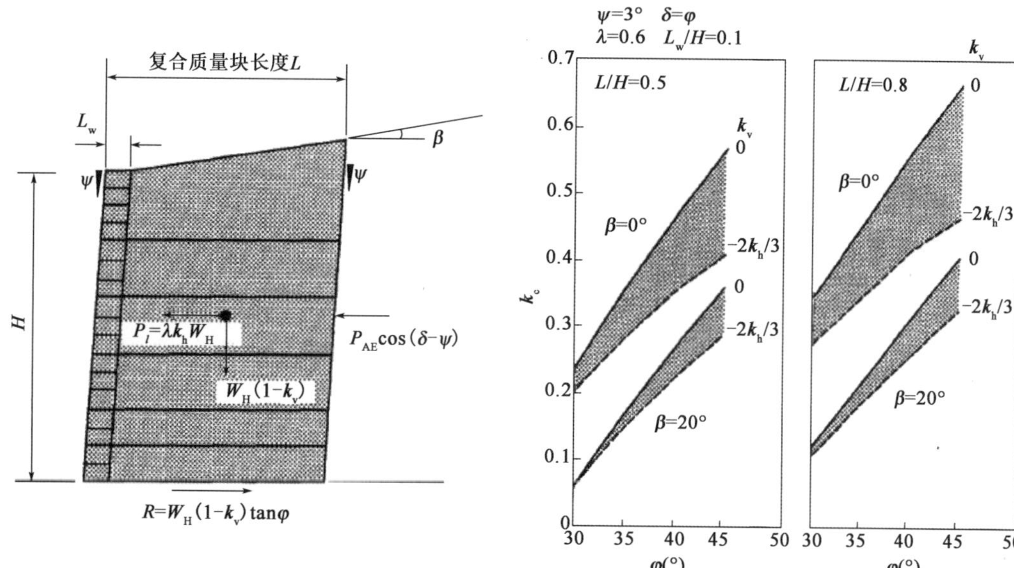

图 6-14　加筋土挡墙(面板和加筋土区域)基底滑动分析

图 6-15　加筋土体基底滑动的加速度系数临界值 k_c 与土体摩擦角 φ、竖向加速度系数 k_v、墙背倾角 β 以及加筋比 L/H 的关系

(2)沿土—筋条接触面滑动的临界加速度

分析加筋土挡墙的内部滑动,分离出滑动块体如图6-16所示。加筋土挡墙的内部滑动是指加筋土质量块沿着土—筋条接触面和通过墙顶以下深度 z 处面板的水平滑动分量。

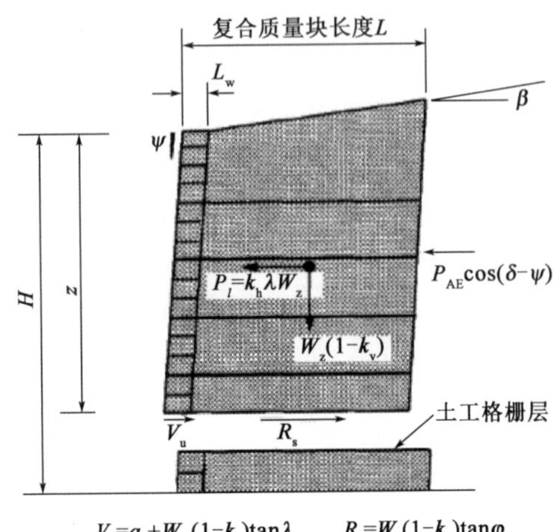

图6-16　沿土—筋条接触面通过面板内部的滑动土块分析(墙顶以下深度 z)

不稳定力为动土压力 P_{AE},方向与滑动土体重量和惯性力 $P_I = k_h\lambda W_z$ 合力方向相反(P_{AE} = 滑动土块重量 + 惯性力)。因此,$W_z = W_s + W_w$ 是滑动土块的总重量,由加筋土重度 W_s 和面板重度 W_w 组成。惯性力 P_I 假定作用于土—筋条接触面以上滑动土块的重心。抗力包含两个方面,第一个分量为沿土—筋条之间滑动面发挥的抗力 R_s,按下式计算:

$$R_s = W_s(1 - k_v)\tan\varphi_{ds} \tag{6-8}$$

式中:φ_{ds}——土—筋条接触面摩擦角。

第二个分量为在同一深度面板内由于模块—筋条接触面产生的抗剪力。在式(6-1)中考虑竖向面板惯性力(向上),修正接触面剪切强度表达式,具体如下:

$$V_u = a_u + W_w(1 - k_v)\tan\lambda_u \tag{6-9}$$

因而,抵抗内部滑动的动力安全因子可通过下式计算:

$$FS_{dyn} = \frac{V_u + R_s}{P_{AE}\cos(\delta - \psi) + P_I} = \frac{\frac{a_u}{\gamma z^2} + \left(\frac{L - L_w}{z}c_2\tan\varphi_{ds} + \frac{L_w}{z}\tan\lambda_u\right)(1 - k_v)}{0.5K_{AE}(1 - k_v)c_1^2\cos(\delta - \psi) + k_h\lambda\left(\frac{L - L_w}{z}c_2 + \frac{L_w}{z}\right)} \tag{6-10a}$$

其中,

$$c_1 = 1 + \frac{L - L_w}{z}\tan\beta \tag{6-10b}$$

$$c_2 = 1 + \frac{L - L_w}{2z}\tan\beta \tag{6-10c}$$

(3)抵抗模块内部剪切滑动的临界加速度

当剪切力大于接触面的剪切强度时,模块—筋条或者模块—模块接触面之间可能出现滑动。

考虑接触面剪切力传递对面板稳定性的影响时,可将面板视作梁进行分析,协调作用的侧向压力等于反力之和(加筋层上的力)。计算地震作用下接触面上的剪切力也应包含挡墙惯性力的影响,该方法如图6-17所示。由面积 $ABCD$ 上侧向分布的土压力,叠加上同一高度的面板惯性力,可计算得到接触面 j 上方的筋条承担的总力。接触面 j 上平衡力以外的力(接触面剪切力)等于面板惯性力增量 $k_b\Delta W_w^j$ 之和,叠加上图中面积 $CDEF$ 上的力。

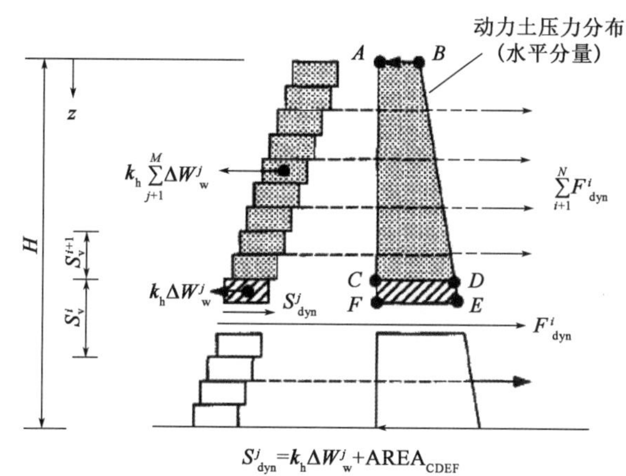

图6-17　计算作用于一定加筋高度接触面上的动剪切力

注:F_{dyn} 为加筋层上动力;S_{dyn} 为接触面上动剪切力;N 为筋条总数;M 为面板总数。

局部最大接触面剪切力以及抵抗面板单元相对滑动的最大临界加速度,出现在较高的加筋层中是梁分析模型中的基本条件。在加筋层中抵抗内部剪切破坏的动力安全因子的表达式为:

$$FS_{dyn} = \frac{a_u + W_w(1 - k_v)\tan\lambda_u}{\left[0.8\Delta K_{dyn}\cos(\delta-\psi) + (K_A - 0.6\Delta K_{dyn})\cos(\delta-\psi)\left(\frac{z}{H} - \frac{S_v}{4H}\right) + k_h\frac{L_w}{H}\right]\frac{\gamma H S_v}{2}} \tag{6-11}$$

式中:S_v——计算加筋层在深度 z 处的高度。

对于模块和顶部筋条接触面,S_v 取为墙顶到墙腰的深度,墙腰在挡墙最顶部两层筋条之间。

为了简便,式(6-11)也可表达为:

$$FS_{dyn} = \frac{U}{0.8\Delta K_{dyn}\cos(\delta-\psi) + (K_A - 0.6\Delta K_{dyn})\cos(\delta-\psi)\left(\frac{z}{H} - \frac{S_v}{4H}\right) + k_h\frac{L_w}{H}} \tag{6-12}$$

其中,U 为无量纲接触面剪切强度,可按下式计算:

$$U=\frac{V_u}{0.5\gamma HS_v}=\frac{a_u+W_w(1-k_v)\tan\lambda_u}{0.5\gamma HS_v} \tag{6-13}$$

式(6-13)可转化为:

$$U=\frac{V_u}{0.5\gamma HS_v}=\frac{a_u}{0.5\gamma HS_v}+\frac{2L_w\tan\lambda_u}{S_v}\left(\frac{z}{H}\right)(1-k_v) \tag{6-14}$$

4)永久位移的计算

由滑动或剪切引起的加筋模块挡墙永久位移,可通过一种或两种方法进行估计。给定加速度时程曲线,滑块的 Newmark 二次积分法可用于计算永久位移。然而,若加速度数据仅通过特征参数确定,如地面加速度峰值和地面速度峰值,那么需要考虑期望永久位移和地震特征参数关系的经验方法。或者,若确定了结构的容许永久位移,基于适用准则,设计挡墙可采用经验法,确保期望永久位移不超过规定值。这两种方法都在第 5 章中进行了详细的介绍,此处不再赘述。

6.5.2 加筋土挡墙抗震性能设计指标

北美国家混凝土圬工协会建议以加筋土挡墙墙顶累计位移达到 2% 的墙高,作为挡墙达到临界状态的设计值。加筋土挡墙其他指标,如安全性、稳定性需求见表 6-13。加筋土挡墙设计准则建议值见表 6-14,类别见表 6-15。高挡墙加筋填料类别见表 6-16。

加筋土挡墙最小设计需求　　表 6-13

最小安全系数	静　力	动力(地震)
滑动(基底/内部)	1.5	1.13
倾覆	2.0	1.50
筋条断裂	1.5	1.13
筋条拔出	1.5	1.13
挡墙内部复合稳定性	1.3	1.10
全局稳定性	1.3	1.10
承载力	2.0	1.50
附加准则		
最小加筋区域宽度	0.6 倍墙高(H)	挡墙底部和中部:0.6 倍墙高; 墙顶:0.9 倍墙高
最小挡墙埋置深度(cm)	15.2	15.2
最小锚固长度(cm)	30.5	30.5
最大挡墙倾斜度(°)	20	20
最大筋条间隙	见表 6-14	40.6

加筋土挡墙设计准则建议值　　表 6-14

墙高 H (m)	加筋区域材料			设计和布局标准		砾石填料厚度 (cm)
	类别	等级	塑性	筋条最大间距 (cm)	L/H 的最小值	
$H \leqslant 10$ ($H \leqslant 3$)	建议值	表 6-15	塑性指数 (PI) < 20, LL < 40	61	0.6	距表面 61cm;加筋土块之后 30.5cm
	可选择项	表 6-15 75μm 筛分粒度	PI < 20, LL < 40	40.6	0.7	距表面 76.2cm;加筋土块之后 45.7cm
$10 < H \leqslant 20$ ($3 < H \leqslant 6$)	建议值	表 6-15	PI < 6	61	0.6	顶部 3m 的性能与上述一致,建议距表面 91.4cm;加筋土块之后 61.0cm
$H > 20$ ($H > 6$)	建议值	表 6-16	PI < 6	61	0.6	顶部 3m 和底部 3m 的性能与上述一致,建议距表面 121.9cm;加筋土块之后 91.4cm

注:L 为筋条长度。

加 筋 土 类 别　　表 6-15

筛 分 粒 度	过筛百分率(%)
24mm	100
4.75mm	20 ~ 100
0.425mm	0 ~ 60
75μm	0 ~ 35

高挡墙加筋填料类别(>6m)　　表 6-16

筛 分 粒 度	过筛百分率(%)
24mm	100*
4.75mm	20 ~ 100
0.425mm	0 ~ 60
75μm	0 ~ 15, PI < 6

注:* 在全尺寸破坏试验中采用相似级配填料时,可以考虑更大粒径的填料。

6.5.3　加筋土挡墙基于性能的抗震设计流程

现将加筋土挡墙基于性能的抗震设计总体思路归纳如下,具体抗震设计流程如图 6-18 所示。

(1)根据工程等级及其在路网中的重要性、修复难易程度等,依据表 6-6 判定拟设计挡墙的性能等级 S、A、B、C。结构的重要性可查阅地震标准和准则获得。若有必要,可引进其他性能等级,以满足设计需求。

(2)根据挡墙的性能等级、地震水平,依据第 6.5.2 小节内容确定挡墙在地震作用下可接受的性能指标。其中性能指标包含位移指数、抗倾覆稳定系数等指标。

(3)选择拟静力法、简化动力分析法或动力分析法计算墙体位移、稳定系数。

(4) 比较结构的地震响应参数与性能准则,判定挡墙状态。

(5)如不满足性能准则,修正挡墙结构设计或加固地基,直至满足性能要求为止。

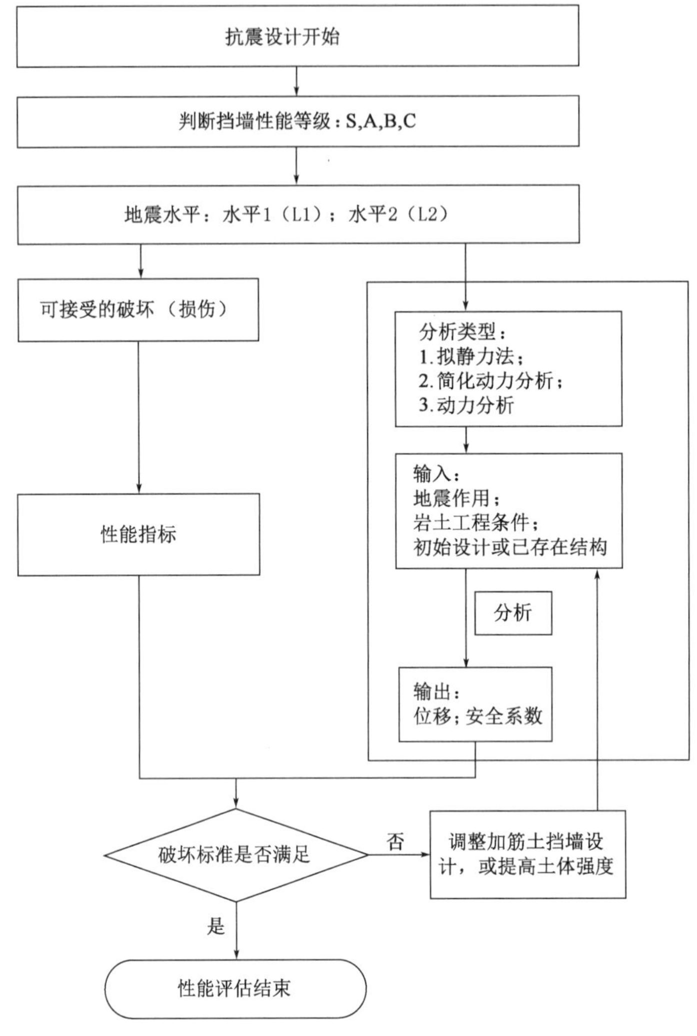

图 6-18　加筋土挡墙基于性能的抗震设计流程图

6.6　本 章 小 结

基于性能的设计方法是岩土工程抗震领域的前沿课题,以支挡结构震害调查分析、大型振动台模型试验、规范和计算理论为支撑,构建支挡结构基于性能的抗震设计方法,为此,本章主要完成了如下工作:

(1)介绍了基于性能的抗震设计理念的核心思想,总结了基于性能的抗震设计在建筑、桥梁、大坝及核电站等领域中的应用及发展概况,阐述了建立支挡结构基于性能的抗震设计的必要性。

(2)首次构建了重力式挡墙、桩板墙和加筋土挡墙基于性能的抗震设计细则,并以铁路工程支挡结构为例,建立了基于性能的抗震设计流程。

(3)依据支挡结构震害调查、大型振动台模型试验和已有规范,提出位移设计可作为支挡结构基于性能抗震设计的首选方法,另外,桩板墙还需考虑墙体转角,加筋土挡墙还需考虑挡墙整体稳定性,并将位移指数、转角和稳定性指标作为衡量支挡结构抗震性能的量化指标,完善了支挡结构基于性能的抗震准则。

第7章　挡墙基于性能的抗震设计实例

7.1　重力式挡墙抗震性能设计算例

重力式挡墙位移计算模型能为基于性能的抗震设计提供理论支持，也使性能指标量化值的计算得以实现。纵观挡墙震后位移研究现状，与转动位移计算模型相比，计算滑移位移的理论及方法相对成熟，加之已用振动台模型试验验证了部分滑移位移经验公式的合理性，Whitman 和 Liao 提出的均值拟合法经验公式可作为重力式挡墙滑动位移的计算公式。因此，本书列举了设防烈度为 9 度区的 5 个重力式挡墙，并假设其在地震作用下只产生滑移位移，为便于阐述基于性能的抗震设计理念，展现其在重力式挡墙抗震设计中的优越性，分别对挡墙实例开展了基于性能及基于现行规范的抗震设计，经对比分析两种设计方法，最终形成了重力式挡墙基于性能抗震设计的规范化流程，为基于性能抗震设计框架的搭建提供了平台，也为岩土工程抗震设计理论的发展开辟了道路。

重力式挡墙设计资料：填土水平，无荷载，墙高 8m，墙背填料为砂类土，内摩擦角为 35°，填土重度为 $19kN/m^3$，基底为碎石类土，摩擦系数为 0.5，墙身材料为 C20 混凝土，重度为 $23kN/m^3$。

7.1.1　基于现行规范的抗震设计

(1)挡墙按 8 度设计

①地震动加速度为 0.2g

墙身设计尺寸：墙身高 8m，墙顶宽 0.65m，面坡倾斜坡度为 1:0.3，墙背垂直，墙底水平，墙体截面积为 $14.8m^2$。

稳定性验算：滑移验算满足 $K_c = 1.11 > 1.1$，倾覆验算满足 $K_0 = 1.91 > 1.3$。

②地震动加速度为 0.3g

墙身设计尺寸：墙身高 8m，墙顶宽 0.7m，面坡倾斜坡度为 1:0.35，墙背垂直，墙底水平，墙体截面积为 $16.8m^2$。

稳定性验算：滑移验算满足 $K_c = 1.12 > 1.1$，倾覆验算满足 $K_0 = 2.12 > 1.3$。

(2)挡墙按 9 度设计

墙身设计尺寸：墙身高 8m，墙顶宽 1m，面坡倾斜坡度为 1:0.35，墙背垂直，墙底水平，墙体截面积为 $19.2m^2$。

稳定性验算：滑移验算满足 $K_c = 1.12 > 1.1$，倾覆验算满足 $K_0 = 2.21 > 1.2$。

7.1.2　基于性能的抗震设计

1)基于性能抗震设计的总体原则

(1)基于性能的抗震设计适用于设防烈度为 9 度及以上抗震区域的挡墙。

(2)S类挡墙性能设计要求挡墙在震后必须满足最小损伤,可立即使用,位移指数$\delta \leqslant 0.5\%$。

(3) A类挡墙在L1地震水平作用下,抗震要求同(2)所述。A类挡墙在L2地震水平下,要求挡墙在震后必须满足短期恢复正常使用,局部损坏,可修复,0.5% <位移指数$\delta \leqslant 3\%$,墙体设计宜按位移指数上限值进行控制。

(3)普通挡墙(等级B、C)性能设计要求挡墙在震后必须满足使用水准—有限,损伤水准—可修的性能水准,0.5% <位移指数$\delta \leqslant 3\%$,墙体设计宜按位移指数中值进行控制。

(4)按性能设计的挡墙必须验算其在8度区(0.3g)的安全系数,使其满足现行抗震规范要求。

2)性能设计算例

对于设防烈度为9度区域的重力式挡墙,地震下挡墙的滑移位移计算参照Whitman和Liao提出的均值拟合法:

$$d = 37\frac{v_{m}^{2}}{k_{m}g}\exp\left(-9.4\frac{k_{c}}{k_{m}}\right) \tag{7-1}$$

当$5.3 \leqslant M \leqslant 7.4$时,峰值地震动速度$v_m$的计算参照William B. Joyner和David M. Boore提出的速度衰减模型,见式(7-2)。

$$\log v_{m} = -0.67 + 0.489M - \log r - 0.00256r + 0.17S + 0.22P \tag{7-2}$$

其中,M为地震震级;d为震源深度(km);$S=0$为岩石场地,$S=1$为非岩石场地;$P=0$时,预测误差为50%,$P=1$时,预测误差为84%。

在计算峰值地震动速度v_m时,本书选取的地震动参数如下:地震震级$M=7$,震源深度$d=15$km,场地类型为非岩石场地,预测误差为50%。

实例1:普通挡墙

(1)规范设计(力法设计)

墙身设计尺寸:墙身高8m,墙顶宽1m,面坡倾斜坡度为1:0.35,墙背垂直,墙底水平,墙体截面积为19.2m^2。

稳定性验算:滑移验算满足$K_c = 1.12 > 1.1$,倾覆验算满足$K_0 = 2.21 > 1.3$。

(2)性能设计(位移法设计)

L2地震水平下地面运动取为0.4g,L5地震水平下地面运动(罕遇地震)取为0.64g,经计算,滑动临界加速度$k_c = 0.197g$。挡墙在震后局部损坏,可修复,短期内可恢复正常使用。

性能设计步骤如下:

①对按规范设计的挡墙进行安全评估验算,计算墙体初始位移指数。

经计算,初始位移指数为0.99%,从性能设计的角度出发,按规范设计的挡墙位移指数虽满足性能设计准则要求(0.5% <位移指数≤3%),但其位移指数明显小于位移指数中值(约1.75%),这说明墙体设计偏于保守,墙体截面过大。可通过减小墙体截面的方式适当增大位移指数,使改变截面后的墙体位移指数位于合理的范围内,并满足挡墙的抗震性能要求,最终达到经济适用的目的。

②按性能设计对规范设计的挡墙进行调整。

按性能设计的墙身尺寸:墙身高8m,墙顶宽0.7m,面坡倾斜坡度为1:0.35,墙背垂直,墙底水平，墙体截面积为 16.8m^2。

L2 地震水平下地面运动为 0.4g，L5 地震水平下地面运动（罕遇地震）为 0.64g，经计算，滑动临界加速度 $k_c g = 0.16g$。

位移指数 =1.7%，接近位移指数中值，且满足正常使用水准。

与规范设计相比，截面积减小(19.2 − 16.8)/19.2 = 12.5%。

③检算按性能设计的挡墙在设防烈度为 8 度(0.3g)时的安全系数。

④稳定性验算：滑移验算满足 $K_c = 1.12 > 1.1$，倾覆验算满足 $K_0 = 2.21 > 1.3$，满足规范要求。

实例 2：重要挡墙

(1)规范设计（力法设计）

墙身设计尺寸：墙身高 8m，墙顶宽 1m，面坡倾斜坡度为 1∶0.35，墙背垂直，墙底水平，墙体截面积为 19.2m^2。

稳定性验算，滑移验算满足 $K_c = 1.12 > 1.1$，倾覆验算满足 $K_0 = 2.21 > 1.3$，满足规范要求。

(2)性能设计（位移法设计）

L2 地震水平下地面运动为 0.4g，L5 地震水平下地面运动（罕遇地震）为 0.64g，经计算，滑动临界加速度 $k_c g = 0.197g$。L2 地震水平下：使用水准—立即，损伤水准—最小；L5 地震水平下：使用水准—有限，损伤水准—可修。

性能设计步骤如下：

①对按规范设计的挡墙分别利用 L2 地震水平评估和 L5 地震水平评估验算，计算墙体初始位移指数。

经计算，L2 地震水平下初始位移指数为 0.28%（位移指数 <0.5%），满足正常使用水准；L5 地震水平下初始位移指数为 0.99%（0.5% <位移指数≤3%），满足短期恢复正常使用水准。从性能设计的角度出发，按规范设计的挡墙位移指数虽满足性能准则的要求，但在 L2 地震水平下计算所得的位移指数小于性能准则中的位移指数上限值(0.5%)，L5 地震水平下计算所得的位移指数亦低于性能准则中的位移指数中值(1.75%)，这说明墙体设计偏于保守，墙体截面过大。

在地震作用下，与普通铁路相比，在满足路基抗震安全性能的同时，高速铁路、客运专线等级别较高的铁路更注重路基抗震的功能要求，因此应提高抗震设防等级，路基支挡结构应采用重要挡墙，重要挡墙按照 L2 地震水平进行设计，并按 L5 地震水平进行辅助检算。墙体截面设计按照 L2 地震水平下位移指数的上限值(0.5%)控制，通过减小墙体截面的方式适当增大位移指数，使改变截面后的墙体位移指数位于合理的范围内，并满足挡墙的抗震性能要求，达到经济、适用、安全的目的。

②按性能设计对按规范设计的挡墙截面进行调整。

按位移设计的墙身设计尺寸：墙身高 8m，墙顶宽 0.8m，面坡倾斜坡度为 1∶0.35，墙背垂直，墙底水平，墙体截面积为 17.6m^2。

L2 地震水平下地面运动（设计地震）为 0.4g，L5 地震水平下地面运动（罕遇地震）为 0.64g，经计算，滑动临界加速度 $k_c g = 0.174g$。

L2 地震水平下地面运动：位移指数 =0.48%（接近 0.5%），满足正常使用水准。

L5 地震水平下地面运动:位移指数 =1.39%,0.5% <位移指数≤3%,满足短期恢复正常使用水准。

截面减小(19.2 -17.6)/19.2 =8.33%。

③检算按性能设计的挡墙在设防烈度为 8 度(0.3g)时的安全系数。

稳定性验算:滑移验算满足 K_c =1.12 >1.10,倾覆验算满足 K_0 =2.23 >1.3,满足规范要求。

7.1.3 基于性能的抗震设计规范化研究

1)基于性能的抗震设计实例分析

前文列举的性能设计实例表明,在设防烈度为 9 度的区域进行挡墙抗震设计时,性能设计与现行规范设计方法相比,虽显示了经济节约、安全适用等优点,但其烦琐的设计流程仍给工程师们造成了很大不便,使其难以在工程实践中被大范围应用。为解决上述问题,按前文提供的挡墙设计资料,选取了 9 度区按规范设计的 5 个挡墙设计实例,分别按照 B 类(普通)挡墙和 S 类(重要)挡墙进行性能设计,墙体几何参数及性能设计数据见表 7-1 ~ 表 7-3,通过绘制位移指数—安全系数图将性能设计量化指标与规范设计量化指标对应起来,如图 7-1、图 7-2 所示,在进行性能设计时,只需按位移指数对应的安全系数采用拟静力法设计即可,大大提高了工作效率。

挡墙几何参数 表 7-1

墙体几何参数	设计方法	挡墙类型	算例 1	算例 2	算例 3	算例 4	算例 5
墙顶宽度(m)	规范设计	规范挡墙	0.95	1	1.1	1.2	1.3
	性能设计	普通挡墙	0.65	0.7	0.75	0.8	0.9
		重要挡墙	0.75	0.8	0.85	0.9	0.95
其余	墙高 8m,面坡坡度 0.35						

***B* 类(普通)挡墙** 表 7-2

设计方法	指标	参数	算例 1	算例 2	算例 3	算例 4	算例 5
规范设计	9 度区(0.4g)	K_c	1.11	1.12	1.16	1.19	1.22
		K_0	2.17	2.21	2.31	2.4	2.5
	滑动临界加速度(g)	k_{c1}	0.195	0.197	0.208	0.217	0.226
	墙体截面积(m^2)	A_1	18.8	19.2	20	20.8	21.6
	安全评估检算(0.64g)	位移指数	1.07%	0.99%	0.84%	0.74%	0.65%
性能设计	9 度区(0.4g)	K_c	1.01	1.02	1.04	1.06	1.09
		K_0	1.89	1.93	1.98	2.02	2.12
	按 8 度区检算(0.3g)	K_c	1.1	1.12	1.14	1.15	1.19
		K_0	2.07	2.21	2.17	2.23	2.34
	滑动临界加速度(g)	k_{c2}	0.154	0.16	0.167	0.174	0.186
	安全评估(0.64g)	位移指数	1.86%	1.70%	1.54%	1.39%	1.16%
	墙体截面积(m^2)	A_2	16.4	16.8	17.2	17.6	18.4
	截面积减小量	$(A_1-A_2)/A_1$	12.77%	12.50%	14.00%	15.38%	14.81%

S 类(重要)挡墙 表 7-3

设计方法	指 标	参 数	算例 1	算例 2	算例 3	算例 4	算例 5
规范设计	9 度区(0.4g)	K_c	1.11	1.12	1.16	1.19	1.22
		K_0	2.17	2.21	2.31	2.4	2.5
	滑动临界加速度(g)	k_{c1}	0.195	0.197	0.208	0.217	0.226
	墙体截面积(m^2)	A_1	18.8	19.2	20	20.8	21.6
	功能评估检算(0.4g)	位移指数	0.31%	0.28%	0.22%	0.17%	0.14%
性能设计	9 度区(0.4g)	K_c	1.04	1.06	1.07	1.09	1.11
		K_0	1.98	2.02	2.07	2.12	2.17
	按 8 度检算(0.3g)	K_c	1.14	1.15	1.17	1.19	1.21
		K_0	2.17	2.23	2.28	2.34	2.39
	滑动临界加速度(g)	k_{c2}	0.167	0.174	0.18	0.186	0.192
	功能评估(0.4g)	位移指数	0.56%	0.48%	0.42%	0.36%	0.31%
	安全评估(0.64g)	位移指数	1.54%	1.39%	1.27%	1.16%	1.07%
	墙体截面积(m^2)	A_2	17.2	17.6	18	18.4	18.8
	截面积减小量	$(A_1-A_2)/A_1$	8.51%	8.33%	10.00%	11.54%	13.0%

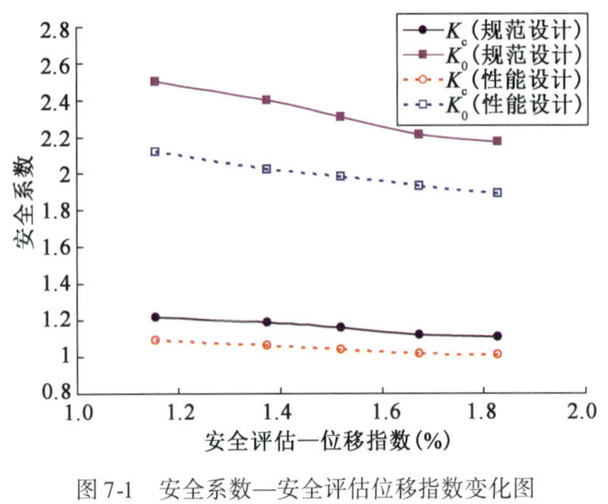

图 7-1 安全系数—安全评估位移指数变化图(普通挡墙)

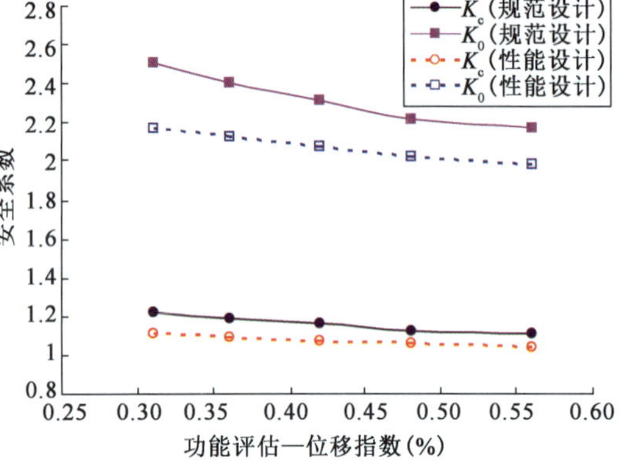

图 7-2 安全系数—功能评估位移指数变化图(重要挡墙)

图 7-1、图 7-2 显示:安全系数随位移指数的增大而减小,按性能设计的墙体安全系数小于按规范设计的墙体安全系数。在地震作用下,与现行规范设计相比,性能设计考虑了墙体震后产生的有限位移,不同的残余位移对应不同的抗震性能要求,按性能设计的挡墙安全系数与规范设计相比虽有所降低,但从性能设计的角度来看,只要不影响挡墙抗震性能的正常发挥,可允许适量降低现行规范安全系数进行抗震设计。

本书列举的挡墙实例均假设其在地震下的位移模式为滑动,忽略了墙体的转动位移,即假设墙体已具备足够的抗倾覆能力。墙体按性能设计后,尽管抗滑动、抗倾覆安全系数与按规范设计相比均有所降低,但抗倾覆安全系数仍高于现行规范规定的 1.3,而抗滑动安全系数则低于现行规范规定的 1.1。这说明对地震下位移模式为滑移的挡墙,性能设计受滑动稳定控制,性能设计可参考性能设计参照图，如图7-3、图7-4所示。工程师在使用性能设计参照图对挡墙进行性能设计时，首先根据要求达到的挡墙性能选择位移指数，然后在性能设计参照图上找到与该位移指数对应的性能设计安全系数，在确定性能设计安全系数后，按照拟静力法进行抗震设计。该图提高了工程师进行挡墙性能设计的效率，使基于性能的抗震设计实现了规范化。

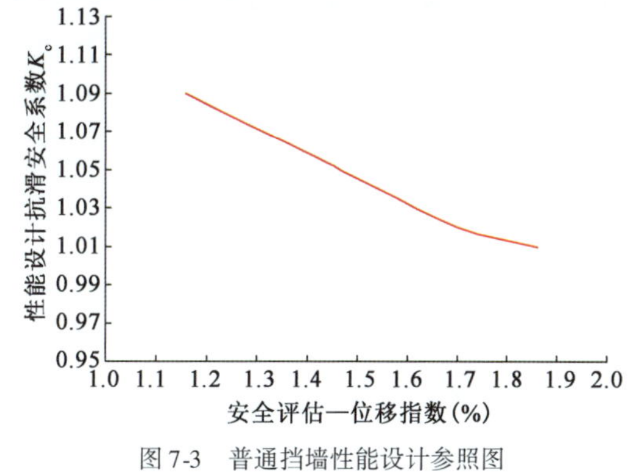

图7-3 普通挡墙性能设计参照图

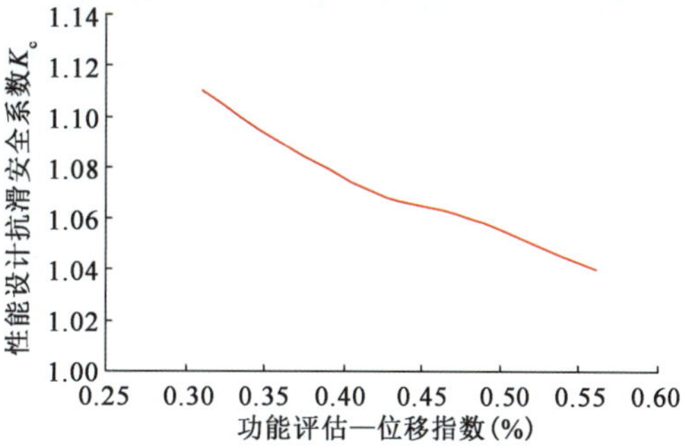

图7-4 重要挡墙性能设计参照图

2)基于性能的抗震设计规范化流程

在前文工作基础上，将滑移位移模式挡墙的性能设计规范化流程归纳如下：

(1)按工程类别将挡墙进行重要性分类。

(2)根据重要性及性能准则规定挡墙在地震作用下应达到的性能目标。

(3)按照性能准则→性能目标→性能目标量化的步骤得到性能指标量化值(位移指数δ)，依据位移指数进行挡墙设计。

(4)按性能设计安全系数进行挡墙抗震设计，在拟定的位移指数下，可参考对应的安全系数采用拟静力法设计，普通挡墙及重要挡墙性能设计抗滑动安全系数的选取分别参考图7-3、图7-4，抗倾覆安全系数仍参考现行规范。

(5)其余挡墙抗震设计细节仍参考现行抗震设计规范。

7.2 重力式挡墙地震土压力计算示例

地震土压力是各国(地区)抗震规范中挡墙抗震设计的核心内容，本文在既有地震土压力计算理论的基础之上，阐述了中国、欧洲、日本、新西兰抗震设计规范中计算地震土压力的主要思想，然后结合挡墙实例对比分析了上述四种规范地震土压力计算思想的差异性，总结了我国规范中的地震土压力计算方法与其他国家(地区)的差距，对我国抗震规范中地震土压力的计算方法提出改进建议。

7.2.1 国内外部分抗震规范地震土压力设计思路

中国、欧洲、日本、新西兰抗震设计规范的内容不仅与其所处地区地震背景、区域划分、场地划分、衰减规律、设防水准、设防目标等因素有关，并且很大程度上取决于各国(地区)的经济水平及行政政策。挡墙的地震土压力计算是各国(地区)抗震设计规范中的重要内容，在系统介绍以上四种抗震规范中地震土压力计算思路的基础上，对计算思路的差异性进行归纳，为我国规范地震土压力计算方法的改进提供可借鉴的标准。

1)中国规范

我国规范中有关地震土压力的计算思路主要有以下三种:

(1)按物部-冈部(M-O)公式计算地震土压力。

(2)根据峰值地震动加速度 a_g 及土体浸水情况确定地震角 θ,见表7-4。

地震角 θ 表7-4

a_g	0.1~0.15g	0.2g	0.3g	0.4g
水上	1°30′	3°	4°30′	6°
水下	2°30′	5°	7°30′	10°

(3)按地震角 θ 对土体内摩擦角、墙背摩擦角、土体重度进行修正,将修正后的数值带入库仑公式(相当于直接将地震角带入M-O公式),即得到地震土压力。

铁路工程抗震规范中,地震角计算公式为:

$$\theta = \tan^{-1}\left(\frac{\eta A_g}{g}\right) \tag{7-3}$$

公路工程抗震规范中,地震角计算公式为:

$$\theta = \tan^{-1}\left(\frac{C_z A_g}{g}\right) \tag{7-4}$$

式中:η——水平地震作用修正系数(取值0.25);

C_z——综合影响系数(取值0.25),表7-4中的地震角是经上式计算取整得到。

2)欧洲规范

地震土压力设计思路如下:首先根据地震下墙体的允许位移判定墙后土体是否发生主动平衡状态。

(1)地震下允许发生较大位移的挡墙。这类挡墙包括柔性挡墙、可滑动或者绕墙趾转动的重力式挡墙,墙后土体在地震下处于主动平衡状态,地震土压力计算采用M-O公式,具体计算步骤如下:

①确定A类场地参考峰值地震动加速度 a_g,场地分类见表7-5。

土壤系数 S 表7-5

场地类型	地层描述	S
A	岩石或者坚硬土,表层最多不超过5m软弱层	1
B	力学性能随深度增加而增加的密砂、砾石及硬质黏土的沉积层,厚度至少为几十米	1.2
C	密砂或中密砂、砾石厚度为几十米到几百米	1.15
D	松散到中密无黏性土(无或者存在少量黏土层),或者沉积层主要是由软到硬的黏土	1.35
E	土壤表面由5~20m厚的C型或者D型冲积层组成,之下为剪切波速 $V_{S,30}$ >180m/s的硬土层	1.4

②综合考虑场地条件、墙体位移、墙底约束及结构重要性系数对 a_g 进行修正，得到设计水平地震加速度，本书将该修正系数定义为“地震作用综合修正系数”。

③将设计水平地震加速度除以重力加速度 g 得到设计水平地震系数 $k_h=\alpha S/r$。

④按照设计垂直地震加速度与设计水平地震加速度的比值范围确定垂直地震系数 k_v，当竖向地震方向向上时 k_v 取正号，反之取负号，见表7-6。

⑤根据设计水平地震系数、垂直地震系数，并考虑墙体浸水情况及墙后填土的渗透性确定地震角 $\theta=\tan^{-1}\left(\frac{k_h}{1-k_v}\right)$。

⑥考虑土体分项系数 γ'_φ，其中 γ'_φ 推荐值为1.25，分别计算：

土体内摩擦角设计值

$$\varphi'_d=\tan^{-1}\left(\frac{\tan\varphi}{\gamma'_\varphi}\right) \tag{7-5}$$

土体外摩擦角设计值

$$\delta'_d=\tan^{-1}\left(\frac{\tan\delta}{\gamma'_\varphi}\right) \tag{7-6}$$

⑦将地震角 θ、φ'_d、δ'_d 带入式(7-3)、式(7-5)计算地震土压力，并规定当 $\varphi\leqslant\beta+\theta$ 时，主动土压力系数按式(7-7)简化计算。

$$K_{AE}=\frac{\cos^2(\varphi-\alpha-\theta)}{\cos\theta\cos^2\alpha\cos(\alpha+\delta+\theta)} \tag{7-7}$$

(2)地震下允许位移较小的挡墙。这类挡墙包括重力式桥台、地下室挡墙、基础为桩基或岩石的重力式挡墙、不允许任何位移的锚杆墙。墙后土体在地震下不发生主动平衡状态，此时地震土压力计算包括静态土压力以及由地震引起的动态动土压力两部分，分别按库仑公式和简化公式计算。

例如，对一个受较大约束的刚性挡土结构，墙后土体在地震下不发生主动平衡状态，当墙背垂直，填土水平时，地震引起的动态主动土压力 ΔP_d 按照简化公式计算，见式(7-8)，ΔP_d 作用在墙高中点。

$$\Delta P_d=\alpha S\gamma H^2 \tag{7-8}$$

式中：$\alpha=\alpha_g/g$，α_g——A类场地设计水平地震加速度；

S——土壤系数，见表7-6。

参数 γ 根据墙体类型及墙体允许位移取值，见表7-6、表7-7。

水平地震系数 k_h 与垂直地震系数 k_v　　表7-6

α_{vg}/α_g	k_h	k_v
>0.6	$\alpha S/r$	$0.5k_h$
其他	$\alpha S/r$	$0.33k_h$

注：α_{vg} 为设计垂直地震加速度。

水平地震系数修正参数 γ　　表 7-7

挡土结构类型	γ
重力式挡墙最大位移容许值为 300S(mm)	2
重力式挡墙最大位移容许值为 200S(mm)	1.5
桥台、土钉墙或锚定板挡墙、带桩基的钢筋混凝土挡墙、柔性的钢筋混凝土挡墙	1

3)日本规范

日本抗震设计规范中,将发生概率较高的中等规模的地震称为 L1 地震,发生概率较低的规模较大的地震称为 L2 地震。地震土压力按照地震动等级的不同采用不同的计算方法:L1 地震时采用 M-O 公式,L2 地震时采用修正的 M-O 公式。

(1)日本抗震规范地震土压力计算思路

①根据地震发生概率及规模判断地震等级。

②依据地震等级,选择不同的地震土压力计算方法。

③根据区域、地震动衰减特性、场地条件确定"地震作用综合修正系数",将地震作用综合修正系数乘以峰值地震动加速度得到设计水平地震加速度,除以重力加速度 g 得到设计水平地震系数 k_h。

④忽略竖向地震的作用,确定地震角 $\theta=\tan^{-1}(k_h)$。

⑤将地震角 θ 及 $k_v=0$ 带入式(7-3)、式(7-5)或修正的 M-O 公式中计算地震土压力。

(2)修正的 M-O 公式

Junichi Koseki 与 Fumio Tatsuoka 等首先提出修正的 M-O 公式,尽管该公式与 M-O 公式比较接近,但是大量模型试验证明当水平地震加速度较大时,墙后填土沿破裂面产生应变区域化以及土体强度折减,即由峰值强度 φ_{peak} 减小到残余强度 φ_{res},修正的 M-O 法公式正是在计算主动土压力时考虑了上述因素的影响,因此在强震下,地震土压力的计算采用修正的 M-O 公式比 M-O 公式更符合实际情况。在修正的 M-O 公式中主动土压力系数按式(7-9)计算,主动土压力按式(7-13)计算。

$$K'_a=\frac{\cos(\psi-\varphi)(1+\tan\psi\tan\alpha)(1+\tan\alpha\tan\beta)[\tan(\psi-\varphi)+\tan\alpha]}{\cos(\psi-\varphi-\alpha-\beta)(\tan\psi-\tan\beta)} \tag{7-9}$$

$$P_a=\frac{1}{2}(1-k_v)K'_a\gamma H^2 \tag{7-10}$$

式中:K'_a——按修正的物部—冈部公式计算的地震土压力系数;

其他符号意义同前。

该方法计算地震土压力的步骤如下:

①依据墙后填土的压实度确定土体峰值内摩擦角 φ_{peak} 及残余内摩擦角 φ_{res}。

②将 $\varphi=\varphi_{peak}$ 带入式(7-11),确定破裂面与水平面的夹角 ψ:

$$\cot(\psi-\beta)=-\tan(\varphi+\delta+\alpha-\beta)+\sec(\varphi+\delta+\alpha-\beta)\sqrt{\frac{\cos(\alpha+\delta+\theta)\sin(\varphi+\delta)}{\cos(\alpha-\beta)\sin(\varphi-\beta-\theta)}} \tag{7-11}$$

③将 φ_{res} 及 ψ 带入式(7-10),求得主动土压力系数 K'_a。

④当不等式 $K_a(\varphi=\varphi_{peak})<K'_a(\varphi=\varphi_{res})<K_a(\varphi=\varphi_{res})$ 成立时,采用 $K'_a(\varphi=\varphi_{res})$ 计算地震土压力,否则采用 $K_a(\varphi=\varphi_{peak})$ 计算主动土压力。

4)新西兰规范

地震土压力设计思路如下:

(1)按产生因素将地震土压力分解成三个部分:恒载产生的静态主动土压力 P_S(包括压实力)、地震产生的动态主动土压力 ΔP_E、填料回填导致墙体位移产生的土压力 P_F,主动土压力 $P_a=P_S+\Delta P_E+P_F$,各部分土压力计算理论见表 7-8。

地震土压力 表 7-8

土压力	P_S	ΔP_E	P_F
计算理论	弹性理论	近似塑性理论	有限元理论
计算方法	库仑公式	物部—冈部法	有限元法

(2)按照地震下墙顶的允许位移将挡墙分类,不同类型的挡墙采用不同的地震土压力计算方法,见表 7-9。

挡墙类型 表 7-9

挡墙类型	完全刚性墙	刚性挡墙	柔性挡墙	位移挡墙
墙顶位移	0	$0\sim0.2\%H$	$>0.5\%H$	永久位移

(3)完全刚性墙及刚性墙地震土压力计算分为静态主动土压力和动态土压力增量两部分,静态主动土压力按照库仑公式计算,动态土压力增量按照简化公式计算。当墙背垂直、光滑、填土水平时,对于完全刚性墙 $\Delta P_E=k_h\gamma H^2$;对于刚性墙 $\Delta P_E=0.75k_h\gamma H^2$;对于墙顶位移在 $0\sim0.2\%H$ 之间的刚性墙 ΔP_E 按照线性差值计算。

(4)柔性挡墙、位移墙(按位移法设计的挡墙)地震土压力按照 M-O 公式计算。

(5)依据区域、结构重要性、谱加速度确定"地震作用综合修正系数",将峰值地震动加速度乘以地震作用综合修正系数得到设计水平地震加速度,除以重力加速度 g 得到水平地震系数 k_h,忽略竖向加速度的影响,将地震角 $\theta=\tan^{-1}(k_h)$ 及 $k_v=0$ 带入式(7-3)、式(7-5)计算地震土压力。

7.2.2 国内外部分抗震规范地震土压力计算思路比较

欧洲、日本、新西兰抗震规范地震土压力的计算大体按照如下流程:选择计算公式→确定地震作用综合修正系数→确定设计水平地震系数→计算地震角→将地震角带入 M-O 公式得到计算结果。计算流程中的每一步骤均反映了各国(地区)抗震规范的特性,下文将结合各步骤,对比分析影响各步骤计算或取值的因素,以此比较各国(地区)抗震规范在地震土压力计算思路上的差异性。

(1)选择计算公式时,各国(地区)规范考虑的前提条件不同。

在选择地震土压力计算公式时,各国(地区)规范要考虑不同的前提条件,一般包括挡墙类型、墙体(墙顶)在地震下的允许位移、地震动特性等影响因素,该前提条件决定了如何计算地震土压力以及选择何种计算公式,表 7-10 显示了各国(地区)规范地震土压力计算考虑的前

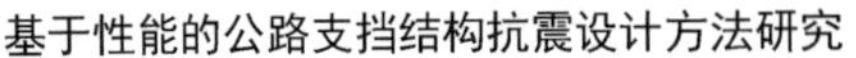

提条件及采用的计算公式。

各国(地区)抗震规范地震土压力计算方法 表 7-10

<table>
<tr><th>抗震规范</th><th colspan="2">前提条件</th><th>地震土压力</th><th>计算公式</th></tr>
<tr><td>中国</td><td colspan="2">无</td><td>合力</td><td>M-O 公式</td></tr>
<tr><td rowspan="3">欧洲</td><td colspan="2">地震下允许发生较大位移的挡墙,墙后土体在地震下处于主动平衡状态</td><td>合力</td><td>M-O 公式</td></tr>
<tr><td colspan="2" rowspan="2">允许位移较小的挡墙,墙后土体在地震下不发生主动平衡状态</td><td>静态土压力</td><td>库仑公式</td></tr>
<tr><td>地震引起的动土压力增量</td><td>简化公式</td></tr>
<tr><td rowspan="2">日本</td><td rowspan="2">根据地震发生概率及规模判断地震动等级</td><td>L1 地震</td><td>合力</td><td>M-O 公式</td></tr>
<tr><td>L2 地震</td><td>合力</td><td>修正的 M-O 公式</td></tr>
<tr><td rowspan="4">新西兰</td><td rowspan="4">按照地震下墙顶的允许位移将挡墙分类</td><td rowspan="2">完全刚性墙
刚性挡墙</td><td>静态主动土压力</td><td>库仑公式</td></tr>
<tr><td>地震引起的主动土压力增量</td><td>简化公式</td></tr>
<tr><td>柔性挡墙</td><td>合力</td><td rowspan="2">M-O 公式</td></tr>
<tr><td>位移挡墙</td><td>合力</td></tr>
</table>

(2)地震作用综合修正系数取值考虑的因素不同。

地震土压力是导致墙体震害的主要因素之一,经前文所述,设计水平地震加速度 = 峰值地震动加速度 × 地震作用综合影响系数,在相同的峰值地震动加速度下,设计水平地震加速度与地震作用综合影响系数成正比。由于地震土压力与设计水平地震加速度成正比,因此在相同的峰值地震动加速度下,地震土压力与地震作用综合影响系数成正比。

支挡结构遭受地震破坏的原因是复杂的,结构选型、材料、场地类型、地形地貌、区域、地震动衰减特性等因素均对其震害造成不同程度的影响。目前我国对上述某些影响因素尚缺乏研究,暂时不能提出定量的指标,因此公路工程抗震规范及铁路工程抗震规范分别提出了综合影响系数 C_z(取值 0.25)及水平地震作用修正系数 η(取值 0.25)对上述因素加以概括,以弥补理论计算与宏观震害之间的差异,为方便与其他国家(地区)抗震规范形成对比,将综合影响系数 C_z 及水平地震作用修正系数 η 统称为地震作用综合修正系数。目前我国仅针对不同地基土上的挡墙震害程度的差异性进行了研究,因此该系数也着重反映了地基对挡墙震害的影响,使得地基条件成为地震作用综合修正系数的主控因素。表 7-4 显示,我国规范对地震作用综合影响系数取 0.25,未体现场地条件差异性对墙背土压力的影响,而震害调查显示,土质地基上修筑的挡墙破坏数量远高于岩质地基,土压力又是造成挡墙破坏的主要因素,这说明对建于不同地基上挡墙的地震土压力计算方法要进行进一步的研究。

欧洲、日本、新西兰抗震规范虽然没有明确提出水平地震作用修正系数的概念,但支挡结构的抗震设计仍考虑了不同影响因素对峰值地震加速度的折减,该折减系数即为“地震作用综合影响系数”,与中国规范相比,其他国家(地区)对该系数的研究不仅比较全面,地震土压力的计算更体现出了与部分影响因素的联系,并针对某些主控因素给出了量化指标。例如,欧洲规范是根据墙体允许位移、墙体类型、墙底约束来对水平地震系数修正参数 γ 进行取值。表 7-11 显示了各国(地区)抗震规范在进行土压力计算时地震作用综合影响系数考虑的主控因素。

地震作用综合影响系数取值考虑的主控因素　　表 7-11

中国铁路	地基条件(未考虑场地分类,地覆作用综合影响系数取值 0.25)
中国公路	地基条件(未考虑场地分类,地覆作用综合影响系数取值 0.25)
欧洲	地基条件、墙底约束、墙体设计位移
日本	地基条件、区域、地震动衰减特性
新西兰	区域、结构重要性、谱加速度

(3)只有欧洲规范地震土压力的计算考虑了竖向地震的作用。

中国、日本、新西兰抗震规范将垂直地震荷载忽略不计,只有欧洲规范简单取为水平地震荷载的一定比例。地震土压力数值在考虑竖向地震后比不考虑竖向地震有较大幅度提高。然而对支挡结构的设计是否考虑竖向地震的影响是一个复杂的工作,需要对大量地震记录及震害资料进行数理统计分析;由于近源地震的垂直地面运动与水平地面运动相比,具有很大幅值和较高的频率成分,因此考虑近源地震的影响是必要的;对于重要性级别较高的支挡结构要适当提高抗震等级,因此支挡结构的重要性也应进行考虑。

(4)地震土压力合力作用点不同。

中国规范、日本规范、欧洲规范(允许发生较大位移,墙后土体在地震下处于主动平衡状态的挡墙)、新西兰规范(柔性挡墙、位移挡墙):地震土压力按合力计算,合力作用点为距墙底 0.33 倍的墙高处。

欧洲规范(允许位移较小,墙后土体在地震下不发生主动平衡状态的挡墙)、新西兰规范(完全刚性墙、刚性挡墙)地震土压力的分两部分计算:静态主动土压力及地震引起的动态主动土压力。静态土压力合力作用点为距墙底 0.33 倍的墙高。地震引起的动态主动土压力的合力作用点,欧洲规范:合力作用点为墙高中点;新西兰规范:对完全刚性墙,合力作用点为距墙底 0.58 倍的墙高,对刚性挡墙,合力作用点为墙高中点。

张建经等对汶川地震四川灾区约 3000km 的公路和铁路支挡结构的破坏类型、破坏模式进行了全面的调查。根据调查结果对墙背地震土压力作用点位置进行了讨论,提出地震作用下墙背土压力作用点为距墙底 $0.45H \sim 0.63H$,作用点位置与墙高以及墙后土体性质相关。结合汶川地震挡墙震害调查资料及各国(地区)规范对比,我国抗震规范中支挡结构的主动土压力设计可适当提高合力作用点高度。

7.2.3 挡墙地震土压力计算实例

综上所述,各国(地区)抗震规范计算地震土压力的思路各异。本书通过挡墙实例,比较了各国(地区)抗震设计规范地震土压力计算的差异性,为我国支挡结构抗震规范的修订提供参考。本书选择重力式路肩挡墙作为计算模型,并假设挡墙在地震作用下产生较大的位移,墙后土体在地震下处于主动平衡状态,挡墙设计资料如下:填土水平,无荷载,墙高 8m,墙背填料为砂类土,内摩擦角 φ 为 35°,填土重度为 19kN/m³,场地土类型为中硬土(Ⅱ类场地),墙身材料为混凝土,土与墙背摩擦角为 $\delta = 1/2\varphi$。

1)各国(地区)规范地震土压力计算值比较

为方便与我国抗震设计规范进行对比,按照《铁路工程抗震设计规范》(GB 50111—2006)

中设防烈度分别为7度、8度、9度的地震动峰值加速度划分工况，见表7-12。按照表7-12中的水平地震加速度，分别使用中国规范、欧洲规范、日本规范、新西兰规范计算地震土压力，计算结果见表7-13及图7-5、图7-6。图7-6表示的是$\Delta F/F_0$随水平地震加速度的变化图，其中$\Delta F=F-F_0$，F_0为中国规范计算的主动土压力，F为其他国家（地区）规范计算的主动土压力。

水平地震加速度工况　　表7-12

工况	1	2	3	4
a_g	0.1g	0.2g	0.3g	0.4g
设防烈度	7度	8度		9度

各国（地区）规范地震土压力计算值（单位：kN）　　表7-13

峰值地震动加速度	0.1g	0.2g	0.3g	0.4g
中国	158.38	167.63	177.43	187.85
欧洲（$k_v\downarrow$）	216.48	246.89	280.97	319.37
欧洲（$k_v\uparrow$）	209.05	232.48	260.78	295.94
日本	170.52	194.13	221.15	252.29
新西兰	163.13	186.53	213.99	246.67

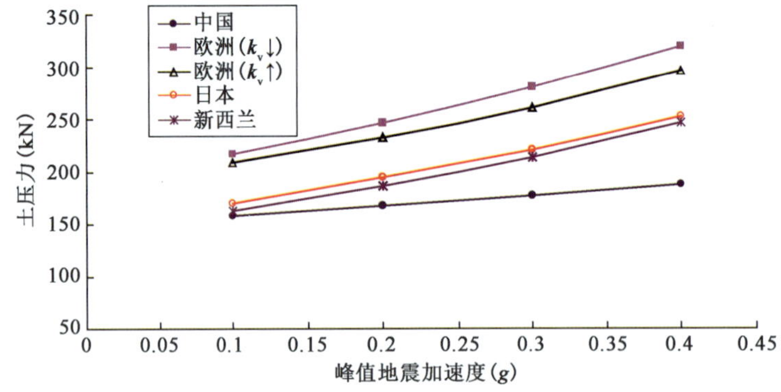

图7-5　地震土压力随加速度变化规律

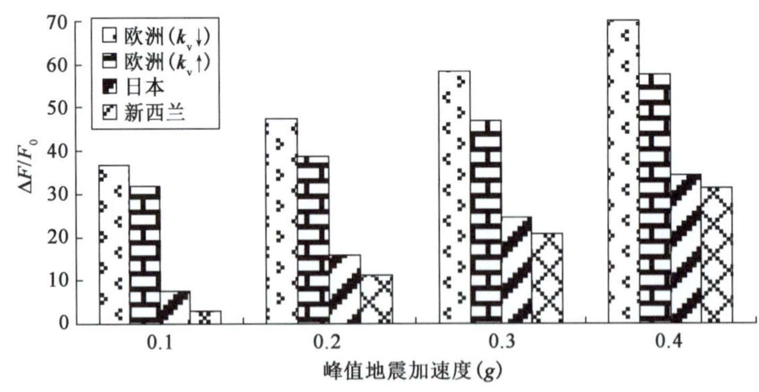

图7-6　$\Delta F/F_0$随加速度变化规律

观察图7-5及图7-6可得到如下结论：

①不同设防烈度下，中国规范的地震土压力计算值明显小于其他国家（地区）规范。

②随水平地震加速度的增加，中国规范的计算值与其他国家（地区）规范计算值的差距

增加。

③比较各国(地区)规范地震土压力随峰值地震动加速度的增加速率可知,日本规范、新西兰规范、欧洲规范比较接近,均大于中国规范。

④欧洲规范在计算地震土压力时分别考虑了土体分项系数及竖向地震,导致主动土压力计算值高于其他国家(地区)规范。

从图7-6可知当地震动峰值加速度小于0.2g时,我国规范与用日本和新西兰规范计算的土压力的差距接近或小于10%,即使在0.2g时他们的差距仅在15%左右。然而从我国抗震设计规范可知0.1g和0.2g分别对应于7度和8度地震烈度区,考虑到日本和新西兰的抗震研究水平,可以得到在7度区挡墙的破坏较少,在8度区挡墙的破坏适度增加,但是在9度及以上烈度区挡墙的破坏数量将会大幅增加。这个对比结果与表7-6显示的汶川震害区挡墙震害调查结果几乎一致:9度及以上烈度区的挡墙破坏数量占总挡墙破坏的78%,8度区占16%,而7度区仅占6%。这表明,汶川地震中挡墙破坏的一个重要原因是按我国抗震规范计算的地震土压力在高烈度区偏低。

2)地震作用综合修正系数对地震土压力的影响

地震作用综合修正系数与结构选型、选用的材料、地基土、地形地貌、地震强度等有密切关系,表7-11显示了各国(地区)规范在计算地震作用综合修正系数时分别考虑了不同的影响因素,导致各国(地区)规范地震作用综合修正系数取值各异,表7-14显示了Ⅱ类场地下各国(地区)规范的地震作用综合修正系数。

Ⅱ类场地各国(地区)规范地震作用综合修正系数　　表7-14

支挡结构抗震规范	中国	欧洲	日本	新西兰
地震作用综合修正系数	0.25	0.6	0.6	0.63

表7-14表明:Ⅱ类场地下,我国规范地震作用综合修正系数明显小于其他国家(地区)规范,在相同的峰值地震动加速度下,地震土压力与地震作用综合修正系数成正比,因此地震作用综合修正系数偏小是我国(地区)规范地震土压力计算值小于其他国家(地区)规范的主要因素之一。

从各国(地区)规范主动土压力计算值比较所得的结论来看,我国规范小于其他国家(地区)规范的地震土压力的计算值,说明在相同的设防烈度下,我国挡墙的设计与其他国家(地区)相比偏于危险,但由前文所述的挡墙震害分布与烈度的关系可知:7度区挡墙基本完好,8度区存在一定数量的挡墙破坏,9度区挡墙破坏数量大、损坏程度严重。这表明了在7度、8度区进行挡墙抗震设计时,我国现行规范采用的地震作用综合修正系数可以满足抗震要求,规范对比结论也暗示了7度、8度区我国规范地震土压力计算值与其他国家(地区)规范的差距在合理的范围内。图7-5显示,9度区我国规范地震土压力的计算值与其他国家(地区)规范相比明显偏小,从汶川地震挡墙震害数据及各国(地区)规范土压力计算对比的角度来看,在9度区进行挡墙抗震设计时,建议适当提高地震作用综合修正系数。

地震作用下,挡墙遭受破坏的原因是复杂的,其抗震性能不仅与结构形式、墙体材料、砌筑方式等内在因素有关,还受场地条件、挡墙设置位置、地形地貌、区域、地震动衰减特性等外在因素影响。尽管各国(地区)抗震规范中地震作用综合修正系数的计算考虑了部分影响因素,但对于某些影响因素仍缺乏研究,难以提出定量的指标。因此,如何提高我国地震作用综合修正系数、提高多大幅度、如何确定地震作用综合修正系数的主控因素及将其定量化等问题仍有待进一步的研究和探讨,后文将结合震害调查、抗震规范对比及重力式挡墙大型振动台试验针对上述问题展开讨论。

7.2.4 国内外部分规范地震土压力计算方法的异同点

(1)各国(地区)抗震规范地震土压力计算主要采用 M-O 公式,表明 M-O 理论是可接受的方法。

(2)地震土压力计算思路不同,包括如下 3 方面:

①影响地震土压力计算公式选取的前提条件不同。例如,欧洲规范根据墙体允许位移大小判断墙后土体在地震下是否发生主动平衡状态,以此选择主动土压力的计算公式;日本规范以判断地震级别为前提条件,根据地震动级别选择主动土压力计算公式。

②各国(地区)规范地震作用综合修正系数的取值及影响因素不同。

③只有欧洲规范地震土压力的计算考虑了竖向地震的影响,并简单取为水平地震荷载的一定比例,中国、日本、新西兰将垂直地震荷载忽略不计。

(3)不同设防烈度下地震土压力计算值不同。

(4)地震土压力合力作用点不同。

7.2.5 我国规范地震土压力计算方法的改进建议

综合以上论述内容,从国内外抗震规范对比的角度,针对我国规范中地震土压力的计算方法提出以下 4 点改进建议。

(1)目前我国抗震规范没有针对基本烈度在 9 度以上区域的抗震设计方法,鉴于日本规范考虑了罕遇地震情况,并考虑挡墙的变形、墙后土体沿滑移面的应变区域化和峰值强度的降低等影响,因此,对于基本烈度大于 9 度的地区或地震断裂带 15km 范围内的区域及地震区比较重要的挡墙,地震土压力计算建议参照日本规范,或进行专门研究。

(2)计算地震土压力时,建议考虑墙体位移控制。对在地震下允许较大位移的挡墙,墙后土体处于主动平衡状态,可按照 M-O 公式计算地震土压力合力;对在地震下允许位移较小或微小位移的挡墙,地震土压力可分别计算静态土压力和动态土压增量力后叠加,动态土压力增量计算方法建议参照欧洲规范,或进行专门研究。

(3)地震土压力的计算应考虑场地条件,制订合理的、针对土质地基及岩质地基上挡墙地震土压力的计算方法。

(4)挡墙按设防烈度为 9 度进行地震土压力计算时,地震作用综合修正系数值宜适当提高,基于震害调查、规范对比研究及大型振动台模型试验,开展对地震作用综合修正系数中主控因素的确定及定量化研究是今后课题的重点。

7.3 桩板式抗滑挡墙抗震性能设计算例

7.3.1 数值分析模型

采用数值计算法和 Pushover 能力谱法对桩板式抗滑挡墙进行性能设计,同时用数值计算方法验算 Pushover 能力谱法的合理性。取简单桩板式抗滑挡墙模型进行计算，如图 7-7 所示，所处场地为Ⅱ类。桩长 10m，截面尺寸为 1.2m×0.9m，嵌固深度为 4m，桩间距 3.4m，滑面分两段，上段倾角为 60°，下段倾角为 20°，加载 Koyna 地震波，并将峰值归一化为 0.2g，模型材料参数见表 7-15。

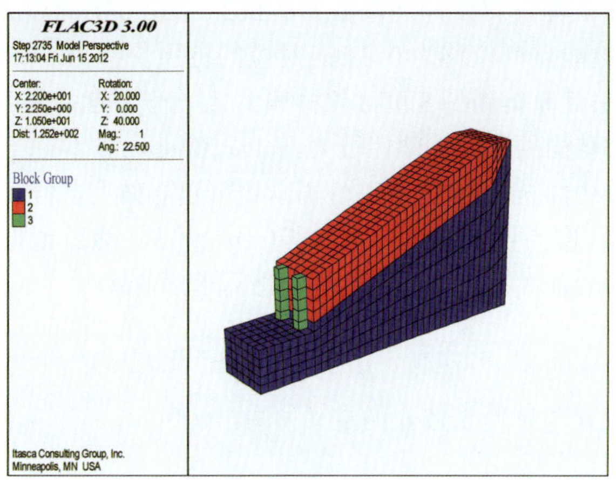

图 7-7　桩板墙计算模型

模型材料参数　　表 7-15

材料分组	选用模型	重度 (kN/m^3)	黏聚力 c (kPa)	内摩擦角 φ (°)	体积模量 (kPa)	剪切模量 (kPa)	容许承载力 (kPa)
滑体	Mohr-Coulomb	19	19	24	8.04×10^4	3.71×10^4	100
滑床	Mohr-Coulomb	24	50	40	1.66×10^6	1.11×10^6	500
滑面	Interface	—	10	18	8.04×10^4	3.71×10^4	—
桩板	Elastic	25	—	—	1.72×10^7	1.29×10^7	—

经计算，得到桩顶位移时程如图 7-8 所示，桩顶最终位移为 11.2cm。

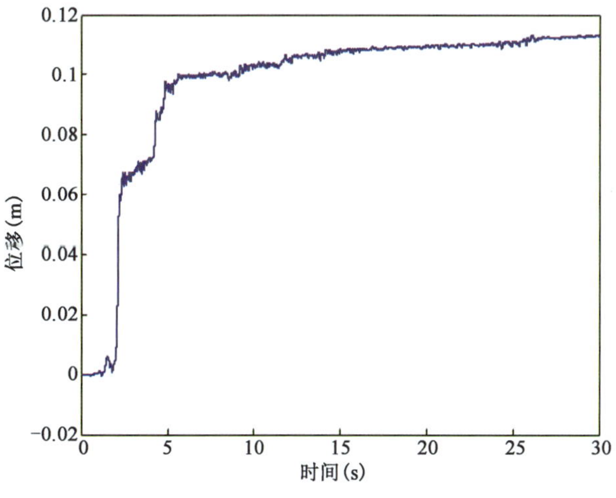

图 7-8　桩顶位移时程

7.3.2 能力谱法验证

在设防烈度8度区，此模型作用于“中—中”桩板上的滑坡推力为3109.094kN，将其作为梯形分布力作用于桩身悬臂段，利用SAP2000进行Pushover分析，得到结构的能力谱，如图7-9所示。然后，利用《公路工程抗震设计规范》(JTG B02—2013)中的设计反应谱作为需求谱进行计算，求得8度区的性能点谱位移为0.11m，对应的桩顶位移为0.242m。经与时程分析的结果比较，发现能力谱法计算得到的8度区位移偏大，经分析，是由未考虑塑性引起。

弹性反应谱未考虑结构的非线性塑性行为，Fajfar、Chopra和Goel建议通过非弹性设计谱作为需求谱考虑结构非线性塑性行为，非弹性需求谱可建立如下：将规范中的弹性反应谱由加速度—周期(A-T)格式转换为谱加速度—谱位移(A-D)格式，然后根据强度折减模型R-μ-T，并按式(7-12)得到不同的延性系数μ对应的弹塑性需求谱曲线。

$$S_a = \frac{S_{ae}}{R} S_d = \frac{\mu}{R} S_{de} = \frac{\mu}{R} \frac{T^2}{4\pi^2} = \mu \frac{T^2}{4\pi^2} S_a \tag{7-12}$$

关于强度折减系数R与延性系数μ的定义如图7-10所示。

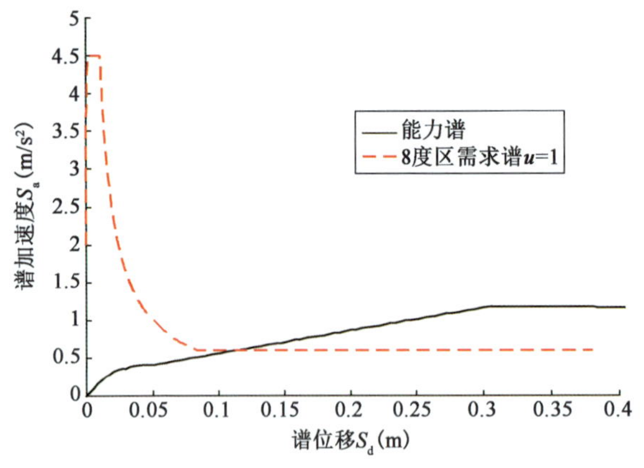

图7-9 能力谱法计算8度区性能点

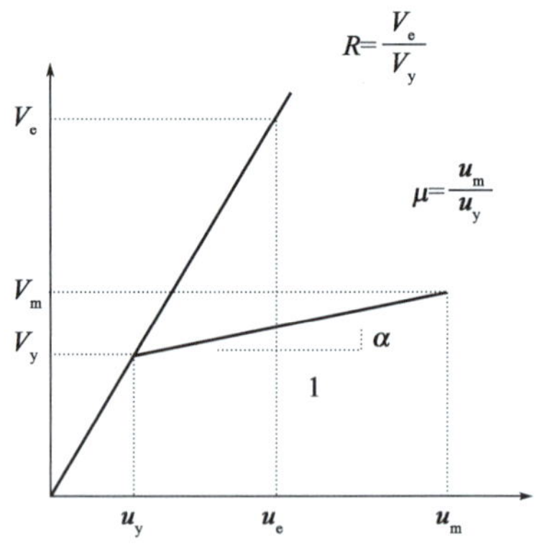

图7-10 强度折减系数和延性系数定义

能力谱与不同的μ值的需求谱相交，按交点处能力谱的位移延性系数μ应与其所交弹塑性需求谱的位移延性系数μ相等的原则来确定性能点。

关于强度折减系数R，它不仅与结构周期有关，还受到震级、震源机制、地震波传播途径、场地条件、阻尼比、滞回模型等因素的影响。Newmark和Hall、Vidic及Qu等建立了考虑不同影响因素的R-μ-T关系模型。出于精度且简便的考虑，主要考虑地震中远场对结构的影响，采用Vidic提出的折减模型对规范弹性反应谱进行折减。

$$\begin{gathered} R = c_1(\mu - 1)^{c_R}\frac{T}{T_0} + 1 \quad (T \leqslant T_0) \\ R = c_1(\mu - 1)^{c_R} + 1 \quad (T > T_0) \\ T_0 = c_2\mu^{C_T}T_g \end{gathered} \tag{7-13}$$

式中： T_g——结构的特征周期；

μ——结构位移延性系数；

c_1、c_2、C_R、C_T——取决于结构滞回特性和阻尼比的参数，分别取为1.34、0.95、0.75、0.20。

Ⅱ类场地，特征周期 $T_c = 0.4S$，$\mu = 1.5$、1.8、2时，非弹性反应谱如图7-11所示。与能力谱各交点对应的 μ 值分别为2.12、1.766、1.586，按延性系数 μ 与相交的需求谱曲线中的位移延性系数 μ 相等的原则来判定性能点。可见，需求谱曲线 $\mu = 1.8$ 时，计算得到 $\mu' = 1.766$，相对误差为1.9% <5%，因此，取需求谱 $\mu = 1.8$ 与能力谱的交点作为最终的性能点，对应的桩顶位移为11.4cm，与计算接近。

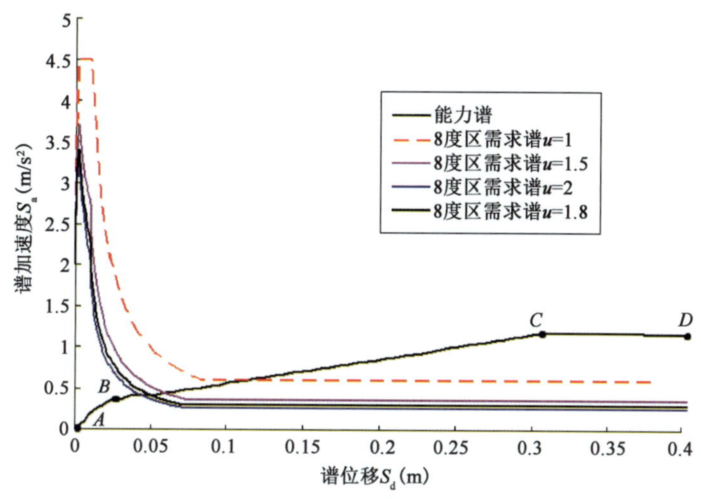

图7-11 能力谱法计算8度区反应位移

Pushover能力谱法为挠度变形桩板式抗滑挡墙的抗震性能评价提供了很好的思路。结合桩板墙性能设计思想对Pushover实例分析结果所处的状态点进行评价，可见图7-11中的 AB 段对应“小震不坏”阶段，BC 段对应“中震可修”，CD 段对应“大震不倒”阶段，可以看出，结构在8度区处于 BC 段“中震可修”阶段，悬臂段发生塑性变形，B、C 点对应桩顶位移分别为6.7cm和64cm，与表6-12提出的支挡结构位移控制标准也较为一致。

7.4 本章小结

为了阐述基于性能的抗震设计理念，根据第5章支挡结构性能指标计算理论，分别对重力式挡墙、桩板式抗滑挡墙、加筋土挡墙实例开展了基于性能的抗震设计，规范了基于性能抗震设计流程，为岩土工程抗震设计理论的发展开辟了道路。

参 考 文 献

[1] Nadakumaran P. Behaviour of retaining wall under dynamic loads [D]. India: Rorkee, 1973.

[2] Sherif A, Yung-Show Fang. Dynamic earth pressures on walls rotating about the top [J]. Soils and Foundations, 1984, 24(4): 109-117.

[3] Isao Ishibashi, Yung-Show Fang. Dynamic earth pressures with different wall movement modes[J]. Soils and Foundations, 1987, 24(4): 11-22.

[4] Matsuo H, O Hara S. Lateral earth pressure and stability of quay walls during earthquake engineering[C]// Proc of the Second World Conference on Earthquake Engineering. Tokyo and Kyoto, 1960: 165-181.

[5] Seed H B, Whiteman R V. "Design of earth retaining structures for dynamic loads," lateral stresses in the ground and design of earth retaining structures [J]. ASCE, 1970: 103-147.

[6] Wood J H. Earthquake-induced soil pressures on structures[R]. No. EERL73-05, Earthquake Engineering Research Laboratory, California Institute of Technology, Pasadena,Calif, 1973.

[7] Wood J H. Earthquake-induced soil pressures on a rigid wall structure[J]. Bulletin of New Zealand Society for Earthquake Engineering, 1975, 8(3): 175-186.

[8] 李涛. 地震主动土压力简化公式.铁道工程学报[J]. 1996(1): 103-105.

[9] Al-Homoud A S, Whiteman R V. Comparision between fe prediction and result from dynamic centrifuge test on tilting gravity walls[J]. Soil Dynamics and Earthquake Engineering, 1995(14): 259-268.

[10] Zeng X. Seismic response of gravity quay walls I: centrifuge modeling[J]. Journal of Geotechnical and Geoenvironmental Engineering, 1998, 124(5): 406-417.

[11] Hang C C , Wu C H, Wu H-J. Seismic displacement criterion for soil retaining walls based on soil Strength mobilization[J]. Journal of Geotechnical and Geoenvironmental Engineering, 2009, 135(1): 74-83.

[12] Todorovski. An experimental study on the kinetics of a free standing retaining wall under seismic exitation [D]. Texas: Texas A&M University, 1999: 85-149.

[13] Elms D G, Richards R. Seismic design of retaining walls[C]// Proc., Design and Performance of Earth Retaining Structures, Geotechnical Special Publication, No. 25, P. Lambe and L. Hansen,eds. ASCE, New York, 1990: 854 - 871.

[14] Koseki J, Munaf Y, Tat suoka F, et al. Shaking and tilt table tests of geosynthetic-reinforced soil and conventional-type retaining walls[J]. Geosynthetics International, 1998, 5(1-2): 73-96.

[15] Watanbe K, Munaf Y, Koseki J, et al. Behaviors of several types of model retaining walls subjected to irregular excitation[J]. Journal of the Japanese Geotechnical Society: Soils and foundation, 2003, 143(5): 13-27.

[16] Iai S. Rigid and flexible retaining walls during kobe earthquake[C]// Proc. Of the Forth International Conference on case histories in Geotechnical Engineering. St. Louis, MO, C-D-ROM, SOA-4, 1998, 108-127.

[17] 李浩. 高速铁路无砟轨道路肩桩板墙侧向位移特征及状态控制设计方法研究[D]. 成都:西南交通大学, 2015.

[18] Richardson G N. Lee K L. Seismic design of reinforced earth walls[J]. J. Geotech. Engng, 1975, 101(2): 167 ± 188.

[19] Christopher B, Gill S A, Giroud J P, et al. Reinforced soil structures[R]. Vol. 1, Design and construction guidelines, FHWA-RD-89-0403, US Dept. of Transportation, 1990.

[20] Bonaparte R, Schmertmann G R, Williams N D. Seismic design of slopes reinforced with geogrids and geotextiles[C]// Proc. 3rd Int. Conf. on Geotextiles, Vienna, 1986: 273-278.

[21] Jewell R A, Paine N, Woods R I. Design methods for steep reinforced embankments[C]// Proc. Symp. Polymer Grid Reinforcement in Civ. Engng, London, 1984: 1-12.

[22] Ling H I, Leshchinsky D, Perry E B. Seismic design and performance of geosynthetic - reinforced soil structures. Geotechnique, 1997, 47(5): 933-52.

[23] Ling H I, Leshchinsky D. Effects of vertical acceleration on seismic design of geosynthetic- reinforced soil structures[J]. Geotechnique, 1998, 48(3): 347-373.

[24] Ling H I, Leshchinsky D, Chou N N S. Post-earthquake investigation on several geosynthetic - reinforced soil retaining walls and slopes during the Ji-Ji earthquake of Taiwan [J]. Soil Dynamics and Earthquake Engineering, 2001, 21(4): 297-313.

[25] Cai Z, Bathurst R J. Seismic-induced permanent displacement of geosynthetic-reinforced segmental retaining walls[J]. Canadian Geotechnical Journal, 1997, 33(6): 937-955.

[26] Bathurst R J, Cai Z. Pseudo-static seismic analysis of geosyntheticreinforced segmental retaining walls. Geosynthetic International, 1995, 2(5): 787-830.

[27] Bathurst R J, Cai Z, Alfaro M, Pelletier M. Seismic design issues for geosynthetic reinforced segmental retaining walls. In: Wu, editor. Mechanically stabilized back © ll. Rotterdam, The Netherlands: Balkema, 1997: 79-97.

[28] Bathurst R J, Alfaro M C. Review of seismic design, analysis and performance of geosynthetic-reinforced walls, slopes and embankments [C]// In: Ochiai, Yasufuku, Omine, editors. Earth reinforcement. Rotterdam, The Netherlands: Balkema, 1997: 887-918.

[29] Collin J G. Design manual for segmental retaining walls[D]. 2nd ed. Herndon, VA: National Concrete Masonry Association, 1997.

[30] Bathurst R J, Walters D, Vlachopoulos N, et al. Full scale testing of geosynthetic reinforced walls[M]. Advances in transportation and geoenvironmental systems using geosynthetics. 2000: 201-217.

[31] Bathurst R J, Nernheim A, Walters D L, et al. Influence of reinforcement stiffness and compaction on the performance of four geosynthetic-reinforced soil walls[J]. Geosynthetics International, 2009, 16(1): 43-59.

[32] Hatami K, Bathurst R J. Development and verification of a numerical model for the analysis of geosynthetic-reinforced soil segmental walls under working stress conditions[J]. Canadian Geotechnical Journal, 2005, 42(4): 1066-1085.

[33] 周德培，张建经，汤涌. 汶川地震中道路边坡工程震害分析[J]. 岩石力学与工程学报，2010，29(03)：565-576.

[34] 陈强，杨长卫，张建经，等."5·12"汶川地震中高大加筋土挡墙破坏机理研究[J]. 铁道建筑，2010(09)：73-77.

[35] 中华人民共和国国家标准. 铁路工程抗震设计规范：GB 50111—2006[S]. 北京：中国计划出版社，2006.

[36] Tatsuoka F, Tateyama M, Koseki J. Behavior of geogrid-reinforced soil retaining walls during the Great Hanshin-Awaji Earthquake[C]// 1st Int. Symp. On Earthquake Geotechnical Engineering, Tokyo, (ed. Ishihara), 1995: 55-60.

[37] Kanazawa Y, Ikeda K, Murata O, Tateyama M, Tatsuoka F. Geosynthetic-reinforced soil retaining walls for reconstructing railway embankment at Amagasaki [C]// Proc. Recent Case Histories of Permanent Geosynthetic-Reinforced Soil Retaining Walls (eds F. Tatsuoka & D. Leshchinsky), Rotterdam: Balkema, 1994: 233-246.

[38] Sandri D. A summary of reinforced soil structures in the Greater Los Angeles area after the Northridge earthquake[R]. Unpublished report and personal communications, 1994, 1995.

[39] Bathurst R J, Cai, Z. Pseudo-static seismic analysis of geosynthetic-reinforced segmental retaining walls. Geosynthetics International, 1995, 2(5): 787-830.

[40] Tatsuoka F, Murata O, Tateyama M, Nakamura K, Tamura Y, Ling H I, Iwasaki K, Yamauchi H. Reinforcing steep slopes with a nonwoven geotextile[C]// Proc. Int. Reinforced Soil Conf., Glasgow, 1991: 141-146.

[41] Bathurst R J, Hatami K. Seismic response analysis of a geosynthetic-reinforced soil retaining wall[J]. Geosynthetics International, 1998, 5(1-2): 127-166.

[42] Tatsuoka F, Murata O, Tateyama M. Permanent geosynthetic-reinforced soil retaining walls used for railway embankments in Japan[C]// In Geosynthetic-reinforced soil retaining walls (ed. Wu), Rotterdam: Balkema, 1992: 101-130.

[43] Huang C C, Wang W C. Seismic displacement of a geosynthetic-reinforced wall in the 1995 Hyogo-Ken Nambu earthquake[J]. Soils and Foundations, 2005, 45(5): 1-10.

[44] Lin M L, Wang K L. Seismic slope behavior in a large-scale shaking table model test[J]. Engineering Geology, 2006, 86(2/3): 118 - 130.

[45] 董金玉, 杨国香, 伍法权, 等. 地震作用下顺层岩质边坡动力响应和破坏模式大型振动台试验研究[J]. 岩土力学, 2011, 32(10): 2977-2982 + 2988.

[46] 蒋良潍, 姚令侃, 王建. 基于振动性态和破坏相似的边坡振动台模型实验相似律[J]. 交通科学与工程, 2009, 25(2): 1-7.

[47] 刘小丽, 邓建辉, 李广涛. 滑带土强度特性研究现状[J]. 岩土力学, 2004(11): 1849-1854.

[48] 周平根. 滑带土强度参数的估算方法[J]. 水文工程地质, 1998, (6): 30-32.

[49] 李宇, 朱晞, 杨庆山. 考虑土-结构相互作用的能力谱法在铁路桥梁中的应用[J]. 铁道学报, 2011, 33(5): 110-114.

[50] 日本道路协会. 道路桥示方书 V 耐震设计篇[M]. 东京: 丸善株式会社出版事业部, 2002.

[51] Applied Technology Council. ATC-40 seismic evaluation and retrofit of concrete buildings [R]. Redwood City: Applied Technology Council, 1996.

[52] Federal Emergency Management Agency. FEMA356 prestandard and commentary for the seismic rehabilitation of buildings[R]. Washington D C: FEMA, 2000.

[53] Freeman Sigmund A. Evaluations of existing buildings for seismic risk-A case study of puget sound naval shipyard bremerton[C]// Washington Proceedings of the U. S. National Conference on Earthquake Engineers. EERI, Berkeley, 1975: 113-122.

[54] 何小安. 基于能力谱法的土—桩—结构相互作用分析[D]. 上海: 同济大学, 2007.

[55] Fajfar P. Capacity spectrum method based on inelastic demand spectra[J]. Earthquake Engineering and Structure Dynamics, 1999, 23: 979-993.

[56] Xue Q. A direct displacement-based seismic design procedure of inelastic structures[J]. Engineering Structures. 2001, 23: 1453-1460.

[57] Newmark N M, Hall W J. Earthquake spectra and design[M]. Berkeley: Earthquake Engineering Research Institute, 1982.

[58] 赵冠远, 阎贵平. 一种基于能力谱法的位移抗震设计方法[J]. 中国铁道科学, 2002, 23(3): 64-67.

[59] 李鹏, 易伟建. 多水准位移能力谱抗震设计方法[J]. 湖南大学学报(自然科学版), 2007, 34(10): 6-9.

[60] 林家胜，唐必刚. Chopra 改进能力谱法在桥梁结构抗震性能研究上的应用[J]. 桥隧工程，2010，8：202-206.

[61] 李颖，贡金鑫，吴澎. 高桩码头抗震性能的 Pushover 分析[J]. 水利水运工程学报，2010，12(4)：74-80.

[62] 吉小萍，董军. Pushover 能力谱方法的基本原理及应用[J]. 四川建筑科学研究，2009，35(3)：148-151.

[63] 曲宏略，张建经. 桩板式抗滑挡墙地震响应的振动台试验研究[J]. 岩土力学，2013，34(03)：743-750.

[64] 刘立军，贾明明. 能力谱法在建筑结构抗震性能评定中的应用[J]. 建筑结构，2011，41(s1)：242-244.

[65] Callisto L, Soccodato F M. Seismic design of flexible cantilevered retaining walls[J]. Journal of Geotechnical and Geoenvironmental Engineering, 2010, 136(2), 344-354. doi:10.1061/(ASCE)GT.1943-5606.0000216

[66] Structural Engineering Association of California Vision 200 Committee. Performance based seismic engineer ing of buildings[M]. California, 1995.

[67] International Navigation Association. Seismic design guidelines for port structures[S]. Tokyo: A. A. Balkema Publishers, 2002.

[68] 张建经，冯君，肖世国，等. 支挡结构抗震设计的两个关键技术问题[J]. 西南交通大学学报，2009，44(3)：321-326.

[69] 韩鹏飞. 重力式挡墙大型振动台模型试验与基于性能的抗震设计方法研究[D]. 成都：西南交通大学，2011.

[70] Chopra A K, Goel R K. Capacity-demand-diagram methods for estimating seismic deformation of inelastic structures: SDOF systems [R]. Pacific Earthquake Engineering Research Center, University of California Berkeley, 1999.

[71] Newmark N M. Hall W J. Seismic design criteria for nuclear reactor facilities[R]. Building Practice for Disaster Mitigation, National Bureau of Standards, U. S. Department of Commerce, 1973, 46: 209-236.

[72] Vidic T, Fajfar P, Fischinger M. Consistent inelastic design spectra: strength and displacement, earthqauke engng[J]. Struct. Dyn., 1994(23): 507-521.

[73] Qu Honglue, Zhang J J, Zhao X. Strength reduction factor (R factor) against near-fault ground motion[J]. Earthquake engineering and engineering vibration, 2011, 10(2): 195-209.

[74] 秦家长，罗奇峰. 应用 ATC-40 能力谱法评估结构目标位移[J]. 地震工程与工程振动，2006，26(6)：64-70.